国家社会科学基金重点项目(11AZD 085);国家自然科学基金面上项目(41071102)

中国城市的单位透视

DANWEI PERSPECTIVE ON URBAN CHINA

柴彦威　肖作鹏　刘天宝　塔　娜　等著

东南大学出版社
SOUTHEAST UNIVERSITY PRESS

南京·2016

Synopsis

This book is a monograph on danwei studies in the field of urban geography in China. It, from perspectives of urban geography and urban planning, attempts to answer a series of questions about conducting danwei research, concerning the reasons, contents, methods and theoretical outlet. This book mainly introduces the prototype of danwei institution and its logic and practices in China; background, representation and process of Dedanweilization in dimensions of institution, space, society and governance; proposal process, conceptual framework, governance design and planning paths of new Danweism; representation of new theory proposed by danwei research.

This book can be a reference choice for personnel in fields of urban management and planning, enterprise and institution administration and danwei research.

内容提要

本书是中国城市地理学界有关城市单位研究的专著,试图从城市地理与城市规划等学科的视角出发,回答为什么做单位研究、什么是单位研究、如何做单位研究,以及单位研究的理论出口等一系列基本问题。全书主要介绍单位制度的原型及其在中国扩展应用的逻辑与实践,"去单位化"在制度、空间、社会与治理层面上的背景、表现与过程,新单位主义的提出过程、概念框架、治理设计与规划路径,以及对单位研究提出的新理论展现。

本书可供城市管理与规划人员、企事业单位管理人员,以及从事单位相关研究的专业人员学习与参考。

图书在版编目(CIP)数据

中国城市的单位透视/柴彦威等著. —南京:东南大学出版社,2016.11

(城市·空间·行为·规划丛书/柴彦威主编)

ISBN 978-7-5641-6725-7

Ⅰ.①中… Ⅱ.①柴… Ⅲ.①城市建设—研究—中国 Ⅳ.①F299.2

中国版本图书馆 CIP 数据核字(2016)第 218458 号

书　　名:中国城市的单位透视

著　　者:柴彦威　肖作鹏　刘天宝　塔　娜　等

责任编辑:孙惠玉　徐步政　邮箱:894456253@qq.com

出版发行:东南大学出版社　社址:南京市四牌楼 2 号(210096)

网　　址:http://www.seupress.com

出 版 人:江建中

印　　刷:虎彩印艺股份有限公司　排版:南京新翰博图文制作有限公司

开　　本:787 mm×1 092 mm 1/16　印张:15　字数:354 千

版 印 次:2016 年 11 月第 1 版　2016 年 11 月第 1 次印刷

书　　号:ISBN 978-7-5641-6725-7　定价:49.00 元

经　　销:全国各地新华书店　发行热线:025-83793191　83791830

总序

进入 21 世纪,地理流动性越来越成为塑造人—地关系的核心要素,物流、能量流、人流、资金流和信息流形成的流动性网络正在改变着我们生活的世界。当信息化、全球化、机动化逐渐成为城镇化与城市发展的重要推力时,"变化的星球与变化的城市"就越来越成为科学界的共识与焦点。地理学长期关注不断变化的地球表层以及人类与环境之间的相互关系,因此,地理学日益成为当今科学和社会的核心内容,一个地理学家的时代正在到来。

经过 20 世纪的几个重要转向,人文化和社会化已然成为当今地理学科发展的重要特征之一,人文地理学的研究重点正在从人—地关系研究转向人—社会关系研究。解释人文地理现象的视角从自然因素、经济因素等转向社会因素、文化因素、个人因素等,研究的总趋势是从宏观描述性研究走向微观解释性研究以及模拟与评估研究。与此同时,地理学研究的哲学基础从经验主义和实证主义转向行为主义、结构主义、人本主义及后现代主义等。可见,在以人为本及后现代思潮的大背景下,人与社会的实际问题越来越受到关注。

在学科发展整体转向的大背景下,城市空间研究也经历了深刻的转型。基于时空间行为的个体研究正在成为理解城镇化与城市发展、城市空间社会现象的关键所在。分析挖掘时空间行为本身的规律与特点及其对城市环境和决策制定的影响已成为当下城市空间研究的重要视角和热点问题。有关时空间行为决策与时空资源配置、日常活动空间、城市移动性、生活方式与生活质量、环境暴露与健康、社会交往与社会网络、社会空间分异、移动信息行为等新的城市研究思路,正指向一个更加人本化、社会化、微观化以及时空整合的城市研究范式。可以说,基于个体时空间行为的城市空间研究范式蔚然初现,并向地理信息科学、城市交通规划、城市社会学、健康与福利地理学、女性主义等领域跨界延伸,在交叉融合中不断拓展学科的研究边界与张力,在兼收并蓄中不断充实城市空间与规划研究的学科基础与理论建构。

以时间地理学和行为地理学等为核心的时空间行为研究,注重现实物质性的本体论认识,突出对"区域与城市中的人"的理解,强调制约与决策的互动影响,通过时空间框架下的人类空间行为研究,深化了"人、时间与空间"的认识,建构了以地理学为基础的城市研究与规划应用的时空哲学和方法论。随着时空间行为数据采集、计算挖掘、三维可视化与时空模拟等理论与技术的不断革新,时空间行为研究在研究数据与方法、理论与应用等多个方面展现出新的转向与可能性。

改革开放以来,中国城市经历了社会、经济、空间等的深刻变革。伴随着全球化和信息化,中国城市空间正处在不断重构的过程。城市空间的拓展与重组、郊区的形成与重构、社会空间的显现与极化、行为空间的扩展与隔离、信息空间的形成与异化等成为近几十年来中国城市空间研究的热点。单位制度解体与快速城镇化等促进了城市生活方式的多样化和个性化,移动性大大增强并呈现多元化和复杂化的趋势,交通拥堵、长距离通勤、生活空间隔离、高碳排放、空气污染、公共设施分配不平衡等城市病已经成为政府部门和学术界急需解决的重大问题,也成为影响城市居民生活质量的关键因素。因此,如何科学地把握居民各种空间行为的特征与趋势,引导居民进行合理、健康、可持续的日常行为,建立重视居民个人生活质量的现代城市生活方式,已经成为中国城市研究与规划实践的当务之急。

中国正在打造经济社会发展的升级版,转变社会经济发展方式、推动人的城镇化与城市社会的建设、加大公共服务和民生保障力度、遏制环境污染等已成为发展的重点所在。城市发展逐步从大尺度的宏观扩张转向小尺度的空间调整,从扩张性的增量规划转为政策性的存量规划,对城市规划的公共性、政策性与社会性提出了新的发展要求。面对转变城镇建设方式、促进社会和谐公正、提高居民生活质量和保护生态环境等目标,城市研究与规划工作者应在考虑土地利用、设施布局、交通规划等物质性要素的基础上,更加重视居民时空间行为的数据采集与挖掘,探索城市居民时空间行为规律与决策机制,提供实时性、定制化、个性化的信息服务与决策支持,加强城市规划方案与居民行为响应的模拟评估。通过基于人的、动态的、精细化的时间政策与空间政策的调整,减缓居民时空间行为的制约,提高时空可达性,促进社会公正。通过城市时空间组织与规划、生活方式与生活质量规划、个人行为规划与家庭移动性规划等重新建构城市的日常生活,从而回归到以人为本的核心价值表述。

2005年以来,由城市地理学、城市交通学、城市社会学等学科为主的学者组成了一个跨学科的"空间行为与规划"研究会,聚焦于人的行为的正面研究,企图建构基于行为的中国城市研究与规划范式。该研究会每年举行一次研讨会,聚集了一批同领域敢于创新的年轻学者,陆续发表了一些领先性的学术成果,成为行为论方法研讨的重要学术平台。

本丛书是时空间行为研究及其城市规划与管理应用的又一重要支撑平台,力求反映国内外时空间行为研究与规划应用的前沿成果,通过系列出版形成该领域的强有力支撑。在时空间行为研究的新框架下,将城市、空间、行为与规划等完美衔接与统合,城市是研究领域,空间是核心视角,行为是分析方法,规划是应用出口。

　　本丛书将是中国城市时空间行为研究与规划的集大成,由时空间行为的理论与方法、城市行为空间研究和城市行为空间规划三大核心部分组成,集中体现中国城市时空间研究与规划应用的最新进展和发展水平,为以人为本的城市规划与行为规划提供科学支撑。其理论目标在于创建中国城市研究的行为学派,其实践目标在于创立中国城市的行为规划。

柴彦威
2013 年秋于北京大学燕园

　　改革开放以来,伴随着社会经济的快速发展,中国的城市化与城市发展成为重塑世界城市格局的新兴力量,中国的城市研究也逐渐以崭新的姿态走向世界城市研究的舞台。有关中国城市发展的转型解释与道路走向的论辩引发了多学科、多视角的研究竞相争鸣。如本书开篇所总结,中国城市研究大体上存在着现代化视角、世界体系视角、社会主义转型视角以及行为主义方法等范式。基于这些范式,相关研究内容非常丰富,成果层出不穷。在综合这些研究的基础上,本书主张从中国城市的内部而不是外部入手,回归到中国城市发展的历史事实与现实,抽象凝练中国城市发展转型的模型。具体说来,本书试图从单位研究的视角展开中国城市发展研究的叙述,将制度变迁诱致下的城市社会与空间变迁置于"单位"的历史棱镜之下,围绕着单位实践中的制度性、空间性与社会性等内涵的变化,建构长周期、跨学科和多角度的研究框架,从而透视中国城市发展的主线与支脉、历时性与关联性等图景,在历史与现实的评析中窥探转型前进的方向,导出适应城市发展规律和兼具中国特色的城市空间策略。

　　变迁中的单位制度从1949年以前的制度安排而来,深度嵌入新中国成立以后曲折阔远的社会主义实践之中,裹挟着传统的历史文化政治思想、实践中的浪漫主义与实用主义,塑造了中国城市发展的特殊性、历史连续性与波折起伏。中国城市的社会、经济与空间的生产与演进都与单位制度的生命周期彼此共振,表现出丰富的历史内容与范畴,根植于中国城市发展的深厚土壤,又与国外城市的发展遥相呼应,构成中国城市研究论说的事实与理据基础。因此,单位研究不是故纸堆中的历史研究,而是一个当下中国的话题。加强单位研究的理论性,是中国城市研究的理论创建;加强单位研究的实践性,是中国城市思想的规划应用。单位,是理解中国城市转型的钥匙,也是中国城市研究再思考与规划再利用的独特视角。

　　建构中国城市的单位理论,其关键是重新理解单位。我们需要一个什么样的单位理论,取决于我们在认识论上如何重新看待单位、单位制度实践及其在城市层面上的响应。这是本书的尝试,也是论著的基础。

其一，动态的观点，形成单位制度的通史研究。单位制度不是一成不变的，而是逐渐形成的，其消退隐匿的过程则更加漫长。现有很多研究关注单位制度逐渐解体的过程，提出了"去单位化"的概念；也有研究关注了单位制度形成的过程，提出了"单位化"的概念。有的研究试图探寻单位制度的起源，还有研究试图阐述单位制度在新形势下的运用，提出了"泛单位圈城市""单元城市"等概念。但是，断面式的理解，容易顾此失彼而带来认识上的局限性。

首先，有关起源的研究，缺乏制度形态及其实践过程的演绎，只是对其思想来源的猜想，并没有发生学或者制度学意义上的直接证据或者推理。其次，没有历史养分的注入，"去单位化"的研究很容易形成对单位制度的片面否定，这几乎是早期单位研究容易陷入的误区。如果没有动态的观点，亦很难去检视"去单位化"的过程，从而正确看待市场转型的过程。事实上，"去"既是结果的表征，其本身也暗示了过程的转化。过程或者动态，并不单指速度的快与慢，而特别注重的是内部结构关系的转变以及所带来的形态转化与性质变化。本书强调的是，单位制度实践的形式与内容、强度与结果，据此以理解"单位化"与"去单位化"的概念。"单位化"就是单位制度实践形式与内容逐渐统一、力度逐渐增强的过程；"去单位化"就是单位制度实践形式与内容逐渐分散、控制能力逐渐弱化，在社会经济生活组织与资源配置中的渗透逐渐减退或形变的过程。同理，没有丰厚的研究基础，面向未来的城市思想只能是获得零散片段，很难形成理论化的实践工具。我们最早提出"新单位制""新单位主义"等概念的时候也常被学界同仁所质疑。本书是我们研究再出发的成果，也希望与学界共同探讨中国城市单位的通史研究。

其二，原型的认识，去除意识形态的成见。如我们所讨论的，目前并没有发现专门的官方文献，明白无误地提出建构单位制度的概念。单位制度，事实上是被建构出来的符号，其所指的客体是什么，各家仍然各执一词。有些研究容易将单位制度与计划经济、再分配体制等同起来，认为改革单位制度具有其理论与实践上的合理性。这种与意识形态挂钩的研究也就容易失去在学理上探讨的可能。

"单位"是什么？所谓的"单位制度"到底是什么？局限在城市地理学研究的范畴，"单位制度实践"所指的共性是什么？这也一直是我们试图回答的问题。对于这些问题的回答，我们不应该参考国外理论、经验以及其他外部客体，而需要深入到单位制度实践发生的语境与背景中，从城市组织运行内部的核心问题入手，并且以动态的眼光保留"单位"性质变化的路径。

关于单位制度及其变化，本书还提出了以下三方面的问题。首先，如果单位制度是起源于对市场的社会服务供给不足的替代，那么如何从"国家与社会、市场与企业"的互动关系来理解"去单位化"？这是否构成市场对组织的重新替代？其次，这种围绕社会公共服务的组织与供给的"互动与替代"是否也出现在其他国家与地区并且相互作用？最后，这种多主体组织化的供给模式是否适用于今天中国城市问题的治理与城市社会的重建？本书在第3章、第10章、第13章对此都有阐述。

其三，多维的分析，融入中国城市化实践的语境。单位制度从来就不是孤立存在的，渗透在生产组织、社会调控与空间建设等方方面面，单位研究需要置于具体的研究语境中。本书基于城市地理学的学科视角，将单位制度与中国城市化和城市发展结合起来。单位制度实践成为单位制度下的城市空间与社会的实践，其间包含制度变化、空间与社会演进等多个维度，融合了宏观的城市结构、中观的社区治理与微观的个人的日常生活等多个尺度的研究。本书试图从知识体系的构成、知识对资源的支配等维度解读单位制度实践的逻辑与深层结构，着力于从生产组织管理、人事制度、社会福利制度等方面刻画单位逻辑的实践与表层结构。空间方面不仅阐释了相应的规划理念、组织原则及产权特征，也以个案解读的方式刻画了单位化与去单位化在空间响应层次上的丰富内容。社会方面既有组织管理和群体构成的一般性概述和对个体在不同社会情境下时空间利用的深度描写，又有对居民心理反应的归纳与评析。

多维的分析也包括对中国单位制度实践的差异性理解。中国幅员辽阔，社会制度实践的空间与社会变迁难以完全同步。在沈阳、兰州、武汉以及"三线"建设的工业基地，城市空间单位化以大型厂区为主要载体，厂区即为城区。一些大型的钢厂，生产区与工作区分离，工人们在内部甚至使用火车通勤；在北京，主要以机关单位的大院为主；而在上海，单位生活区则以工人新村为主要类型。虽然空间形式不太一样，但"以生产功能主导、空间组织的封闭性等形成同质稳定的社会构成和日常生活的制约性"则是共性特点。单位是以生产活动为核心的、组织化的生活共同体。同样，在南方城市如广州、长沙、杭州等，单位大院的空间力量已经淡退，但是在兰州、太原、克拉玛依等地，工业搬迁以及城市空间去单位化的重构仍是现在进行时。因此，单位制度实践的差异性既包括空间上的多维特征，也包括时间上的差别。

其四，新生的面向，紧扣城市发展的实践需求。研究单位的目的，不只是透视中国城市发展的历程与内在逻辑，更重要的是立足于当前中国城市建设的理论与实践需求凝练单位制度的空间思想与作用方向。特别是近些年大规模的郊区化使城市空间结构与居民日常生活都发生了显著变化。围绕交通缓堵、老年社区、低碳发展与生活质量等问题，在学界和民间都有一波波反思见诸于报刊和研讨会，讨论单位制度与当前中国城市建设模式。这是单位研究在新时期的契机与方向。

本书梳理了西方城市思潮的演变，归纳了生活质量导向、传统城市经验、日常生活化、行为组织规划等视角，从中国城市发展的挑战、单位制度的隐形化等事实出发，系统地阐述了单位思想的新运用——新单位主义。新单位主义试图根据中国城市化历史过程与阶段特点，提炼单位思想在空间组织、社会建设等方面的有益元素，指引中国城市发展的未来面向。

单位化实践最大的特点在于，单位与国家的整合形成了公共产品的多中心组织性供给，形成了居民日常生活的共同体，塑造了日常生活地方性。基于单位制度的原型，立足于日常生活的转向，面对中国城市社会发展的新需求，新单位主义主张吸收企业参与社区建设，采取时空间整合、社会与行为化的手段来实现日常生活的企划与地方营造，重新构筑混合、多样的日常生活圈，通过相对独立、有机构成的基本生活单元来重新塑造城市的日常活动空间体系，推动城市的生活规划与社会规划，最终实现城市空间再组织的平衡与紧凑。

新单位主义是以日常生活为中心、利用市场条件下的新单位模式。新单位主义强调日常生活单元、企业化的社区经营管理、共享与开放的工作空间、多层次的公共空间系统、富有活力的邻里中心、灵活的设施运营时间政策、广泛的公众参与及行为转变等。新单位主义不是宏大的城市空间建构，而是服务于生活方式的建构，是以日常生活为中心的微调与矫正，以实现地方的日常化、生活化建构。新单位主义组织下的日常生活方法论，代表着生活空间营造的城市观点，目的在于建立时空间整合、行为化、服务化、自下而上的规划模式。

面向以人为本的和谐社会建设，面向以人为核心的新型城市化建设，新单位主义卸去了单位体制与计划经济的枷锁，回归到了面向市民生活重建的城市空间观，是在普遍的社会化与市场化条件已经具备的前提下，着眼于生活空间的社会组织与管理模式，广泛动员与吸收各方面社会主体参与日常生活空间规划。

本书是中国城市地理学界第一本有关城市单位研究的专著，试图从城市地理与城市规划等学科的视角出发，回答为什么做单位研究、什么是单位研究、如何做单位研究以及单位研究的理论出口等基本问题。本书共由 15 章构成。前两章是本书的绪论与框架，主要介绍什么是单位研究以及如何开展新的单位研究，搭建了本书的框架结构，第 3 章至第 6 章主要介绍单位制度的原型及其在中国扩展应用的逻辑与实践；第 7 章至第 10 章主要介绍"去单位化"在制度、空间、社会与治理层面上的背景、表现与过程；第 11 章至第 14 章分别介绍了新单位主义的提出过程、概念框架、治理设计与规划路径；第 15 章则对单位研究提出新的理论展望。

本书从立意到创作历时五年多，几易其稿。全书由柴彦威负责总体策划、框架设计与统稿，肖作鹏、刘天宝、塔娜承担了大部分工作。主要撰写者担当的章节包括：肖作鹏（第 3 章，第 7 章第 1、2、5 节，第 8 章，第 11 章，第 12 章，第 13 章，第 14 章，第 15 章部分）、刘天宝（第 1 章，第 2 章，第 4 章，第 5 章，第 15 章部分）、塔娜（第 6 章，第 7 章第 3、4 节，第 9 章）、毛子丹（第 10 章第 1、2、4 节）、薄大伟（第 10 章第 3 节）。肖作鹏、刘天宝参与了本书的统稿工作，孙道胜参与了后期的文字编辑、图表整理与校对。当然，由于相关知识、能力和时间有限，本书仍然不可避免地会出现一些错误。我们对这些错误完全负责，也恳请读者不吝指出，以便校正。

在多年的研究过程中，我们得到了很多机构与人员的帮助与关照。首先要感谢在北京、兰州、武汉、克拉玛依等地开展相关调查研究时给予我们支持的各级政府、相关企业、街道办事处及居委会、物业管理委员会等，感谢参与调查与深度访谈的单位干部、职工与居民。其次，感谢给予我们学术指导与交流的许多前辈与同行，尤其感谢日本广岛大学名誉教授森川洋先生的指导，以及澳大利亚悉尼大学社会学系薄大伟教授的参与。

当然，我们也要特别感谢研究组的有关成员：刘志林副教授（清华大学公共管理学院）、张艳博士（北京联合大学应用文理学院）、张纯博士（北京交通大学建筑学院）、陈零极（联合利华中国有限公司）、李昌霞（海昌海洋公园控股有限公司）、周千钧（北京市规划委员会开发区分局）、毛子丹（荷兰乌特勒支大学地理系）、杜春兰（北京市经济技术开发区城市规划和环境设计研究中心）、叶昱（中国城市规划设计研究院重庆分院）等。

最后，特别感谢国家自然科学基金委员会与国家社会科学基金委员会的大力支持。感谢东南大学出版社的鼎力支持，感谢徐步政与孙惠玉编辑的指导与帮助。

柴彦威　肖作鹏　刘天宝　塔　娜

2016 年 5 月完善

目录

CONTENTS

Introduction

Preface

1 中国城市研究的单位视角

19世纪中叶以来,中国社会逐渐告别传统社会模式,开始了曲折、独特的现代化进程。从大的历史分野来看,1949年之前的历史总体上属于重建政治共同体的阶段(许纪霖等,1991)。1949年是在一个完整的政治共同体下以及相对稳定与和平的政治与安全环境中,集中资源推动城市建设和社会发展的起点,也是中国城市发展模式彻底调整、城市面貌剧烈变化的开端。自此,中国城市先后经历了以工业生产为核心、以单位体制为基础的计划经济发展时期,以及改革开放后以经济建设为中心、以市场化为导向的转型发展时期。随着市场化转型产生累积的各种矛盾与问题愈演愈烈,以人为本、坚持全面的可持续发展理念、推动城市社会的发展将成为新时期城市发展的主轴。

因此,立足于中国城市发展大周期的时空系统中,积极思考中国城市发展的目标转向及应对之道,既需要历史纵深的镜鉴,也需要具有面向未来的指向。其重点在于宏观把握中国城市发展的过程,特别是整理凝练1949年以来城市发展演进脉络中的深层逻辑,进而在中国城市历史与未来的二重语境中,提出城市发展的理念与策略。围绕着中国城市研究视角的目标、立场与价值判断,本章将对中国城市研究的主要视角展开梳理比较,从而基于大历史周期、跨学科交叉、理论与实践意义等方面,阐述单位研究视角的独特性。

1.1 中国城市研究的多种视角

中国城市研究内容体系庞大,研究视角多样,研究成果层出不穷。如果抛却先入为主的理念和已有的是非观,从视角的源头与价值取向等方面进行归纳,整体上呈现现代化理论、世界体系、社会主义转型以及行为主义方法等视角。本节旨在总结概括、对比分析各种视角的基本特征,进而阐述中国城市研究的新需求与新视角。

1.1.1 现代化视角

从源头上来说,现代化视角是一种西方视角。现代化理论的产生所面对的是西方发达国家自近代以来发生的结构性变迁(孙立平,2008),其基本主张包括:传统—现代的两分法、社会发展的内因论以及现代化趋同等假设。现代化的主要特征包括市场经济及工业发展、城市化、政府管理的科层组织、教育普及和出生率降低、现代价值系统等。

从现代化视角对中国城市的研究至少可以追溯到马克斯·韦伯。韦伯提出"城市共同体"模型,并以此分析认为,中国城市以行政为核心,以军事为保障,经济功能受到压抑,没能带领中国进入近代社会,城市存在相当的缺陷(孟庆波等,2012)。费正清的"冲击—回应"模式同样基于此视角,认为中国社会停滞不前,必须经过西方动态社会的冲击才能摆脱困境,走上现代化道路(李帆,1998)。20世纪60年代,学术界逐渐出现了反对"西方中心观"的研究,其中以施坚雅最具代表性。他深入到中国的区域经济和地理研究中,从地理系统、时间坐标和社会结构等维度研究中国城市的历史和发展,确立了"中国中心观"(陈倩,2007)。20世纪70年代以来,在年鉴学派的影响下,研究范式逐渐从中西碰撞的宏大叙事转向了中国内部、微观视角的考察,不仅缩小了研究尺度,还引进了多学科的知识背景与研究方法,注重开展综合性的个案研究(孟庆波等,2012),取得了显著的成果,也影响到中国学者的研究取向。相比之下,中国学者更加主张在尊重现代化基本共性的前提下,发掘中国现代化过程的个性,以丰富现代化这一具有家族特征的现象(许纪霖等,1991)。

因此,现代化视角与中国社会现象研究的碰撞,使其逐渐从西方中心下的"他者"视角发展到"注重从中国内部现象理解中国",更加注重事实与个案分析,而不是简单地用西方的理论来"规范"研究中国的社会现象。其次,具体研究的内容,整体上都存在相似的视角、范式的转向与成果的呼应,但在研究的切入点则没有清晰的图景。譬如,在城市化的过程与模式、流动人口、郊区化、城市增长等多个议题的研究上,普遍运用西方的理论来分析中国的现象,发现了许多"特殊"之处从而得出了新的结论,并参考西方经验给出理论启示与政策建议(Wu,2006)。又如,针对中国城市化的特点,提出了自下而上的城市化(辜胜阻等,1998)、外部驱动型工业化与城市化(Eng,1997)等概念。再如,郊区化研究中特别关注中美郊区化的差异,提出了被动郊区化的概念(周一星等,1997)。此外,关于城市政体、城市营销、政府企业化、增长联盟、增长机器、管制、绅士化、空间生产等众多研究,基本上都是运用西方理论和概念来分析中国城市的现象,比较彼此的差异,映射出中国城市的特殊性或者趋同性。

1.1.2 世界体系视角

世界体系视角根源于全球化的影响,主张将一个国家、地区或城市的发展,尤其是发展中国家的发展置于全球的体系中进行考虑,而不是认为其发展将简单地遵循发达国家走过的路径。该视角的分析源于对发展中国家,尤其是拉美国家的研究,主要包括依附理论和世界体系理论。前者认为在世界经济体系中,发达国家处于中心地位,而广大发展中国家依附于发达国家而处于被剥削的边缘地位;发展中国家想要摆脱这种境遇,必须打破"依附的链条"(陶海洋,2007)。与之类似,世界体系理论将世界体系划分为"中心""半边缘""边缘"三个等级,同时认为世界体系是不断变动的;发展的主要意义在于改变国家与地区在世界体系中的地位,实现自身地位的升级(孙立平,2008)。最为典型的是新兴工业化国家的快速发展,特别是"亚洲四小龙"的经济崛起最具特色,展示了政府在经济快速发展中的重要作用,形成了发展型政府理论(Amsden,2001)。

整体而言,采用世界体系视角对中国城市进行研究的成果相对不多,但是相对地都强调国际资源和市场,积极参与全球体系,改变国家与城市在世界经济版图中的地位。例如,在世界经济体系中对"东亚四小龙"的比较研究(陈宇山,2008;全毅,2012)和近期对"金砖四国"的讨论(Jain,2006)。在城市经济发展方面,研究证实了海外直接投资的积极作用(Chen et al,2004)。在全球生产体系方面,强调中国城市努力打造世界工厂(李萍等,2003),提升在全球价值链分工体系中的位置与层级(于蕾等,2003)。在贸易方面体现为对世界贸易组织的积极加入,以及开放度的提升,从而更多地融入世界经济体系(Patrick et al,2005)。世界体系视角也常应用于许多具体的城市问题研究中,如国际城市及世界城市概念下中国城市的发展战略问题(周一星,2000;李国平等,2002);城市社会空间中的国际社区(李志刚等,2009)及全球服务业网络中的空间极化问题(陈建华等,2007)等。

因此,相对于现代化视角在研究取向上的西方化、研究对象的"他者"化以及认识论上突出"现代性"的命题来说,世界城市体系更加关注宏观的结构分析与体系演变,关注落后国家与地区的经济发展和社会现代化的"自身"进程。在认识层面上试图超越西方中心论,更多地关注研究的事实基础而不是价值上的预先判断,这种转变也与社会主义转型理论相呼应。

1.1.3 社会主义转型视角

社会主义转型理论源于对前苏联、东欧、中国等社会主义国家转型发展过程的关注。作为社会主义国家,这些相同或相似的社会特征大体包括:国家对资源的垄断、再分配的经济体制、集体化与公有制基础上的国家—社会关系以及独特的社会动员模式,等等。如何在转型发展的过程中重建社会经济制度,分析社会经济转型的路径与结果,成为社会主义转型视角的出发点。具体来看,在上述社会主义转型国家内部因历史、文化,尤其是转型模式,存在很大的差异。例如,中国转型的差异性包括政体连续背景下的渐进式改革、权力连续性背景下的精英形成和主导意识形态连续性背景下的"非正式运作"(孙立平,2002)。因此,尽管市场转型理论提出者认为,随着转型的发展,市场力量及机制将逐渐取代再分配主导的经济机制,直接生产者和企业家将更有优势,干部权力必然会被削弱(Nee,1989);但是,从中国的事实来看,这种假设并不成立,进而有学者提出了权力维持论(Bian et al,1996)、权力转化论(Tas,1994)等。亦因此,人们认识到转型的复杂性以及转型结果的多元性,需要就市场化改革对社会分层的影响展开新的分析(陈那波,2006)。随着讨论的深入,相关概念、市场化转型与经济发展的关系、国家与市场的关系等得到深入研究。在此过程中,形成了许多新的研究成果和对中国社会主义转型发展的"新"认知。例如,戴幕珍等(Oi et al,1999)关于产权转变的研究,周雪光(Zhou,2000)的"市场—政治共生模型"。

社会主义转型视角的研究同样存在于大量、具体的城市问题中。例如,吴缚龙(2008)从积累体制转换的视角分析了中国城市发展转型,认为转型是从国家领导的工业化走向以城市为基础的积累体制,空间变成了一种"手段"。就土地开发而言,渐进式的改革表现为二元化的土地使用制度和一系列复杂、多样的开发模式(吴缚龙等,2007)。同样,住房市场的变革也不是简单的商品化过程,政府、工作单位等也有重要的作用(Wu,1996;Wang,2001)。又如,有关城市就业及贫困的研究发现,户籍制度、就业单位等是重要的影响因素(Xie et al,2008)。

整体而言,研究范式从理论假设的验证转向了更加注重对现实复杂性的深入考察。这一研究范式的转变与现代化视角的后期转变有相似之处,即从先入为主的演绎式研究走向了具体事实的考察和分析。然而,首先,不可否认的是,社会主义转型理论仍然具有西方理论的底色。据此,尽管有观点认为社会主义转型视角是与现代化、全球化相对应的第三种视角(孙立平,2008),但从实质上看,社会主义转型过程也是一种现代化过程,在许多外在表现上又与现代化理论和全球化视角的研究存在许多相通之处。其次,社会主义转型理论关注的制度要素深具结构—功能主义、政治经济学的色彩,在刻画个体与行为的互动、勾勒日常生活的变迁、揭示行为景观的流变等方面相对来说比较薄弱。

1.1.4 行为主义方法视角

与前述关注国家、社会整体等的宏观视角不同,居民行为视角着眼于社会个体,透过日常的和生活化的行为,以自下而上的方式理解城市整体的发展变迁,其理论基础是行为主义与时间地理学。兴起于 20 世纪 60 年代,行为主义源于对计量革命过分简化空间问题以及忽视人的行为决策等问题的批判。行为主义地理学主要指在考虑自然地理环境与社会地理环境的条件下,强调从人的主体性角度理解行为和其所处空间关系的地理学方法论,研究内容包括认知地图、决策过程、时间地理学等多个领域(柴彦威,2005)。行为主义将心理学的相关理论和概念引入地理学,试图了解人们的思想、感官对其环境的认知及对空间行为决策的形成及行动后果(柴彦威,2012)。时间地理学的起源也与对计量革命的反思和批判有关,强调微观个体和制约的行为观。时间地理学将时间和空间在微观层面结合起来,从微观个体的角度去认识人的行动及其过程的先后继承性,去把握不同个体行为活动在不间断的时空间中的同一性(柴彦威,2012)。广义的行为主义方法,注重时空整合的分析、个体视角的透视、自下而上的建构以及社会与空间的融合,显著地区别于前述三种视角注重宏观结构与自上而下的思维方法,旨在理解与描绘人的日常行为与城市空间的互动过程,透过真实的生活空间来刻画与调整城市的发展。这些特点与后结构主义以及日常生活的转向相呼应。

从中国的实际来看,越来越多的研究受到行为主义与个体视角的影响,并与规划实践紧密结合。从研究的切入点来看,既有基于长时段的迁居研究,也有基于日常的工作与通勤、购物与消费、休闲等行为的研究(柴彦威等,2014;王德等,2004;朱玮等,2006;柴彦威,2010a)。从研究的群体特征来看,有针对儿童、女性、老年人、低收入、少数族群等群体的行为研究(柴彦威,2010b),也有针对流动人口以及黑人等外来人士的研究。这些研究整体上刻画了中国城市居民不同行为的时空特征和居民日常生活整体的时空间特征,从微观视角展示了转型期城市的特征。同时,针对不同时期、不同国家的对比研究,不仅反映了中国城市的不同之处,展现了转型期城市的变化,也透视了城市空间及其组织的差异(柴彦威,1999;柴彦威等,2009)。

行为主义研究在理解城市日常生活的丰富性、互动性等方面深具优势,但是也存在很多不足之处。主要有:在对长期行为以及与此相关的生活方式变迁的刻画上并没有很大的突破;与制度等宏观要素的整合研究上,也没有形成很好的指引;与规划实践的结合上,还存在很大的发展空间;国际比较的研究还比较少,导致从微观视角发现中国城市的差异性特征的研究还不够深入。

1.1.5 中国城市研究视角的新需求

总体来说,现代化视角、世界体系视角和社会主义转型视角具有一定的时空指向,并以一定的理论假说为基础展开分析。虽然不同的国家有先有后,驱动因素有内生也有外生,但是现代化视角总体上是从传统社会向现代的转型过程(孙立平,1991)。尽管到后期有所调整,但整体的理论论述蕴含了不同国家发展趋同的假设。世界体系视角,主要立足于"二战"后发展中国家在国际化和全球化背景下的发展过程,尤其是与发达国家的关系及其在世界体系中的位置。社会主义转型视角则更加具体,脱胎于对前苏联、东欧及中国等社会主义国家在 20 世纪 80 年代以后的发展模式转型的观察。在此之下,虽然各国转型路径不同,但市场化是基本的指向。相对而言,行为主义方法视角则以行为—空间互动理论为基础,透过居民行为理解城市,试图从人的行为模式去理解城市的真实状况,更多的是方法论上的认识,而不倾向于价值上的预先设定。

不同视角下的研究成果也显示了中国城市在全球城市中所具有的独特性与相对其他国家城市的差异性,形成了一些针对中国城市现象的概念、观点与认识。但是,就前述新中国成立以来城市发展历程的反思性研究而言,现代化、世界体系、社会主义转型以及行为主义方法等视角都缺乏足够的适用性与渗透力,即在面对中国城市现象的研究方面还不够直接和具体,需要进一步避免研究预先的价值设定,深入中国城市变迁的实践展开具体分析,需要融合各个视角所长,更加逼近中国城市发展转型的本体内核。

1.2 单位视角及相关中国城市研究

面向中国城市发展的新任务与新需求,需要有新的视角,淬炼新中国成立以来城市化与城市发展的历程轨迹,楔入中国城市发展的具体现象和实践中;应具有跨学科的特征,为综合、全面、客观地审视和反思中国城市的发展历程提供平台;同时注重规划引导,为下一时期中国城市的发展提供更具针对性的理念及方案。围绕着上述命题,本节将阐述中国城市研究学者对单位与单位研究的思考,阐述单位视角对中国城市研究的继承与发展。

1.2.1 单位及单位视角

社会学将单位视为一种组织(李猛等,1996),认为单位是进行社会控制、资源分配和社会整合的组织化形式,承担着政治控制、专业分工和生活保障等多种功能(李路路等,2009);规划学者认为单位是国家政治、经济和社会结构的基本组成细胞和运行单元(乔永学,2004),单位大院是中国城市的空间组织方式;地理学者认为单位是个人基本的社会生活空间和象征(柴彦威等,2008),也是构成社区的基础(柴彦威等,2009a)。从本质来讲,单位是计划经济时期城市中政治组织、生产管理、社会服务的组织模式。分层次来看,单位体制中有关社会运行的思想观念是核心,有关工作、生活与社会福利分配是具体运行的规则,单位空间是载体,单位实践是内容(柴彦威等,2011;刘天宝等,2012a)。从不同学科出发对"单位"的概念认知及其在中国城市研究上的应用,构成了单位研究与单位视角。

单位视角下的中国城市研究就是将单位作为中国城市的社会现象,通过对单位制度、空间、社会及规划等维度变化的分析,解读中国城市从计划经济时期到转型期的发展演变,并对未来城市的发展提出思路与建议(刘天宝等,2012b)。根据中国城市发展组织模式的转换和单位在其中的作用,将新中国成立以来城市的发展过程分为单位化阶段和去单位化阶段,并在此基础上提出用以指导未来城市实践的新单位主义思想(图 1-1)。

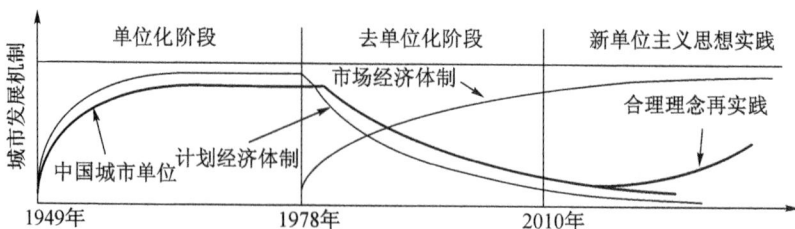

图 1-1 中国城市研究的单位视角

单位化阶段即是在计划经济体制阶段,中国城市发展组织以单位及单位制度为核心,在制度、空间、社会和规划等方面不断单位化,是单位体制逐渐形成、发展和成熟的时期。去单位化阶段即是随着市场化改革的开启,计划经济与单位体制在中国城市发展过程中的统领地位与组织核心作用逐渐弱化,市场经济体制逐渐建立、作用逐渐增强的过程。虽然单位制度在城市发展中的作用逐渐弱化,但其在住房改革、就业市场等方面仍然以非正规、隐形化的方式发生着重要作用(Wu,1996;Wang,2001)。去单位化与市场转型大约持续到 2010 年前后,国家"十二五"发展规划中提出"转方式、调结构、惠民生"的发展思路,党的"十八大"以及全面深化体制改革,预示了中国城市发展正在进入一个新的发展阶段,也被呼吁和概括为"二次转型"(迟福林,2012)。

面向新时期的发展,城市的可持续发展理念正在通过具体的发展策略加以落实,以生活质量、幸福感、社会和谐为代表的社会可持续性和以低碳、紧凑等为代表的环境可持续性成为城市发展的整体目标。在这种语境下,我们主张对中国城市发展的过程进行全面再审视和反思,将单位模式中某些积极合理的理念重新运用于市场机制下城市可持续发展的过程中,并称之为"新单位主义"。这是基于对国家体制调整下中国城市发展模式转型变革路径与方向的概括,也是构筑在多重维度上的概念抽象;是单位要素的再生,也是单位制度的思想在新的体制机制环境下的新变化与新气象。整体来看,以上要点所提到的一条主线(中国城市单位在城市发展中的作用)、两种机制(计划经济体制和市场经济体制)、三个阶段(单位化阶段、去单位化阶段和新单位主义思想的实践应用)和理解中国城市发展的四个维度(制度、空间、社会和规划),比较完整地概括了我们所提出的中国城市研究的单位视角。

现代化视角、全球化视角与单位视角最大的差异在于研究范式及价值标准预设。前两者是带着某种理论体系,甚至是某种标准来检视或验证中国城市现象,以发现中国城市的"特殊"之处。而单位视角则倾向于直面中国的城市现象,直接从中揭示中国城市发展的规律,避免上述两种视角存在的缺陷。相对而言,这是一种更加注重中国城市发展内生性的视角(Friedmann,2005),类似于社会学领域提出的"实践社会学"(孙立平,2002)强调对市场转型的具体实践过程的研究。需要强调的是,单位视角下的城市研究明确反对简单照搬中西方概念和理论,目的在于发现中国的"故事",同时又致力于形成与国际接轨的"理论"。

与社会主义转型视角相比,单位视角是一种更加"中国化"的研究范式,直接面对中国城市的现象展开。同时,在研究的视野方面有更大的时空延伸,在时间上始于新中国成立后计划经济时期延伸至市场化转型以后的时期,在空间上更加注重从内部进行比较研究,突出共性任务与规律凝练下城市发展路径的分野。相较于行为主义方法来说,单位视角将单位视作"自下而上""自上而下"两种力量作用形成的社会现象的铆接点,采用宏观、中观和微观集成的分析思路。同时,在知识结构上综合地理学、社会学、规划学以及政治学和经济学的理论与方法。

透过单位视角的研究,可以完整地再现新中国成立以来中国城市发展的过程,在更加深阔的历史周期中重新审视中国城市起伏涨落的脉络,在历史经验的总结及与西方经验的对比中形成未来中国城市发展的指导性策略。单位视角是在中国城市快速"压缩"式发展,热切拥抱现代化、全球化和市场化的热潮中,通过长周期、跨学科、多尺度的分析,建构历时性、综合性、理论化与实践性并重的视角和范式,形成与中国城市研究和中国城市发展历程合拍、对中国城市的发展具有解释力、对今后一段时期的发展具有指导性的理论框架。

关于单位视角,还十分有必要说明对其在认知方面存在的不足和误区。一是,在转型期和单位作为一种制度已经解体的语境下,单位视角的中国城市研究往往被误认为是一种"历史"研究,与主流的城市转型、现代化和全球化等研究相比是"过时"的,不符合中国正在经历的快速城市化、国际化等的时代潮流。这也是部分学者不愿意从事单位视角研究的主要原因。二是,如果提出将单位的某些积极因素应用到未来的城市发展中,容易被误认为要与计划经济体制挂钩,潜意识里被贴上了"倒推历史"的标签。如认为单位大院的职住接近理念值得提倡,就会被误认为要重新把城市切块,并用围墙圈起来。其实,只要对中国城市研究从"大历史观"进行理解就能明白单位视角不是历史研究,而是和当下及未来有密切关系。"长周期"的视角对清晰把握发展规律来说必不可少。只要摆脱了对城市发展规律的线性思维模式,从螺旋式上升的角度看待城市发展的现象,就会理解某些要素和主张的再现根本不是倒退和重复,而是某些核心价值的发掘与再利用。

1.2.2 单位视角下的中国城市研究

1) 单位制度研究

单位体制的成因有两种比较有影响的解释,分别为路径依赖效应和资源约束因素(李路路,2009)。前者主要强调了中国共产党革命经验的影响和传统文化中权威观念的作用(Lü et al,1997);后者主要强调了新中国成立后国家物质资源不足的现实对于单位形成的影响(王沪宁,1990),建设强大社会主义工业体系与当时贫弱的社会经济条件之间的矛盾(路风,1993;Lu,2006)。另外,还有学者从多角度展开分析,包括新中国政治关系的历史特点、工业化模式和社会经济条件的矛盾、对官僚体制和法制的破坏三方面作用的影响(路风,1993)。更宽广的视野发现中国古代的建筑与文化、中国共产党的革命实践和空间规划思想等三个方面是单位制产生的原因(Bray,2005)。

社会组织的视角将单位的组织形式定位为"单位体制"(路风,1989),强调单位在构建国家—单位—个人的体系中的作用(李路路,2002)。单位制度体系本身及其形成和变迁过程则进一步细化了单位体制及其变迁研究(周翼虎等,1999)。另外,将单位定义为当代中国城市社会的基本单元,探讨其等级、结构、功能及变化,引发了对城市社会组织模式的思考(刘建军,2000a)。转型期以来,中国的单位体制发生了一系列重要的变化,在对这些变化进行分析和评价的过程中形成了不同的观点。单位自主性、"内部人控制"与法团主义等的分析发现了单位制度的显著变化(孙立平,2004),但单位组织和非单位组织将同时并存并相互影响,短期内不会彻底改变(李汉林,2007)。

单位内部组织和权力关系的研究可以从新制度主义和文化决定论两种取向进行分析。前者主要指魏昂德(Walder,1983)的新传统主义分析,后者的研究则关注普通成员在制度约束下自下而上的行动选择(李猛等,1996)。另外,从资源与交换的角度发现了单位组织中的依赖性结构(李汉林等,1999;李路路等,2000b)。对于转型期以来的变化,一种观点认为制度环境的改变必然带来单位内部权力结构和行为方式的变迁(曹锦清等,1997;Lee,1999)。另一种观点认为,基于中国人自我行动的逻辑,庇护主义和派系结构并存的基本格局仍然没有发生变化(Dickson,1992;汪和建,2006)。

2) 单位空间研究

从规划思想来说,单位空间是多种理念的体现,既有对传统空间思想和革命性空间理念的隐形继承,也有对现代规划思想的直接应用。单位物质空间的研究从城市和单位大院两个尺度展开。单位大院的封闭性对城市空间的割据导致了城市交通组织等空间效率低下,并妨碍了空间要素的优化配置(范炜,2002)。但单位空间的组织模式并非没有优点,如借鉴单位职住接近的理念,构建低碳城市空间的构想(柴彦威等,2010)。转型期以来,单位空间有膨胀扩张、蚕食缩小和向外搬迁等模式(王乐等,2010),单位的院墙随着单位开放性的增强逐渐虚化,甚至拆除,围合度不断下降(张纯等,2009)。单位大院内部则有增建新建、拆旧建新(张艳等,2009)以及分割与墙化(肖作鹏,2013)。

单位社会空间的研究涉及社会空间的特征、机理及其变化等方面,研究成果较少。单位内部形成了封闭、狭隘的社会生活空间(揭爱花,2000),但也促进了居民的交流与互动(李怀,2009)。转型期以来,单位制社区的人口逐渐杂化,住房产权逐渐多样化,服务设施不断外向化(张纯等,2009),单位制社区不断融入所在的城市空间。从城市的尺度来看,以单位为基本单元的空间组织形成了三个层级的生活圈(柴彦威,1996)。随着单位制度的解体,单位居民的通勤距离和出行总量都有所增加(Wang et al,2009)。从对比的角度来看,转型期以来,单位居民的个体行为空间发生了明显的调整,行为空间更多地融入城市空间,在城市范围内组织日常活动,带来了城市生活的丰富性,也产生了许多问题。

有关单位遗产保护研究的主体从工业遗产保护的视角展开,并将其置于中国现代工业遗产的整体中展开探讨(俞孔坚等,2006)。这些不仅强调了保护工业遗产的重要性和紧迫性,还对工业遗产的内涵、范围、工业发展阶段的划分等展开了讨论。另外,面向社会生活的改造也得到了研究,如探讨单位社区作为老年人社区的可行性(谷志莲等,2013)。而有关单位空间合理化因素的再应用研究,主张单位空间组织中的职住接近、有秩序的生活圈等积极理念和因素应用到未来中国城市的可持续发展过程中,并提出了相应的实施策略。其中,新单位主义是一个重要的提法(柴彦威等,2011),还有研究基于对单位后勤服务的分析,提出"泛单位圈城市"的规划思想(谭文勇,2006)等。

3) 单位社会研究

新中国成立以来社会基层管理先后从单位制、街居制向社区制转变(何海兵,2003)。这一转变是多维、非线性的过程。首先,是治理主体及空间响应的转变(毛子丹,2013)。其次,是社会整合机制的转变,触及到了中国社会的最基本结构(李汉林,1993)。再次,是社会生活组织模式的重建。最后,还是公共物品供给模式和社会支持网络模式变迁的过程(李培林,2001;郝彦辉等,2006)。

城市社区建设的策略多与现有社区发展中的问题分析相关,诸如需要行政力量的主导作用(彭穗宁,1997),调动物质、人力和社会资本来重建社区记忆(王建民,2006),构建多元共治模式(郭风英,2007)等。随着城市社区的建设,单位型社区向阶层型社区转化以及单位制社区底层化也是重要的问题(何亚群等,2005;王美琴等,2011)。

1.2.3 现有研究特点与不足

随着时间的推移,单位视角下的中国城市研究学科领域不断拓宽,研究内容不断深入,已经取得了较为丰硕的成果,但也存在一些较为明显的不足。首先,从整体上说,单位视角的中国城市研究系统性不足,导致相关研究分散,各学科相互独立。譬如,学界对单位概念的认识就各执一词,其结果是每个学科更多地只关注自己学科的维度,而没有站在中国城市发展的整体上去考虑。事实上,很多单位视角的研究还没有充分意识到单位研究是一个怎样的视角。从本章对单位视角的论述来说,也是在对单位研究多年积累与思考中逐渐形成的,并通过对相关视角的梳理而加以明确化的。从研究视角和范式的发展来看,单位视角正处在加深认知、提升研究的拐点处。

其次,单位视角下中国城市的研究成果存在比较明显的不均衡现象。从学科与内容来看,社会学科的研究成果更多,在研究的深度和理论化程度方面走在前面,对单位作为一种制度及其变迁的理解更为透彻。而从地理学、规划学等学科出发的研究相对滞后,对单位空间的理解、模式的总结、机理的阐释等方面还不够充分。例如,从心理视角对单位社区归属感的研究还比较欠缺。从研究关注的时段来看,以转型期为主,对计划经济时期的单位研究相对较少,而将单位视角的研究与中国城市未来发展进行关联,提出经验与教训的研究则更少。事实上,很多单位视角的研究是出于对中国城市转型的研究。

最后,单位视角下的中国城市研究在理论指向上的实践性不强。这方面的不足表现在两个方面。一是,针对计划经济时期和转型期的研究在总结单位及其变迁对中国城市发展的意义方面还有明显的欠缺。对新中国成立以来,中国城市发展历程的经验与教训和正反两方面的意义探讨是单位视角研究的一个短板。二是,直接从单位视角把握中国城市发展的脉络,并对未来城市发展提出策略性建议与方案的研究也明显不足。与其相关的方面,只有很少的文献探讨其在低碳发展和发展社区养老等方面的作用,而对城市空间的整体组织以及城市社会的重塑等方面的考虑还有待继续探索。

1.3 单位视角研究的拓展

为适应中国城市研究的新需求,单位视角下的中国城市研究最重要的是在进一步提升单位视角认知的基础上,整合确立新的研究框架,指导相关研究的展开。新的框架需要与前述中国城市研究的新形式与新变化相对应,展现出长周期、跨学科和多角度的特点。长周期是指该框架能够涵盖从计划经济时期到转型期再到下一阶段的城市发展,从单位化、去单位化和新单位主义的阶段梳理、评析中国城市的历程,目的在于更清晰地把脉城市,并提出面向未来的策略。跨学科是指这一框架能够为地理学、社会学、规划学、管理学等不同学科提供研究中国城市的基本框架,构建学科交叉互动的平台,实现城市研究中的学科交融。多角度是指研究内容的多样性和丰富性,尤其要从整体上提升单位视角的城市研究。例如,空间方面的研究应该包括建筑及物质空间、管治空间、社会空间和心理空间等多个角度。通过多角度的交叉研究,可以增强对中国城市的整体理解,更全面地掌握中国城市发展的实践。此外,在此同一性的框架之下,以下几方面是需要重点突破的内容。

首先,提升研究的理论化水平。单位研究需要在拓宽描述性研究的同时,加强解释性研究,并在理论上对中国城市发展和演变提出相应的概念和理论,实现单位研究的理论化。研究应该注重与相关国际研究的对比,发现异同,形成既反映中国现实又与国际对话的理论性成果,进而推动中国城市研究的国际化。其次,加强评价性研究。需要将单位制度与单位大院的研究分别置于计划经济与转型时期发生时的背景之中,判断其对城市发展、居民生活等方面的积极意义和不利之处;需要将其单位制度的思想置于未来城市发展的环境中重新思考,理解其对未来城市发展的意义并加以扬弃。最后,增强理论指向的实践性。单位视角的研究不只是要理解历史和解读转型,更重要的是通过长周期的研究,把握中国城市发展的规律,明确未来城市发展的动向,并从历史及中外的对比中发掘适合下一阶段中国城市需求的有益观念和做法;需要结合中国城市的特点,提出具有可操作性的实施策略。围绕这些要求,下一章将主要阐述中国城市研究单位视角的新发展,并由此提出中国城市单位研究的新框架。

2 中国城市单位研究的新框架

单位研究是中国城市研究的特有视角,根植于中国城市发展的历史文脉与现实基础,其不仅仅意味着强调国家因素的传统,还需要在具体的情境与框架中分析归纳其背后产生及发展演变所预示的核心问题,进而分析其在理论与实践层面上的意义。因此,需要构建具有长周期、跨学科和鲜明实践指向的新框架。其核心是重新理解单位,理解单位在中国城市实践中的作用变化,理解单位制度实践中制度性、空间性与社会性含义的变与不变。具体来说,制度性内涵,包括制度思想、构建逻辑与制度体系等方面;社会性内涵,包括社会结构、社区组织与个体历程等不同尺度的内涵;空间性内涵,则需要理解其在不同空间层次上的建构与表征(图2-1)。从以上三者的互动关系来看,制度是单位运行的规则,是单位实践中的结构性与决定性因素;空间是载体,是单位城市实践发生的场所;而社会实践则是内容,是生产、生活和管理的具体展开与社会表现(刘天宝等,2012a)。从单位制度实践及其与城市空间和社会互动的关系来看,其形式与内容、强度与结果在不同阶段各有不同,为我们

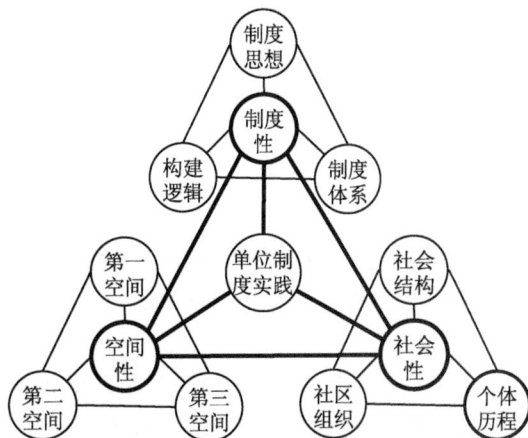

图 2-1 中国城市单位研究的新框架

概括中国城市实践发展演进的阶段性提供了判断基础。变迁中的单位制度实践是理解中国城市的关键线索。本章主要围绕这个出发点,建构中国城市单位研究的新框架,根据这条线索分别阐述单位的制度性研究、单位的空间性研究和单位的社会性研究,并在此基础上介绍新单位主义的研究框架。

2.1 单位化与单位主义

2.1.1 单位化与单位主义的概念

单位及单位制度在中国城市中形成发展并起主导作用,虽然有其必然性的因素,但并非是预先整体设计的结果。事实上,单位是在中国城市现代化的建设逐渐展开的过程中形成的(刘建军,2000b;田毅鹏等,2010)。如果追溯远些,可以始于清末民国初国营企业的社会福利制度(详见本书第3章的分析)。追溯近些,1952年之前的经

济恢复时期是单位制度的准备与酝酿时期。1953—1957 年,随着"一化三改"社会主义改造和"一五"计划的实施,"单位"作为一种城市发展的组织模式逐步确立,是单位主导体制形成的关键时期。此后,单位制度的影响力逐渐扩张,直至 20 世纪 70 年代末的改革开放(路风,1993;田毅鹏等,2010),是单位制度成熟并占据绝对主导地位的时期。从制度实践的强度与深度来说,这是中国城市实践的单位化过程,是单位作为中国城市发展的组织模式逐渐形成的过程,是生产组织、生活服务及社会管理等各方面制度向以单位为核心的模式转化的过程。

从作为规定性的制度来看,现有研究并没有发现"一套以单位命名的制度"来确定单位发挥作用的规则,而是一系列关于资源配置、生产组织、人员安置、社会福利和基层管理等制度共同作用的结果。特别是,涉及财政、户籍、就业、住房、粮食等一系列具体的制度安排,突出国家统一规定并依托国家所统合的就业单位(如机关事业单位、国有企业)等进行组织。例如,统购统销制度产生的直接原因是 1953 年的粮食危机,深层次原因是解决大规模工业化建设对粮食的需求以及稳定物价(田锡全,2007)。与统购统销制度的实施相配套的是全国统一的工资标准、福利与社会保障安排等。从这个角度来说,单位制度是计划经济体制的结果和外在表现,而非直接目的。

单位空间的实践过程也是城市空间单位化的过程。该过程既受到了前苏联规划理念的影响,也渗透了中国传统空间规划思想的理念(Bray,2005)。在空间表现方面,大的空间范围内强调功能分区,如文教区、工业区、行政区,等等。在较小的范围内强调功能混合与职住接近,尤以单位大院为典型。

从社会整体而言,依托单位体系,形成了"国家—单位—个人"的模式。绝大多数城市居民隶属于某个单位,进而形成了以单位为纽带的"整体性"社会(孙立平等,1994)。但从横向来看,居民在单位之间的流动性很低,相对封闭(Walder,1991)。正是基于单位职能的复合性和横向的封闭性,形成了单位职工之间稳定的基于地缘和业缘的复杂关系,并演化成具有"准乡土性"的整体特征(塔娜等,2012)。

对于城市整体而言,以单位为组织的城市具有不同于其他发展模式的某些特征。这些性状和特质从根本上反映了城市的状况和品格,构成了当时条件下的以单位为组织模式的城市主义,即单位主义(肖作鹏,2013)。如果说单位化是单位形成的过程,强调的是转化与发展,单位主义则强调计划经济时期中国城市根本的"质"的特征。二者关系犹如现代化与现代性的关系。单位主义包含了城市"生产性"的定位、计划经济体制下的生产及生活组织、以单位大院为典型的城市空间构建单元、居民基本生活圈与单位大院的高度重合以及单位居民对单位的依附性和强烈的地方感,等等。

2.1.2 单位化的制度性研究

制度是在意识形态及其价值观念基础上确立起来的、得到认可和强制执行并内化为相应的社会角色的某些相对稳定的行为规范和取向(李汉林等,2005)。从理论角度看,一种制度具有四种结构性要素:(1)制度构建的主导思想或意识形态;(2)制度中所规定或产生的各种不同的社会角色以及这种社会角色在制度或组织中行为的内在规定性;(3)制度中的规则和行为规范,以此来定义人们的交往和互动方式;(4)制度中被物质化或形象具体化的象征和设置。其中,构建制度的主导思想是最重要的因素,而通常所指的制度(行为规范和取向)是主导思想的表象。制度中被物质化的东西与具体的物质空间相联系,日常生活实践则主要依据制度规定的行为规范展开。在此基础上,提出单位化与去单位化的制度性研究框架(图 2-2),包括单位制度的思想(知识维度)、单位制度的逻辑(结构维度)和具体的单位制度(实践维度)三个方面。

知识维度的制度思想为四种结构性要素中的第一部分,实践维度的制度表现为四种结构性要素中的第二和第三部分,而制度的物化将通过物质空间的分析得到。另外,增加了单位制度的过程考

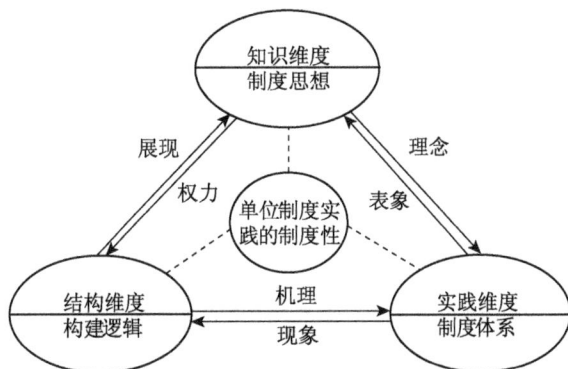

图 2-2 单位制度实践的制度性

虑,即单位制度的构建逻辑。三部分当中,制度表现是表象,而制度形成与变迁的逻辑是机理,知识维度的思想则是核心。具体的单位制度及其变迁是思想的权力表征,而表征的途径就是单位制度的逻辑。以上三方面的相互关系中,制度思想与制度体系是理念与表象的关系,制度思想与运行逻辑之间是知识表达与权力展现的关系,而运行逻辑与制度体系则是机理与现象的关系。

首先,知识维度的研究旨在挖掘单位化的影响因素,找到单位制度的思想内核。已有研究发现,中国传统文化、空间规划思想、西方及前苏联的规划理念、对国内外形势的基本判断以及社会主义建设的目标等是决定单位形成的影响因素(路风,1993;Lü et al,1997;Bray,2005)。下一步的研究,一方面需要挖掘其他方面的影响因素;另一方面需要明确这些影响因素之间的关系以及发生作用的方式。其次,结构维度的研究旨在解释知识维度的影响因素如何在现实社会中发生作用进而形成单位制度,即将单位化视为一种结构化的过程,并打开这一过程性的黑箱。例如,传统的家国观念、革命时期的供给制怎样影响了单位福利制度的形成,社会主义现代化国家的发展目标与单位的政治功能之间是什么关系,"冷战"的国际背景又怎样作用于单位化的过程等。最后,实践维度的研究,主要着眼于单位化过程中的单位制度本身,是整个制度性研究的表层,旨在梳理单位制度体系的组成、形成过程及各部分之间的关系。单位制度有多个维度和不同的层次,包括生产分类管理制度、人事制度、财务制度和社会福利制度等几个方面(周翼虎等,1999),展开后形成完整的制度体系。该部分的研究需要翻阅大量的历史资料,通过单位制度相关文件的梳理来恢复单位制度体系的形成过程。

2.1.3 单位化的空间性研究

在批判将空间仅视为容器的基础上,列斐伏尔提出了(社会的)空间是社会的产物。空间里弥漫着社会关系,它不仅被社会关系支持,也生产社会关系和被社会关系所生产。空间是带有意图和目的被生产出来的,是被策略性和政治性地生产出来的(汪民安,2006),而每种特定的社会,每种生产模式和它的变种都会生产一种属于它自己的空间(Lefebvre,1991)。据此理解,单位空间就是在中国共产党的领导下,通过计划经济来实现国家现代化而生产出来的空间。

空间本身是一个复杂和深奥的概念,学科和学者之间有差异化的解读。出于中国城市单位研究意义的需求,空间部分的分析不在于探求空间的本体意义,而重在分

析其不同的实践和对城市发展的意义。基于此,根据表现的差异和意义的不同将空间分为物质、行为和心理三个方面,并分别定义为第一空间、第二空间和第三空间(图2-3)。

第一空间的研究围绕单位的物质空间展开,包括单位和城市两种尺度,前者以具体单位的空间为分析对象,其典型表现为单位大院;后者探究具体单位的组合及其在城市空间中的分布规律。从内

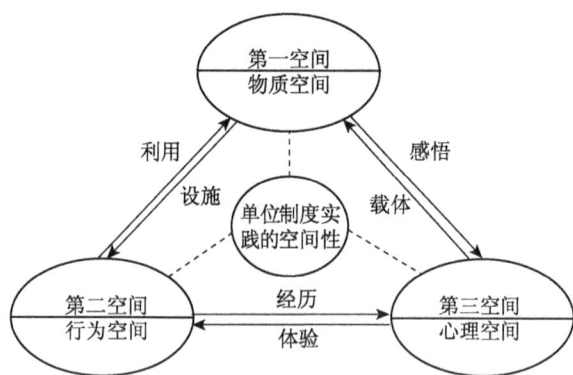

图2-3 单位制度实践的空间性

容上来说,包括物质方面的空间分布,也包括物质功能的空间解读。第一空间对应的是物质设施的布局,是城市规划的核心内容,一旦形成,即具有相对的稳定性和延续性。第二空间研究单位居民的行为空间,以居民日常和长期的行为为分析对象,理解其范围、结构和模式,挖掘行为与空间之间的互动机理。从内容来讲主要涉及迁居及日常的通勤、休闲及其他出行。第二空间是空间—行为互动的表达,直接反映了城市系统运行的效率和空间利用的分异与公平。与第一空间不同,第二空间是基于人的空间,因而在群体间有分异,在时段间有调整。同时,依据其形成的行为主义基础,可对其进行调控和引导,从而起到优化效果。第三空间研究围绕居民的心理空间展开。以单位居民的心理地图、地方感和单位情结为研究对象,通过分析其结构、模式和形成机理,探寻单位空间与居民心理之间的互动关系。第三空间是居民自身与城市空间通过设施利用和社会交往等活动而逐渐形成的心理效应,是居民生活质量的重要组成部分。

从相互关系的角度来看,物质空间为居民行为空间的展开和实现提供了必要的设施环境,为其提供选择和制约;反过来,居民行为空间是在利用物质空间的过程中形成的,是居民与物质空间互动的结果。物质空间为心理空间的形成提供了实体,是心理空间形成的载体,而心理空间则是居民对物质空间的心理感应,是居民心理与物质空间互动的结果。另外,行为空间与心理空间同样紧密联系,前者是后者形成的必要环节,是心理空间得以形成的过程和经历。心理空间是行为空间的心理反应,是行为空间的体验和累积的结果。

单位化的空间性研究应该主要围绕空间结构、形成机理和空间评价等三方面展开。首先,第一空间的研究内容包括单位大院的构成、结构、特征及其形成机理和单位空间在城市空间中的分布规律,并对其进行价值判断,明确其优点与不足。其次,有关社会空间研究要从单位空间的职能入手,分析不同组成部分的功能及其相互关系,明确单位空间与居民生活和单位专业职能之间的关系。行为空间研究中的日常行为关注居民的就业、休闲、购物等行为空间的特征,并挖掘其形成机理。在现象描述和解释的基础上对第二空间的组织模式及其影响进行评价,寻求其合理之处。其三,心理空间研究可以通过心理地图展开,分析其模式和结构,探讨地方感和单位情结,探求其表现方式及其影响因素的作用方式,并评价其对居民生活质量的影响。

2.1.4 单位化的社会性研究

单位社会是在以单位为架构的基础上形成的社会形态,具有其独特的社会分层结构、社会组织方式、居住形态和生活模式,并形成了特色鲜明的社会流动与迁居机制。

从视角上来看,单位的社会性研究包括宏观视角的社会分层、中观视角的社区发展和微观视角的日常生活(图2-4)。宏观视角的社会分层着眼于整个社会结构,分析单位与宏观社会结构的互动机理。中观视角的研究以单位社区为对象,分析其过程,评价其组织模式。微观视角以居民的日常生活为对象。

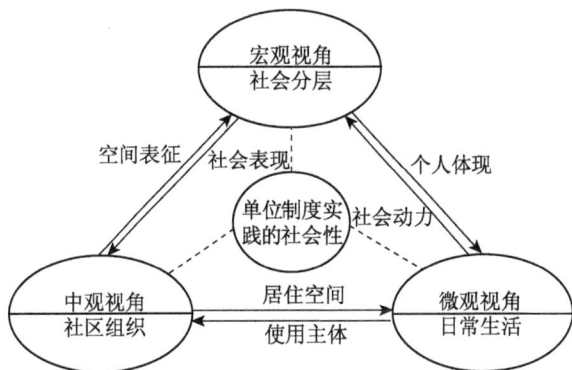

图 2-4 单位制度实践的社会性

一方面,分析单位居民不同生命时期的生活模式,包括家庭角色、工作内容、休闲娱乐方式和社会交往等,旨在透过单位居民个体生活状态的变迁理解单位与居民之间的互动关系。另一方面,分析单位居民日常生活的整体特性,包括日常生活的主要活动内容、时间的利用特征、社会群体的整体状态,等等。宏观视角的社会分层在空间和个体层面的表现分别为中观视角的社区和微观视角的居民日常生活。居住社区构成了社会个体的居住空间,而个体的日常生活是社区空间的主体和内容。

单位化的社会性研究主要聚焦于计划经济时期的社会状况。社会分层研究分析社会结构与单位的互动关系,包括社会的整体结构、与单位的互动机理、社会阶层流动的特征及机制等。社区组织研究着眼于单位社区,关注其形成和发展的过程、组织管理的模式和特征、社区居民的组成结构,分析单位与单位社区的互动关系及作用范围,并对相应的组织模式进行评价。居民日常生活研究,一方面关注家庭分工、个体生活内容、时间利用特征、社会互动等;另一方面关注居民生活的总体特征和状态,包括生活方式、群体差异、形成机理以及对社会发展的影响及意义等。

2.2 去单位化研究

2.2.1 去单位化的概念

从城市整体的发展组织模式来说,去单位化是中国城市以单位为组织架构的发展模式逐渐被以市场经济为架构的发展模式所取代的过程,是单位主义逐渐消退和市场机制逐步强化的过程。但是,这一过程并不是B取代A的线性、机械过程,而是展现为相互影响与作用的两种机制对城市发展的影响。一方面,单位体制的影响和组织能力逐渐弱化,但并不是简单的减法。在改革以单位为基础的城市社会经济组织方式的市场化变革过程中,转型过程呈现差异化的路径与多样化的结果,以及单位制度的隐形化延续等情况。另一方面,市场转型也并非简单的加法,而是在"摸着石头过河"和先试验再推广的路径中逐步探索,进而在城市的整体发展中表现为一种"边缘革命"（科斯等,2013）。这个过程,从制度实践及其后果的速度与效果来看,单位及单位体制在城市发展中的作用渐进弱化,市场机制的作用在城市实践中的作用越来越强,这个过程可以概括为"去单位化"。

去单位化也是一个多维的过程,包括单位制度的逐渐解体和市场经济体制的明确和确立、单位空间日益融入城市空间和体制外空间的增长、单位人向社会人过渡和外来人口增长,以及单位社会的特质减弱、城市性逐渐增强等。从时间来看,指从 20 世纪 70 年代末改革开放以来的时期。去单位化的过程导致单位主义渐行渐远,但很多方面不会很快消失,甚至以隐形化的形式长期存在。去单位化也导致城市社会的各方面问题,迫切需要注重社会建设,突出以人为本,强调城市发展的可持续性。

单位制度的解体肇始于以市场经济体制为导向的一系列制度变革。这一渐变过程从强调有计划的商品经济到市场经济的明确,再到完善和补充。从具体制度来说,包括财政及经济和社会管理的地方分权、土地有偿使用制度的建立（Yeh et al,1996）、户籍管制的松动（Chan et al, 1999）、住房的商品化（Wang et al, 1996）、国企改革（Lin et al, 2001）、统购统销的取消以及就业和社会福利方面的制度变革,等等。

去单位化的空间方面,不仅有城市尺度的内城更新和郊区化及城市空间扩张,还有单位大院的封闭性降低及其与城市空间的互动。前者是去单位化在城市空间尺度的表现,在内城区有中央商务区（Central Business District, CBD）、大型商业中心及高档公寓建设,在郊区则有多样化的居住区、产业园区发展（Wu et al, 2007）。单位大院的变化构成了城市空间重构的缩影,涉及土地利用、空间围合度以及空间范围的变化,等等（张纯等,2009；王乐等,2010；Zhang et al,2014）。

社会方面,随着城市外来人口的增加以及城市内部居民的迁居,居住从单位大院向多样化的居住类型转变（Huang,2005）。这一过程,既包括原居住区的杂化（塔娜等,2012）,也有新居住区的空间分异（Wu et al, 2007）,且空间分异与社会分层互为作用。社会结构加速变动,被单位体制禁锢的社会流动趋于加速。另一方面是基层社会管理模式的调整（Wu, 2002a）,社区建设成为重要的内容（何海兵,2003）。新的社区组织形式也不断出现,单位社区转化成为城市社区。单位人转变成为社区人,个体的日常生活也发生着显著的变化。

2.2.2 去单位化的制度性研究

去单位化的制度性研究框架与单位化的制度性研究相同,区别在于具体的研究内容。去单位化的过程始于一系列的制度实施,包括行政分权、资源配置市场化等。由此,单位的主体性逐渐增强,专业功能强化的同时"去政治化"不断进行,同时社会职能逐渐被剥离。对体制外现象来说,则表现为对其现象的接纳、鼓励以及在制度维度的认可。去单位化的制度性研究目的在于梳理单位制度体系的构成变化,探究背后的逻辑,并挖掘决定这些变化的思想。

首先,实践维度的制度性研究着眼于作为行为规范的具体制度的变化,梳理其变化的内容,重现其变化的过程,展现单位制度变迁的全貌。而计划经济向市场经济的转型、行政管理的地方分权以及对外开放等更宏观的制度变化是具体单位制度变迁的背景和基本形塑力量,重在把握其方向。其次,结构维度的制度性研究旨在透过单位制度的解体过程,挖掘其变化的逻辑和机理,从中找到市场化、城市化和对外开放等转型的基本动力对单位制度的历史惯性的作用途径、方式和模式，以及两者之间的互动关系，从而打开并放大单位制度解体的"黑箱"。再次，知识维度的研究旨在找到引起单位制度解体的核心因素，即哪些因素是引起单位制度解体的最深层次的力量。初步判断这些因素至少包括对国际发展环境的新判断、对社会主义本质的再认识、对市场作为资源配置方式的重新理解，等等。通过对这些知识的挖掘、总结和关系的梳理，最终明确引起单位制度解体的内核。

2.2.3 去单位化的空间性研究

空间是去单位化的重要维度，其基本表现为单位空间日渐开放并融入所在的城市空间和单位体制外城市空间的增长。对于前者来说，不仅体现在单位围墙的虚化、拆除等导致的围合度降低，还体现在单位居民日常活动范围的扩大和对单位及所在城市空间心理感应的变迁。对于后者来说，不仅包括旧城区的更新和高档消费空间、金融中心的产生，还包括工业园区、商品房建设等的郊区化扩张。

物质空间去单位化的研究聚焦于单位的实体空间，关注单位内部的土地利用、设施结构及其功能、利用主体及其相互关系、不同类型的单位在城市空间中的分布状况等，通过足够的案例分析，总结单位物质空间形变的过程、规律和基本模式，并挖掘引起物质空间变化的结构性因素及其作用机理。社会职能的去单位化研究关注单位空间局部和整体在城市社会运转中所起作用的变化，主要包括单位生活区和生产区职能的改变及其相互关系的调整等。单位体制外空间的分析主要关注其类型、生产机制、空间表现及其与单位空间的互动关系几个方面。其中，产生于计划经济体制下的单位空间与计划经济体制导向的体制外空间在组织模式及发展效果的对比是重要内容，旨在明确两种模式的优缺点，以服务于未来城市发展模式的提出。

行为空间的去单位化包括日常行为和居民迁居两方面。对单位居民来说，关注其日常行为空间的扩展，并与单位化时期的模式进行对比，分析其机理，判断其利弊。迁居方面关注居民择居模式的变化，进而透视居民收入、住房分配模式等对居民住房选择的影响。对城市外来人口来说，主要分析其日常行为空间的模式，并与单位社区的居民进行对比。这方面重点分析通勤、通学以及公共设施利用等关系到居民生活质量的关键内容。

随着单位居民行为空间的调整、向城市空间的溢出和单位社区向城市社区转型，由单位居民日常生活经历变迁导致的心理空间变化随之发生。在此过程中，单位居民与单位空间之间的控制与依赖关系、单位居民之间的社会交往模式和单位居民与整个城市空间的互动关系都发生了根本性的变化。随着单位人向社会人的转变，单位空间以外的城市空间不再是陌生的"社会上"的空间。这些都导致了单位居民心理空间模式和对单位情感的调整。同时，对外来人口来说，很多人是从乡村到城市的巨大迁移，其心理变迁更加显著。对其心理空间的描述和解释构成心理空间去单位化的另一方面内容。

2.2.4 去单位化的社会性研究

城市化和市场化的推进带来了城市社会实践的去单位化。中国城市社会阶层化明显发展，表现在以收入为区别标准的社会分层结构逐渐形成并不断强化、居住形态体现的居住空间碎化和不同社会群体间生活模式的差异等方面。去单位化的社会性研究即从宏观的社会结构、中观的单位社区转型和微观的单位居民生活模式变迁来透视这一过程。

首先,宏观视角的分析着眼于单位的社会结构在市场化和城市化的作用下发生变迁的过程、结果及其机理,总结变化的模式,并对其进行评价性分析。其次,社区组织研究着眼于单位社区向城市社区的多维转型,包括管理模式、产权关系、居民构成、社会关系调整等方面,并对转型中存在的问题及其可能导致的结果进行总结和判断。中观视角的另一方面为新型城市社区的发展,典型的包括商品房社区、保障房社区等,分析内容包括居民构成、基层管理及社会关系等方面。再次,去单位化以来,单位外资源迅速增长,居民选择性极大增强。一方面居民的生活内容日渐丰富;另一方面群体间的差异逐渐鲜明。微观视角的研究以居民生活内容和模式的多元化变迁为视点,分析其变迁的内容、特征和路径,解读变迁背后的影响因素,并从居民生活质量的角度对其进行评价。

2.3 新单位主义

2.3.1 新单位主义的概念

新中国成立后,在城市中以单位为模式组织生产和居民生活,对于恢复生产和彻底改变中国社会一盘散沙的组织状态具有决定性的作用;但与此同时,也导致了生产效率低下、城市空间僵化等一系列问题。由此,中国开始面向市场经济体制的转型。但在经济社会迅速发展的同时,也产生了社会结构失衡、空间错位以及社会空间隔离等问题,因此"二次转型"(迟福林,2012)和"社会重建"等成为下一步发展的关键词。新单位主义正是在这种背景下提出的,其目的在于面向下一时期中国城市以人为本、注重社会建设的可持续性和健康需求,辩证分析以单位为架构的城市发展模式在生产组织、生活服务及社会管理方面的优势与不足,并与市场经济组织下的城市发展进行对比,明确单位因素中可用于未来城市发展的合理思想及理念,并探讨其可能的实施路径与方案。

从具体研究内容来说,包括理论与实践两部分。前者首先对城市社会的发展趋势进行整体判断,对新单位主义的提出进行梳理,并从理论上对新单位主义进行阐释。实践部分探索新单位主义的应用范围及可能的实施方式,具体包括在老城区的旧单位改造和在郊区的新单位规划。对城市发展来说,分别对应存量调整和增量调控。从上述内容的关系来看,以人为本的社会重建是宏观背景,是新单位主义的需求之源。这种需求对计划经济时期的单位来说是一种再塑造,将导致其在市场环境下新的调整和适应。而对于市场经济条件下的城市发展来说,是合理吸收单位因素,是其单位化因素的重新发现与利用的过程,是在新的环境中的再生。这种再生以新的面貌出现,并非是对原有模式的复制和照搬(图 2-5)。

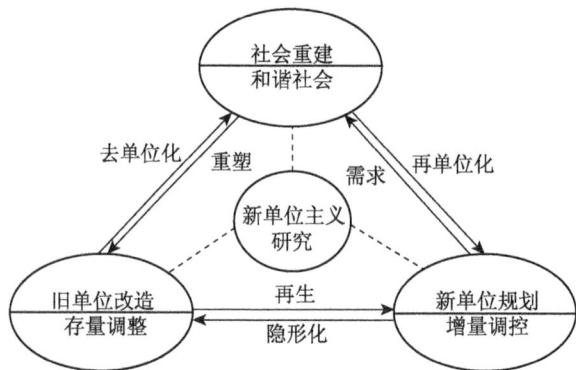

图 2-5 新单位主义研究框架

2.3.2 中国城市发展的社会化转型

相对于 20 世纪 70 年代末开启的以经济体制改革为核心内容的改革开放来说,新近提出的可持续、和谐社会、生活质量和幸福感等内容更加强调社会发展,并与中国城市社会基层治理模式的转变之间互动,构成了中国城市社会的方向性调整,是一种社会重建。本书中的社会重建研究旨在从中国城市社会发展的宏观需求出发,探求其对城市组织模式的基本要求,用以指导旧单位改造和新单位规划。具体而言,主要包括中国城市社会发展的趋势、当前城市发展面临的问题、城市社会的组织架构和城市空间的基本结构四方面的研究。

第一方面,对当前中国城市社会正在经历的历史性过程进行分析、判断和展望,主要涉及城市化、社会多元化、社区建设、城市空间重构等方面,明确这些重要进程对城市社会将会造成的潜在影响。第二方面,分析和梳理当前中国城市社会发展面临的主要问题,并对其产生的原因和造成的影响进行查找和判断。问题涉及多个方面并且相互影响,包括社会极化、空间碎化与隔离、社区发展不足、社会保障不充分、公共服务不均衡,等等。第三方面,探讨适应和谐社会需求的社会组织架构。这方面的分析从和谐社会的基本需求和当前城市社会的总体特征出发,对政府、市场、企业、非政府组织、社区等社会主体的基本职能进行定位,并明确其相互关系。第四方面,着眼于城市空间基本单元的探讨,找到适合和谐社会建设的城市空间组织模式。这方面的研究将不同类型空间组织的对比分析与中国社会的问题及发展的需求结合起来,找到适合将市场经济嵌入社会发展的空间组织架构,从而既发挥市场在资源配置中的优势,又防止市场失灵给社会带来的危害。

2.3.3 旧单位改造

旧单位改造研究旨在依据社会重建与和谐社会建设的需求提出经过转型塑造的不同类型单位的改造策略,促进其转型的顺利进行。这方面的研究不仅要找到旧单位改造的目标,还要明确实现目标的路径和方案。旧单位改造的基本研究内容包括单位职能调整、单位空间向城市空间的融合和单位社区转型三个方面。

单位职能调整在于针对不同类型和不同特色的单位量身订制发展目标。去单位化以来,不同类型、不同发展阶段甚至是不同区位的单位之间的分化日益扩大,分类指导是促进旧单位顺利转型的必然途径。虽然单位职能的整体调整方向在"去政治化"和剥离社会功能的同时强化了专业职能,但不同类型单位之间在职能调整的路径和再定位的目标方面差异显著,需要从单位职能定位、工业遗产保护、企业搬迁改造与转型升级等方面面向不同类型和不同阶段的单位展开分析。计划经济时期,单位大院构成了封闭的空间,造成了城市空间的割裂,不利于城市的整体发展。去单位化的过程,是单位空间不断融入所在的城市空间的过程,不仅涉及单位围合度的降低,还包括城市空间的整体重构。如何从空间上调整单位的布局、单位与城市的互动关系与重新布局,是旧单位改造中空间维度的基本内容。单位社会功能的剥离引发了单位社区向城市社区的转型,涉及产权、管理、组织机构、居民服务等多个维度,不同的转型路径导致了社区之间在环境、宜居性、居民感受等方面的巨大差别。找到适合不同类型单位社区的转型路径和实施策略是旧单位改造中社区研究的核心内容。

2.3.4 新单位规划

新单位规划研究针对转型期以来在城市中产生的非单位空间和未来城市扩展空间而言,如郊区化中产生的商品房社区,探讨这些"增量空间"在发展中面临的问题及相应的规划策略。研究涉及问题梳理与分析、规划方案与实施两方面的内容,旨在通过现状优化和规划理念提升促进城市社会发展。

第一方面,侧重于问题梳理与原因探究,主要从空间、社会、居民心理和行为等方面展开。转型以来,随着城市社会和空间的重构,空间碎化与隔离、社会极化现象日益显现,同时居民的地方感弱化。与郊区化相伴的是职住错位和长距离通勤。这些问题构成了城市进一步发展和社会重建首要解决的问题,对其进行梳理,并挖掘产生的原因和机理是提出解决方案的前提。第二方面的研究具有很强的实践性,旨在通过规划解决现有问题,并在新建城市空间中运用新单位主义的规划理念,构建以人为本的城市社会,提高居民生活质量。研究的重点内容包括借鉴单位的空间组织模式构建中国城市空间的基本单元;探讨新建社区的功能、管理和组织模式;开展城市居民日常生活圈规划;探寻合理的城市基本公共服务的供给模式和空间布局等。

2.4 单位研究新框架的展开

2.4.1 新框架的主要特点

在对已有研究梳理总结的基础上,面向未来城市发展的需求,本章提出将单位研究置于人类社会发展的长时段背景中,分单位化、去单位化和新单位主义三个阶段,从单位的制度性、空间性、社会性和实践性对单位进行跨学科、全方位和历时性的解读。历时性研究的核心目标在于把握中国城市发展的脉络,明确其发展方向和核心需求,从而为城市研究的实践指向找到目标。其中,阶段划分,组织模式的描述、解释与评价,合理因素与理念的探究等是关键内容。制度性、空间性和社会性的多维度研究提供了一个跨学科的平台,旨在增强单位视角研究的全面性,从而更全面、整体、客观地把握和评析城市的发展组织。通过该框架不仅可以全面理解单位在形成及发展中的历史现实、转型期的变迁,还能找到促进城市社会发展的积极因素和实践路径。实现该框架所设想的研究,需要进行大量的案例研究和历史资料的搜集与整理,质性研究将成为重要的研究方法。另外,实践性是本章提出框架的重要特色,因此研究中的评价性将构成重要的内容,以便找到单位中符合以人为本的城市发展需求的部分。

当然,本章所提出的是一个对中国城市较长时期的反思性研究框架,并对未来的城市发展提出策略性建议,是一个长周期和跨学科的宏大框架,不可能通过一本著作实现研究框架设定的目标。对本书来说,虽然按框架的体系对内容进行了组织,但只是这一框架引领下的部分研究。在单位化和去单位化的研究中,对制度、空间和社会的研究都是有所侧重地展开的,体现为某一理论或概念下对某个侧面的分析。新单位主义部分则从理念的形成过程、基本主张和实施路径等方面展开,而更加程序化和量化的东西还有待于更进一步的深入研究。

2.4.2　研究方法与资料

本书从单位视角理解中国城市的发展、转型并提出未来的策略,侧重于对中国城市发展规律和未来需求的透视及理论化总结和应对,因而采用质性研究方法展开。质性研究是以研究者本人作为研究工具,在自然情境下采用多种资料收集方法对社会现象进行整体性探究,使用归纳法分析资料和形成理论,通过与研究对象互动对其行为和意义建构获得解释性理解的一种活动(陈向明,2000)。其目的是通过观察和体验,寻求对社会现象和个体经验的"解释性理解"或"领会",研究者通过自己亲身的体验,对被研究者的生活故事和意义建构做出解释。与定量研究不同,质性研究的数据收集、分析与写作过程不是截然分开的(柴彦威,2012),是一个不断演化的过程。

单位视角的中国城市研究属于长周期、多维度的历时性研究,将涉及多种类型的文献和研究资料。具体来说包括以下几种类型:(1)政府文献。包括政府工作报告、正式发布的通知以及政府发布的统计数据等。(2)媒体文献。包括报纸、网络等媒体刊登和报道的文字及图片资料。(3)档案文献。包括厂史、厂志以及地方志等记载的文字及图片资料。(4)调查资料。包括在实地调研的过程中形成的文字、录音及图片资料。

此外,本书的分析中还根据需要分析了国际和国内的多个案例(表2-1)。国际部分的案例主要针对企业为职工提供住房及生活设施的相关分析;国内案例既包括不同类型的单位和多样化的居住区,又涉及制度、城市空间及社区治理等内容的分析。从时间跨度来看,20世纪50年代之前的案例服务于单位原型的分析。新中国成立初期形成的案例是单位化的案例,指向单位主义的相关分析。另外,这些案例在20世纪70年代后的变化反映了去单位化的情况。20世纪90年代以后新建居住区及企业社区从不同侧面展示了新单位思想在实践中的应用。

表 2-1　本书中的主要国内案例概况①

序号	名称	所在城市	性质	形成时间
1	京棉二厂	北京市	企业型单位	1954年
2	石油大院	北京市	事业型单位	1953年
3	同仁堂	北京市	企业型单位	1954年*
4	毛纺南社区	北京市	传统单位社区	1948年*
5	核二院	北京市	企业型单位	1958年
6	化工大院	北京市	事业型单位	1954年
7	中华造船厂	上海市	企业型单位	1952年*
8	兰州电机厂	兰州市	企业型单位	1958年
9	西北师范大学	兰州市	事业型单位	1958年
10	SCG小区	武汉市	新建郊区居住区	20世纪90年代
11	HPG小区	武汉市	新建郊区居住区	20世纪90年代
12	百步亭社区	武汉市	企业参与治理	1995年
13	桃园居住区	深圳市	企业参与治理	1994年

注:* 指企业单位化的起始时间,而非最初建立时间。

---

① 表中所列为详细分析的案例,此外本书中还有较多简略分析和列举的实例,在此未列出。

2.4.3 本书的内容安排

从内容安排来说,第 1 章单位视角的解读和第 2 章新框架的解析是具体研究内容的准备。从下一章开始进入具体的研究内容。第 3 章将首先从单位的原型入手,理解单位的内核。目的在于从城市发展组织的角度看清单位的本真,并为后续单位的具体表现提供准备。第 4 章将从原型扩展到中国的城市实践,从而了解单位这样一种组织方式是如何在中国城市中落地、发展并成为中国城市发展的主导。第 5 章和第 6 章则分别从空间和社会方面对单位的具象进行剖析,意在展示现象,进而评析其影响。接下来将进入去单位化阶段的分析。首先第 7 章从制度变迁入手,介绍单位体制在这一时段如何日渐式微,形成单位体制的退出、形变、隐匿等多样化形式。同时,这一过程也是去单位化的结构性变迁,构成去单位化空间与社会响应的形塑力量。其空间与社会表现则分别在第 8 章和第 9 章展开,并对这些过程进行客观的评判。本书的最后一个板块,即新单位主义部分,也是本书的高潮,从实践意义来说是最终的成果所在。具体内容,首先在第 11 和第 12 两个章节中阐述新单位主义思想的形成过程和新单位主义的概念框架与发展主张。接下来将在第 13 和第 14 两个章节中说明新单位主义的实施途径和规划手法,分别从治理设计和规划路径的形式展开。最后一个章节是对本书内容的一个总结,并对后续研究进行了适度展望。

3 单位制度的原型与扩展

在本书对单位制度及其社会空间实践做详细阐述之前,仍然有必要对单位制度的原型进行讨论。尽管单位制度的起源一直是单位研究的重要内容,但是现有研究一直因未能清楚地说明其制度原型而备受困扰。很多研究将单位制度的原型指向欧文、傅里叶、圣西门等人的"新协和村""法朗吉"等空想社会主义实践,日本及民国早期的"新村主义",或者追溯到中国的"家"的概念(李路路,2002)。也有研究认为其雏形可溯及根据地时期的各类组织(路风,1989),随之在新中国成立后建立起以单位为基础的社会管理体制。魏昂德(Walder,1986)在集权主义与利益集团理论之间发展了单位组织研究中的新传统主义,认为共产党体系下社会组织政治与经济的结合形成了上下互惠的关系网,刘建军(2000a)等使用社会总体性危机及社会经济总量的边际扩张来解释单位制度形成的合理性,卢端芳(Lu,2006)认为新中国成立后现代化建设指向下的物质短缺及积累不足形成了以单位为基础的空间战略。这些讨论从各种不同的角度讨论了单位制度的思想来源及其在中国的形成与发展的过程,但是对单位制度形成与发展所暗示的学科普遍问题讨论不足。最近,卞历南(2011)在其专著中,给出了非常有启发性的研究,认为单位制度可以追溯到早期洋务运动时期的官办企业,将国营企业的起源拉长到清末乃至于抗战期间的社会危机;但是,其研究仍然没有碰触到单位制度的根本原型及其发展逻辑,另外也缺乏与国外类似制度安排的比较。

本章将回归到"单位"本身,从"单位"的语义出发分析单位与单位化的丰富内涵,挖掘国内外不同时期"企业办社会"的制度实践及其所表达的核心问题,推导出"企业办社会"的实践逻辑,从而促使"单位"从一般意义上的工作机构转变成为社会组织与调控形式,引申讨论单位制度的原型及扩展。

3.1 单位的语义

"单位"在日常生活、学术研究上都有不同的意义和指代,如计量意义上的单位、组织机构意义上的单位,以及中国城市研究语境下社会组织调控体系的单位制度,等等。

3.1.1 单位的多层语义

"单位"者,有"单"有"位"[①],两者都可以作为量词,如第几单、第几位,等等。因此,单位常作为度量事物数量的标准,如时间以秒、分、时、年等计,长度以厘米、毫米、

---

① 根据《说文解字》,单,大也(974号);列中庭之左右,谓之位(5007号)。

公分、千米等计,重量以克、千克、吨等计。某些情况下,单位可能仅表示数量意义,如几个单位,其意思大抵相当于几个标准量,省去计量标准,专注于数量比较。例如,在中国香港和台湾地区,仍然使用单位(Unit)表达住房,如几个单位的住房,其含义类似内地所使用的"套"。"单"表示标准化数量,"位"表示物理化意义,所有事物都需要以单位化并加以制度化实施才能实现普遍计量,进而便于比较、使用、交易和管理等。尽管作为计量系统的单位制度不尽相同,但是单位化是社会实现"数目字管理(Mathematical Management)"①所必须通行实施的统合之法,依此才能有效促成社会管理与正常运行。在数量与计量层面的单位化,赋予某种数理与物理上的合理化意义,这是单位与单位化的第一层意思。

然而据此,作为数量意义的"单位"与作为工作机构与组织的"单位"之间的关系仍然没有得到很好的解释。有研究推本溯源查得"单位"缘起于《敕修百丈清规·日用轨范》:"昏钟鸣,须先归单位坐禅。"②其中"单位",专指代僧人打坐研习之位置,或为草蒲或为僧房等,各家僧众各就各位。这里的"单位",也就很接近英文中的 Workplace(工作地)和 Work Unit(工作单位)的含义。

然而,上述记载无法直接表明其是西方语境中的 Work Unit 翻译成为"单位"的依据。根据卞历南(2011)的考证,Work Unit 作为"工作单位"理解,产生于美国 20 世纪二三十年代的公共管理运动中的行政效率改革。在美国,Work Unit 有指工作任务模块、工作小组,也可以指工作机构与行政机构,但大体上都侧重于行政管理机构与公共事务工作。

"整个组织乃是由体现在各种规则、记录稿、传阅文件、个人指令以及各种先例中指挥权结合在一起的一个工作单位"③。

"在人类历史的不同时期,城市或者城市国家始终是人类所熟悉的唯一政治单位或主要单位"④。

20 世纪 40 年代,以甘乃光等为代表的留美华人效仿美国,引进美国公共管理运动中所提倡的"Work Unit"的概念,推动国民党行政机构改造其组织机器与制度合理化运动(卞历南,2011)。以此,工作任务化整为块——"单位",层层落实,强调职权清晰、分级负责,落实到机构,并以"单位"来称呼行政组织机构。政府事务,依据法规法则,分而治之,各机构便成为一个具体的办事机构(单位组织),与工作任务、考核规则等关联起来。根据 1939 年《各级机关拟定分层负责办事细则之原则与方式》:所谓第一级官系以机关为单位,即本机关为单位,及本机关之最高长官……第一级官之普通责任包括监督指导及考核各单位之工作。⑤

此后,作为划分机构、组织、部门的单位与单位化,迅速扩展应用到各种行政、经济与军事等组织结构改革。因此,工作单位与统计单位看似没有关联,但仔细深究,工作单位源于工作等事务的划分、度量与统计,并延伸泛指承担工作的机构与组织(统称)。

---

① 历史学家黄仁宇在其对明史的研究以及在《我对"资本主义"的认识》中加以阐述的概念,表示的是社会通过计量方法运作,形成相互交换、合作分工、规定权利与义务的分割合并等。

② 参见季羡林.2005.中国禅寺[M].北京:中国言实出版社;王运良.2012.文物保护单位制度与中国的单位思想——新中国文物保护制度的背景考察之二[J].中国文物科学研究,(2):7-16 相关内容。

③ 卞历南.2011.制度变迁的逻辑——中国现代国营企业制度之形成[M].杭州:浙江大学出版社:219.

④⑤ 卞历南.2011.制度变迁的逻辑——中国现代国营企业制度之形成[M].杭州:浙江大学出版社:220,224.

通过工作任务上的单位化,以单位组织生产、以单位开展工作,提高了工作效率。这是单位与单位化的第二层意思。

单位,在中国特别是在 1949 年之后的中国有着第三层的含义,指包括机关、学校、医院与工厂等在内的"全能型"的社会组织(路风,1989;柴彦威,1996;揭爱花,2000)。对于个人而言,单位特别指代其日常生活所必须依附的社会组织机构。尽管概念所指具体有不同,但大体指"以就业单位为核心,通过党政关系与工作关系等延伸到资源分配与社会管理调控,综合生产生活、政治经济与社会管理等各种功能的组织"。其结果就是普遍性的"单位办社会",国有企业与机关事业"工作单位"成为各种具有社会功能的"社会单位",以单位为中心和以单位化的方式组织城市社会生活,实现社会管理与整合。

3.1.2 单位的语义关联

单位的语义分析是众多单位起源研究所未能多加考察的内容。之所以赘言于此,是因为其能够帮助厘清基本概念。以上三个层次上的语义看起来并不相关,但其实可以通过"单位化"来理解三者之间的关系。其一,单位最早的意义是统计度量之用,而后扩展到工作任务分配、考核与管理,再到社会组织与机构。其二,单位制度与单位化是始终存在的,无论物理与数量、组织结构管理改革的单位制度,还是社会调控与资源分配的单位制,都与单位化密不可分。各种不同的单位制度的建立是通过单位化实现的,单位制度的形成就是单位化的过程。其三,单位化的目的都是为了"合理化"。单位化是通过"分"化成"单位",通过"分"形成"合",形成物理计量、组织管理、社会统合上的秩序,天然地与"效率"挂钩。

概括来说,"单位"从计量意义上逐步获得可度量、可管理、合理化的"单位化"含义,"工作单位"概念的出现也体现了组织系统调整合理化的内在逻辑;这种"合理化"的逻辑,在中国城市的社会实践中就转化成为"依靠工作单位进行社会组织管理与调控"的城市社会"单位化"实践,也就是通常意义上"单位搞生产、单位办社会",进而逐步发展成为中国语境下的"单位体制"。

3.2 "企业办社会"及其实践

在"单位办社会"与"单位作为社会组织"的角度下,城市社会单位化的关键是企业以及其他组织机构成为提供各类服务的社会组织。那么,城市社会单位化是否也存在不同的内容与层次、不同的程度与过程以及不同的深度与广度? 诸如中国城市单位化的制度实践,会不会局部时间段出现在别的地区? 如果以上猜想成立的话,能否总结出城市社会单位化在制度层面上的普遍意义、发生条件与过程,从而进一步说明单位制度的原型?

指向"法郎吉""新协和村"等空想社会主义实践以及中国早期的"新村主义"等运动的单位起源研究,都只是表明思想来源,并且没有发生学或者制度学意义上的直接证据或者推理表明中国城市的单位化实践受到其直接影响。其次,以上理念都是空想社会主义的实验,规模比较小,而新中国成立后大规模的单位化制度实践是在深层次的社会改造中建立起来的,不是也不能定义为空想的乌托邦。因此,基于对单位与单位化的分析,本章主要抓住"单位办社会"——就业单位承办或者包办了社会服务与公共福利从而形成集体生产生活的模式——作为切入点,推导探讨单位制度的形成与扩展中的合理性,分析中国城市单位化独特的建构路径。

3.2.1 国外"企业办社会"的形式

1) 英美的工人模范村与公司镇

工人模范村(Model Village)产生于工业革命时期,一些英国的实业慈善家为改善工人的住房条件,规划设计建造了一批工人社区,以低价租金或者免费提供给工厂或者矿场工人居住,以提高工人的生产积极性与劳动效率。尽管早在18世纪就有阿克莱特(Arkwright)、威治伍德(Wedgwood)等实业家主张为工人建造住房,但大规模地建设模范村大概在19世纪(表3-1)。早期,主要是由纺织、采矿等劳动密集型行业的工厂建设这类社区①,后来逐渐影响到一些农场主,为在农场工作的农民提供居住社区,如恩瑟(Edensor)、米尔顿·阿巴斯(Milton Abbas)和萨默塞特(Selworthy)等。

表3-1 英国与北爱尔兰的工人模范村(节选)

名称	区位	建设年份	建设者及所属行业
楚斯	诺里奇	1805	Colman's Mustard Factory,食品行业
塞尔沃西	萨默塞特郡	1828	Thomas Acland,旅店行业
斯耐尔斯顿	德贝郡	1840	John Harrison,采掘业
梅尔瑟姆	西约克郡	1850	Brooke 家族,纺织行业
索尔泰尔	西约克郡	1853	Titus Salt,纺织行业
阿克罗伊丹	西约克郡	1859	Edward Akroyd,纺织行业
嫩特黑德	坎布里亚郡	1861	London Lead Company,采掘业
科普利	西约克郡	1874	Edward Akroyd,纺织行业
伯恩维尔	西米德兰兹郡	1879	Cadbury 家族,食品行业
豪威桥	兰开夏郡	1873	Fletcher 家族,煤矿业
森莱特港	默西塞德郡	1888	Lever 兄弟,肥皂厂
克雷斯韦尔	德贝郡	1895	Bolsover Colliery Company,煤矿业
新博尔索弗	德贝郡	1896	Bolsover Mining Company,采掘业
新爱尔斯维可	北约克郡	1901	Joseph Rowntree,糖果制造业
怀特利	萨里郡	1907	William Whiteley,贸易
奥斯汀	诺斯菲尔德	1905	Herbert Austin,汽车行业
希尔弗恩德	艾塞克斯郡	1926	Francis Henry Crittall,建材行业
斯图尔特柏	贝德福郡	1926	Stewart 家族,建筑业

---

① 一些工人村如约克郡的格里姆索普(Grimethorpe)、戈德索普(Goldthorpe)、伍德兰兹(Woodlands)和菲茨威廉(Fitzwilliam)等依煤矿而建。在1984—1994年的煤矿倒闭潮中,这些村人口大量流失,出现大规模空心化现象。

名称	区位	建设年份	建设者及所属行业
米尔福德	北爱尔兰阿马郡	1800s	William McCrum,纺织行业
洛港	爱尔兰沃特福德郡	1825	Malcomson 家族,纺织行业
锡布-米尔斯	北爱尔兰	1835	Herdman 兄弟,纺织行业
贝斯布鲁克	北爱尔兰	1845	Richardson 家族,纺织行业
劳雷维尔	北爱尔兰	1850s	Thomas Sinton 家族,纺织行业
新拉纳克	苏格兰	1786	David Dale,纺织行业
埃蒂维尔	苏格兰西洛锡安	1865	James Young,煤油行业
波特米洛恩	威尔士	1798	William Madocks,慈善行业

模范村社区通常位于工业区附近,方便职工上下班,并且配备浴室、运动中心、学校、艺术中心、教堂、博物馆等设施,各项配套设施都比较齐全,基本上能够实现自我平衡。部分公司还为工人村购买了农田,提供给工人及家眷耕种。受英格兰风景如画(Picturesque)规划设计思想以及花园城市(Garden City)运动的影响,这些社区的绿化环境都比较优美,有效地改善了工人的居住生活环境(图3-1)。

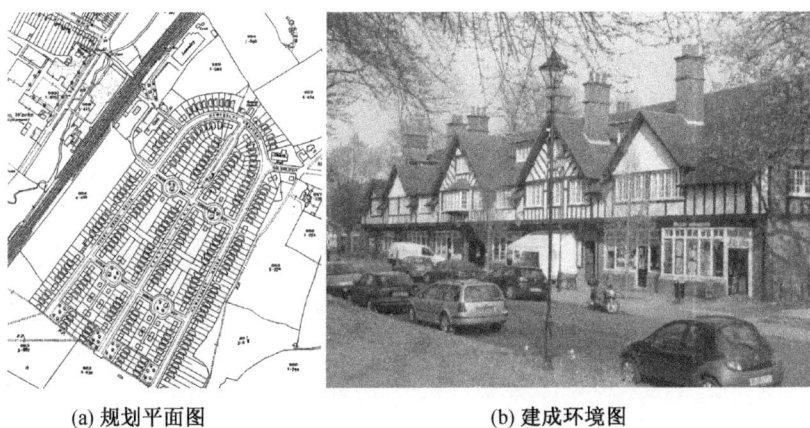

(a) 规划平面图　　　　　　　(b) 建成环境图

图 3-1　模范村 Austin Village 社区

以典型的工人村社区伯恩维尔(Bournville)为例,英国实业家乔治·吉百利(George Cadbury)与理查德·吉百利(Richard Cadbury)兄弟于 1861 年继承其父亲产业后,为扩大生产,于 1879 年将吉百利(Cadbury)巧克力工厂从市中心搬迁至伯明翰以南 6.4 km 之外的西南郊,并命名为伯恩维勒(Bournville)。1893 年,乔治·吉百利就近购买了 0.5 km² 的土地,用以修建宿舍,改善工人居住环境。1900 年,成立了伯恩维尔村房地产发展基金(Bournville Village Trust),负责社区的开发与运营维护,修建了学校、医院、博物馆、工艺廊、艺术厅、公共浴室和图书室等,兴建了幼儿园、初中、艺术学院、工人学校等教育设施以及琴房、教友会等文化娱乐设施,配建了公园、体育中心、室内外游泳馆等游憩设施。截至目前,该基金公司仍然有 7 800 套房子、4 km² 土地和 0.4 km² 的公园绿地等。后来,经过地方当局以及布赖恩特家园(Bryant

Homes)公司分别于"二战"期间以及 20 世纪 70 年代开展的建设,目前伯恩维尔村共有土地 6 km²,居住人口约 25 462 人(2010 年数据)。其中,约有 6 500 人受雇于吉百利公司的前身百利·崔佛·巴塞特(Cadbury Trebor Bassett)公司(Harvey,1906;Harrison,1999)。

就社会生活而言,根据哈雷文(Hareven,1993)对曼彻斯特一家著名的纺织厂——阿莫斯克亚格(Amoskeag Company)的记叙,从产业时间、家庭时间以及个人时间等三个层次考察了工业化时期的家庭生活的影响,诸如三班倒的时间纪律、工人的集体行动以及工厂中的亲戚连带关系的作用,描绘了工业化时代家庭适应生产变化的生活安排变化。这种集体化的生活方式体现了当时特殊的社会实践的规定。

同时期,在其他欧洲国家和美洲国家也出现了模范村(工人村),如意大利著名的阿达的克雷斯皮(Crespi d'Adda)社区,德国的沃尔夫斯堡(Stadt des KdF-Wagens bei Fallersleben),美国密歇根州的格林湾(Gwinn)、密西西比州的戴维斯本德(Davis Bend)以及内华达州的博尔德城(Boulder City)。在美国,这类社区概括为公司镇(Company Town),该镇大部分居民都受雇于某家公司,该公司提供所有的房屋和商店。一般而言,这类公司镇设在比较偏远的郊区,在这里工作的居民通勤及购物都不太方便,也很难吸引外部投资。据统计,美国最多的时候共有 2 500 个公司镇,居住人口约占美国总人口的 3%(Green,2010)。近期,美国硅谷的科技公司脸书(Facebook)投资建设了自属的社区,有关其是否代表着公司镇的复兴引起了广泛的讨论(见本书第 12 章)。

2)前苏联的工业镇与地域生产综合体

前苏联在计划经济时期,为提高区域专业化水平,大规模移民到自然条件恶劣的中北部和东部地区,有计划地开展工业建设和国防建设,形成了以工业镇(Mono-Town)、地域生产综合体为核心的空间格局。工业镇一般指在这股移民建城的浪潮中,由某个行业或者核心企业负责开发建立的新市镇或人口集中居住区。建城企业不仅垄断了新市镇的经济活动,还负责提供诸如住房、社会抚育等其他各项社会服务[①]。虽然没有确切的数据,但是根据 1999 年俄罗斯政府的公布数据,全国共有 467 个城市以及 332 个小城镇被认定为工业镇,人口总数约为 2 500 万人,约占全国人口的 1/6;900 多个工业镇企业绝大多数都是重工业企业,如制造业、原油、砍伐、造纸以及冶金行业,约占全国工业生产的 30% 左右。

著名的工业镇有陶里亚蒂(Togliatti)和达利涅戈尔斯克(Dalnegorsk)。陶里亚蒂地处俄罗斯中东部的萨马拉地区,兴建于 1966 年,当初定位为前苏联汽车的生产基地,以拉达汽车联合工厂为核心进行了生产布局,整合多个上下游经济部门,成为汽车行业的顶级托拉斯,在汽车产业中取得了巨大的成功。建设之时,社会服务设施规划一应俱全,包含餐厅、理发厅、美容院、洗衣店、电影院、工人俱乐部、图书馆以及各类学校等。前苏联解体后,现隶属于俄罗斯,常住人口 70 万人,生产伏尔加汽车,是俄罗斯最大的工业镇,生产总值约占俄罗斯国民经济的 1%。达利涅戈尔斯克原主要产铅和锌,依托"二战"后前苏联设立联合锡厂,逐渐发展成为前苏联在远东地区的工业基地。现隶属于俄罗斯,主要企业是俄罗斯与英国联合矿产公司下属的 GHK 硼砂厂和 OAO GMK 抛光厂,常住人口 4 万人,其中 60% 的人口在上述两家公司工作[②]。

---

①② World Bank. 2010. Russian Economic Report [R]:21.

从理论上讲,工业镇属于地域生产综合体的概念范畴。在一定地域范围内,将影响和形成经济发展的各种因素(矿产、水资源、土地资源、自然与经济条件)和各个部门(工业、农业、交通运输、商业服务、文化教育与科学研究)等相互联系的要素集中整合布局在某个生产地域上,形成综合的社会经济系统。地域生产综合地虽然空间尺度很大,但本质上是一种社会生产空间组织的形式。从本章的视角来看,其与前文所述的模范村等形式,其共性特点是社会组织从属于生产组织与经济组织,依靠企业兴办社会事业。

苏联解体后,大批工业镇开始了大规模私有化。部分由于生产经营困难和体制僵化而不得不宣告破产,失业问题严重。近年来,俄罗斯政府致力于将企业的这部分社会负担转移到由地方政府来承担,但是地方政府缺乏足够的经济实力和资源来完成这项转型。由于缺乏妥善的安排与社会保障,企业员工也不愿意离开,引发了各种社会问题①

3) 以色列的基布兹

产生于 20 世纪初期第二次阿利亚运动②的基布兹(Kibbutz),是犹太人兴建的集体生产与集体生活的社区③。Kibbutz,在希伯来语中为集聚的意思,Kibbutznik 就是居住在集居区和集体农场的农民。早在 19 世纪末,返回以色列的犹太复国主义者,在法国殖民者的支持下,建设了一些村庄和定居点。1903—1914 年,第二次阿利亚运动开始后,大批犹太人返回以色列,并在特拉维夫开展了村庄建设,逐渐确立了基布兹的组织方式。经过 20 世纪二三十年代的艰苦努力,以色列定居点的居民以基布兹为中心组织农业生产和生活,开辟了大量农场、村庄和学校等,建立了比较系统的社会组织制度。而后,大量以色列人回国并参加基布兹运动,基布兹运动迅速扩大并在 40 年代达到顶峰。“二战”爆发后,共有居民约 24 100 人,社区 79 个,约占巴勒斯坦托管地的犹太人总数的 5%。1950 年后,基布兹共有 65 000 人,约占托管地犹太人口总数的 7.5%。日渐壮大的基布兹,在人口规模与经济实力上飞速发展,随后在以色列建国运动、捍卫国家政权以及开展经济建设等方面发挥了重要作用,政治地位稳步提升。

在经济活动上,早期的基布兹主要从事农业生产,努力实现自给自足和自我平衡。“二战”期间,基布兹开始引进了一些工厂生产工业制造品(如珠宝切割工具、灌溉设备、子弹厂、塑料厂等),并在 20 世纪 60 年代实现了大规模的工业化,开始雇用外来劳动力与外籍工人。近年来,逐渐发展旅游业与高科技企业。目前,只有 15% 的基布兹人从事农业生产活动。20 世纪八九十年代,基布兹的发展势头有所减缓,部分基布兹社区经历了私有化。截至 2010 年,以色列共有 270 个基布兹社区④,人口约 10 万人(表 3-2),工农业产值分别为 80 亿美元和 17 亿美元,分别约占以色列工农业总产值的 9% 和 40%(Gavron,2000)。

---

① World Bank. 2010. Russian Economic Report [R]:22 — 23. 另:此间局面与 20 世纪 90 年代我国国有企业改革前的东北老工业基地的社会经济发展现状比较相似。

② 阿利亚运动,即犹太人归国运动。犹太人主张返回故土以色列,认为这是神圣的责任和历史的必然选择。受犹太复国主义思想的影响,移居巴勒斯坦、为建立犹太人自己的国家做准备的移居就是“阿利亚”。

③ 以色列基布兹在形式上与斯大林于 20 世纪 20 年代在前苏联推行农业集体化而建立的集体农场(kolkhozy)类似,但是前者是志愿组织的,后者是政府强迫推行的,也与中国的“人民公社”比较类似。

④ 具体名单见 http://en.wikipedia.org 相关内容。

表 3-2　以色列基布兹的人口数量变化

年份	总人口数(人)
1922	700
1927	2 000
1943	24 105
1950	65 000
1989	129 000
2010	100 000

　　基布兹最富有特色的是其集体社会生活。早期,为应对恶劣的自然条件、政治环境以及军事斗争,基布兹建立了高度平均、集体生产、共同生活的制度,经过不断的完善一直保持到 20 世纪 70 年代。在基布兹,生产资料与生活资料归公所有,一切所用及收入来源均来自共同财产。所有社员平等,推选一个委员会负责工作分配与轮换等日常事务,而有关未来重大事务由所有社员公投决定。生产方面,男女平等,共同参与劳动,可以在公共食堂张贴的布告等获知岗位责任,互相监督批判浪费公共财产以及消极怠工者。生活方面,使用公共食堂,并推行公共食堂的议事制度[①]。基布兹人购买任何东西都需要由公选委员会的批准才行。他们还建立了统一的育婴室,实施集体抚育制度,并且规定父母可以在下班后与他们的孩子共同度过两三个小时(Rayman,1981;Scharf,2011)。基布兹也重视文化和教育,建立了自己的学校系统。很多人成为作家、演员和艺术家,也建立了戏剧公司、唱诗队、交响乐团、运动联盟和专业兴趣团队。近年来,一些基布兹社区逐渐开始私有化,集体主义的生活方式已经开始改变。

3.2.2　晚清及民国时期的"单位办社会"

　　从海外特别是英美国家的历史经验可以看出,单位办社会、就业组织承担社会福利与公共服务一般发生在工业化与城市化初期,空间上通常发生在新开发地区,在物质环境比较紧缺的条件下,必须以集体性与组织化的方式组织开展社会生活;另一方面也因公有制经济形成"单位办社会"的路径锁定以及发展困境。就中国而言,这些初始条件都出现过,也因此存在不同形式与不同程度的"单位办社会"。

　　1) 晚清民初时期

　　洋务运动时期,中国逐步开始近代化过程,建立了一些官办工厂和民用工业。由于官办企业的自利性以及商品经济的不发达,这些企业必须自建住宅等社会福利系统,以满足其基本的劳动力再生产。根据原江南制造局、现江南造船厂的厂史记载,其在建立初期就已经出现公馆、住房、学堂等。

　　制造局迁到新址后,继续圈占土地,修建办公房舍、仓库、官员公馆、洋匠住楼、工匠住房和增建厂房,到 1870 年,厂址已扩大到四百余亩……又将广方言馆移到局里……增设翻译馆……又设工艺学堂进而操炮学堂……[②]

---

　　① 根据雷曼(Rayman,1981)的记载:餐厅统一使用长凳,以表现一种集体生活。丈夫和妻子通常不能坐在一起,因为婚姻意味着一种排外主义;在 20 世纪 50 年代,基布兹甚至拒绝购置茶壶,以防止夫妻花更多的时间在家里品茶,而不到公共食堂来。

　　② 江南造船厂厂史编写组.1975.江南造船厂厂史[M].上海:上海人民出版社.

企业办社会福利,解决工人的后顾之忧不仅仅是洋务企业设置初期出现的情况,也是各类民族工业在组织生产的时候必然要考虑的问题。1914年,设在塘沽的久大盐业公司为员工提供综合性的社会服务与福利设施,包括宿舍、食堂、医院、工人夜校、职工子弟学校、消费合作社以及娱乐设施等[①]。济南仁丰纺织厂将女工宿舍建于厂区东北角,成独立院落,同时安排有医药室、茶炉、浴室、盥洗室、厕所、教室、合作社、篮球场、滑梯等,俨然成为生活便利、功能较为齐全的小型社区[②]。小规模的恒丰印染厂在上海筹划开张的时候,在租赁厂房的同时也租下了18间木板房作为工人宿舍[③]。张謇在南通经营的大生集团,其创办规模达到民初年间史无前例的顶峰,包括城市建设、农垦渔业水利、电信邮政、交通、文化教育、气象及慈善事业等各个方面(吴良镛,2006)。

工人方也提出"建造宿舍等社会福利与公共服务"的要求。江南造船厂的工人们在1927年工人代表大会中提出20条要求,其中第12条是"建造工人宿舍"[④]。同年,天津发电厂工会提出了10条要求,第二条是建立工人子弟学校[⑤]。

因此,在社会福利事业普遍不发达、社会公共产品供给还严重不足、市场配置还发挥不了作用之时,通过就业单位特别是企业提供社会福利、企业办社会成为普遍做法与必然要求。根据北平社会研究所《第一次劳动统计年鉴》的资料显示:

截至1928年,工矿业至少有25家民营企业提供某些社会服务与福利设施。其中,21家设有住宅与宿舍及诊所或者医院等,10家企业设有食堂,7家设有职工子弟学校[⑥]。

五年后,根据1934年实业部《二十二年中国劳动年鉴》,工矿业中提供社会服务与福利设施的企业数量增加了一倍:

在制造业企业中,有46家企业设有住宅和宿舍,28家企业设有食堂,33家企业设有浴池,50家企业设有诊所或医院,3家企业设有幼稚园。在矿业企业中,17家矿场设有住宅和宿舍,12家企业设有诊所或医院[⑦]。

根据1936年吴至信在《中国惠工事业》中提供的有关社会服务与福利的考察报告表明,"单位办社会"的规模已经很普遍了,根据"地方物质供给之情形",办社会的程度有所不同:

今日中国之惠工事业,至少在规模较大或者管理比较进步之厂矿中,较之往昔已有相当之基础……已足包括工人之各方面,举凡住宿、饮食、卫生、教育、储蓄、工余消遣等重要部门,在被调查之路厂矿均有相当之设施。最普遍者,为医药设备,此49家路厂矿中有5路8矿25厂均有之。次之者,为住宿设备,计有2路9矿27厂。其中最普遍之设施为宿舍。再次,为浴室,惟约半数均为宿舍或住宅区之附属设备。其余各种惠工设施,按其普遍性排列,有运动设备、储蓄、职工子弟教育、娱乐设备、工人

① 天津碱厂志编修委员会.1992.天津碱厂志[M].天津:天津人民出版社.
② 参见"抗日战争爆发前济南仁丰纺织股份有限公司快速发展原因探秘"一文相关内容。
③ 恒丰印染厂厂史编写组.1966.染厂今昔——上海恒丰印染厂史话[M].上海:上海人民出版社.
④ 江南造船厂史编写组.1975.江南造船厂史[M].上海:上海人民出版社:92.
⑤ 中国作家协会天津分会.1960.天津第一座发电厂——天津电业局第三发电厂厂史[M].天津:百花文艺出版社.
⑥⑦ 卞历南.2011.制度变迁的逻辑——中国现代国营企业制度之形成[M].杭州:浙江大学出版社:178—179.

教育、消费组织、共用食堂、借贷设施、粮食廉售、社会保险、理发室、公墓,等等。

最能影响惠工事业之缓急先后者,莫如地方物质供给之情形。在乡野之矿厂,大都自备比较完善之医院与职工子弟学校,大都含有公共事业之性质,对于乡民之病者,亦加珍视,而乡民子弟亦可入学。此在都市则否[①]。

单位办社会,不仅仅在住宅、医院、餐厅、消费等社会福利物品的供给方面,也体现在社会生活方面,如逐渐加强集体生活教育。以仁丰纱厂为例,管理者就组织女子乐队、运动队等,在生产之余开展文娱体育休闲活动,保证了女工的身心健康。国民党接管江南造船厂后,"到处涂写'忠孝仁爱''礼义廉耻'等口号,要求工人和官僚'亲爱亲诚',要工人尽职、努力工作"[②]。根据叶文心(Yeh,1995)对中国银行的考证,20世纪三四十年代,中国银行为其雇员提供住房,并在住房附近修建花园、亭宇楼阁、网球场、篮球场、礼堂以及教室,并将职员的日常生活的绝大部分置于其协调与支配之下,建立了"道德说教体系为主的管理体系","公与私、个人与职业的大部分界限都已经荡然无存"。她认为,"其城市生活方式与1949年以后的单位有着惊人的相似",虽然"城市的公司社区不见得是中共城市中社会主义单位的直接或主要渊源",但是"当中共带着他们的集体居住与工作安排体制进入城市时,上海中产阶级中的很重要的一部分已经被多年的公共生活经历所社会化了"。

2) 抗日战争期间

根据卞历南(2011)的考证,真正大规模地出现国营企业提供社会福利与服务事业,始于抗战期间形成的社会总体性危机,导致思想模型的变化。其中,以兵工国防为主的重工业企业大量兴办社会事业。其主要原因有三点:其一,很多兵工厂迁入内地省份,不能随便选址,必须考虑到安全、原料供应、运输等一系列因素,或因选址在郊区(所在地没有社会服务及福利设施),或与市区有较远距离(无法利用城市所提供的社会服务与福利设施),因此必须自建社会服务与福利制度。

其二,通货膨胀造成工人生活困难。他引述《第二十工厂厂史》:"战时生活程度,腾涨不已,工人工资,虽随时调整,然日常生活,亦每难维持,工人之工作兴趣为之大减。本厂为增进工作效能,提高生活质量,安定工人生活起见,特定奖工条件,以资补救[③]。"

第三个原因是有关技术工人的短缺与流动性。内地长期处于农业文明,技术工人严重短缺,沿海地区的技术工人不愿意随行迁往内地,技工严重短缺造成了大量工人流动。首先,为了鼓励工人内迁,企业承诺提供各项服务设施,开办学校等适应工业生产的社会设施,社会事业迅速膨胀。其次,工人短缺,需求量大,奇货可居,经常出现"逃亡跳厂"的现象,流动性很大,所以部分企业以军属身份加强了对工人的管理和控制。最后,各工厂为留住与吸引工人来工作,加强了工人社会服务与福利设施。

现时各厂福利事业既无固定基金更乏统一计划。筹措设施各自为政,以致在同一地甲乙两厂非仅不同而且悬殊远甚,故技术职工跳厂,非仅希图逃脱军火工业,

---

① 卞历南.2011.制度变迁的逻辑——中国现代国营企业制度之形成[M].杭州:浙江大学出版社:179-180.

② 江南造船厂史编写组.1975.江南造船厂厂史[M].上海:上海人民出版社:115.

③ 卞历南.2011.制度变迁的逻辑——中国现代国营企业制度之形成[M].杭州:浙江大学出版社:190.

置身民营工厂,即同在军火工业中亦常脱离甲厂加入乙厂。此种波动影响生产巨甚[①]。

抗战八年,军事工业在社会服务与福利制度方面实现了前所未有的规模发展。常见的有,宿舍与住宅、食堂、澡堂、子弟学校、医院以及消费合作社,部分甚至开办了农场以保证类似猪肉和蔬菜等能够满足日常生活需要,兵工厂还建立了集体公墓以及火葬场。与此同时,一些封闭性的工厂管理的社区应运而生,职工住在工厂修建的住宅宿舍,从工厂经营的消费合作社里购买日常用品,从工厂开办之农场购买蔬菜及其他副食品,去工厂管辖的诊所和医院就诊看病。职工子弟在工厂所设立的子弟学校接受教育。职工死后,有时被安葬在工厂设立的公墓里头[②]。

兵工厂承担大量社会福利建设的经验也扩张到其他行业。以甘肃油矿厂为例,伴随着其生产经营规模的快速扩张,工人数目增长很快,社会服务与福利设施也迅速膨胀。到1944年,已经包括住宅宿舍、食堂、医院、职工子弟学习、消费合作社、农场、粮库、面粉厂、点心房、豆腐房、酱房、油房、理发店、缝衣店以及公共浴室。以至于,该局总经理认为玉门矿区"自成一个社会"[③]。"企业办社会"的观念,也逐渐成为官方和社会的共识。最重要的是,它影响到人们的观念认识,"要使社会事业的举办,由慈善观念转变到绝对责任"[④]。

3.3 单位制度的原型与扩展

严格地讲,目前并未有明确的政策文件明确提出"单位制度"的说法。学术意义上的单位制度,侧重于单位化的制度实践,通过单位办社会等制度实践形成了以单位组织为基础的社会组织体系。具体说来,通过以单位化的组织形式来配置公共资源、提供社会福利、形成社会控制、组织社会动员、增强集体主义等。值得观察的是,通过前面的分析,我们发现类似制度在国外其他地区以及中国清末民初与抗战时期也大规模出现过。新中国成立后的单位制度与这些制度实践有一定的共性,也有差异性。中国的单位制度是在某种制度原型上,与新中国成立后的社会制度、文化观念与政治形式深度结合,进而形成了中国特色的单位制度。

1) 单位与单位化的性质

从根本上讲,单位是一种组织化的结构,用来组织生产交易或各类社会活动等,具有自身的组织职能作用。作为组织与机构,单位的形成是与单位化结合在一起的,单位化发生的根本原因在其特定条件下的合理性,并不具有意识形态的色彩,而取决于其内部关系及运作方式所形成的组织形式。单位的组织形式,可以理解为私人企业、国营企业、集体组织等,每一种组织形态都有其自身的技术结构与特点。不同的组织模式与形式,有着不同的效果与效率区间。

2) 公共产品供给单位化

城市社会的单位化,首先可以归纳为一种公共福利产品组织化、集体化的供给模式。城市的生产与生活如何组织是城市社会组织的首要问题。从城市发生过程的角度来说,市场的力量会自发形成,"工人们都有一定需要,为了满足这些需要,还需有其

---

①—④　卞历南.2011.制度变迁的逻辑——中国现代国营企业制度之形成[M].杭州:浙江大学出版社:198-210.

他的人,于是手工业者、裁缝、鞋匠、面包师、泥瓦匠、木匠都搬到这里"[①],形成城市社会。

在特定的社会经济条件下,社会公共服务及福利产品需要通过就业单位自己提供,且满足自身之逻辑与合理性。这些条件包括:其一,专业化市场未能发育或者发育不足,如中国清末民初时期的工业建设、抗战时期迁入大后方的工业建设,国外边远地区的工矿点、公司镇及前苏联的工业镇等;其二,市场调节失败,如抗战期间高度的通货膨胀、市场条件下住房价格高涨等[②];其三,军事战争等特别危急情况、物质供应极度紧张的条件下,如以色列的基布兹等;其四,公有制经济条件下,如中国的社会主义改造等逐渐取消市场、前苏联推行农业集体化时期的农庄等。以上条件也存在同时发生的情况[③]。由于初始条件的不同,"单位办社会"的程度、单位提供公共产品的次序、城市社会单位化的程度也不同,如前文"最能影响惠工事业之缓急先后者,莫如地方物质供给之情形"。

因此,城市社会单位化,最初意指社会公共产品供给的单位化[④],也即通过企业或其他组织以组织化的方式提供社会服务与福利。这种方式是先于市场存在的,或者是替代、补充市场而出现的,形成"单位办社会"的格局。在这个定义与论断下,有三点值得讨论:其一,规模问题。当"单位办社会"的条件不存在或者规模过大过小以致缺乏效率的时候,单位化的方式便不具有优势。相邻单位共享社会资源与福利供给可以提高效率[⑤]。其二,市场是"公共产品社会化的提供手段与方式",存在"用单位化的办法解决市场化之不足",也存在"用市场化的办法解决单位化之问题",这就是去单位化的一个重要方面。其三,单位化与市场化的办法并不完全冲突。随着单位化的产生条件变化,市场作用增强,单位化不断弱化直到退出。单位化条件下可以存在市场化的办法,市场化条件下也存在单位化的安排[⑥]。

3.4 单位制度原型的中国化

城市社会单位化与"单位办社会",是对单位制度的另一种理解。有关"单位办社会"、单位作为特殊的生活空间等问题,很多研究对此都有过正面论述,展现了城市单位主义社会生活的内容与社会性含义。本章没有选择正面描述的方式,而是试图通过对国外与中国其他时期的"单位办社会"进行比较分析,挖掘单位化的普遍意义与"单位办社会"的共性,从而将新中国成立后中国城市单位社会化历史连续性与特殊性进一步暴露出来。不同类型的企业办社会具有不同的发生条件与意义。在中国,单位化

①　恩格斯.2005.英国工人阶级状况[M]//中共中央马克思恩格斯列宁斯大林著作编译局.马克思恩格斯全集(第二卷).北京:人民出版社.

②　这一点也能够部分解释为什么现在中国城市单位制度隐性化的问题,大量单位仍然通过各种形式为员工提供住房等福利制度。除了自身福利倾向以外,住房等社会保障不足的确为其行为提供了口实。

③　以上观点从理论建构的角度来说还比较粗糙,在此抛砖引玉,望引起讨论。

④　周翼虎、杨晓民曾经论述,单位作为一种俱乐部产品的供给形式。

⑤　但是,应该如何理解中国城市单位办社会,存在"大而全""小而全"的问题。可能的解释是,在计划经济条件下,单位并不是完全理性的经济组织,或者受到固有制度的限制。

⑥　这也可以解释百步亭社区在各类公共服务上完全由开发商采用市场化的办法自己运营提供(详见本书第13章)。万科也在加快为其郊区开发项目提供自营社区商业,一定程度上可以看作市场化条件下单位化的办法。

实践与社会主义制度及时代背景紧紧联系起来,其广度与深度与其他时期其他地区的类似实践也完全不同。本章也尝试通过制度分析的角度,讨论单位化的制度性质、发生条件与影响结果,试图将对城市单位化的理解提升到观点论述的层面,而不是停留在中国特殊论的经验性描述的阶段。

概括起来,本章的观点是,单位制度的形成是单位化的过程,单位化代表着一种合理化。城市社会服务与公共福利通过就业单位进行集体化、组织化供给,形成生产生活共同体,这是单位制度的原型。这种形式在国内外不同时间、地区的不同条件下都出现过,存在不同的深度与广度的扩展。新中国成立后,中国城市社会的单位化,与社会制度和计划经济体制高度结合,完全依托就业单位提供社会服务与公共福利、进行社会管理、开展社会教育等,集中表现为"单位办社会",形成了"自给自足、高度集中与平均、生产生活高度复合、富于组织性与计划性"的依附与控制型、封闭化与政治化的生活方式与社会形态,这是新中国成立后城市社会单位化的过程与内容,也是中国城市单位主义在社会层面上的含义,也影响到单位制度的逻辑与实践。

4 单位制度的逻辑与实践

从制度原型来看,单位制度实践可以视为一种特殊的公共产品供给模式,企业不仅提供就业岗位,还就近提供居住、医疗等各项社会福利与公共服务。以此作为标准,发现类似中国单位制度的"企业办社会"的制度实践广泛分布于工业化时期的欧美、前苏联及新中国成立前的中国。因此,可以说单位现象是泛在的,而非中国特有。但是,从"单位"对国家发展的巨大意义、单位在国家与居民之间的关系及单位所承担的政治性、经济性和社会性职能的角度来说,单位在中国有着特殊的地位和作用,其体现和承载的国家性质、政治性质以及对城市发展影响的广度和深度远远超过了欧美等国家一般意义上的单位。单位作为计划经济时期中国城市发展的组织架构,其形成既有深厚传统文化思想的烙印,又有时代背景和国际影响的催化。分析单位形成的影响因素及其作用方式,解读单位形成的逻辑是理解单位形成的基本内容,进而才能回答计划经济和国家现代化等宏观因素与单位相关制度、单位空间及日常实践等中、微观现象之间的逻辑联系与相互作用机制等重要问题。本章将面向中国的单位,分析其在中国特殊的时代背景与条件下形成的逻辑与实践,对影响单位形成的影响因素进行系统总结,并探寻单位现象背后形成的深层逻辑及其在实践中的表达。

对社会现象进行结构性分析的学者及观点众多,如涂尔干把社会结构分为"机械团结"和"有机团结"的类型、马克思从经济基础与上层建筑的角度对社会的形成与发展进行了解读,等等。本章的分析主要采用列维—斯特劳斯的结构主义模式。根据其观点,结构是那种决定历史、社会与文化中的诸具体事件和行为的基本规则整体。如果结构有"深层结构"和"表层结构"之分,这种规则整体指的是"深层结构",即与语言行为相对的语法结构,与社会行为相对的经济基础结构。表层结构,或者说现象的表面秩序,是指可观察、可分析归纳的诸社会现象的秩序,反映决定着它们的深层结构(周怡,2000)。据此,在中国城市单位研究的语境中,深层结构即为单位制度实践的逻辑,是单位现象形成的背后机制和机理。表层结构为单位逻辑的

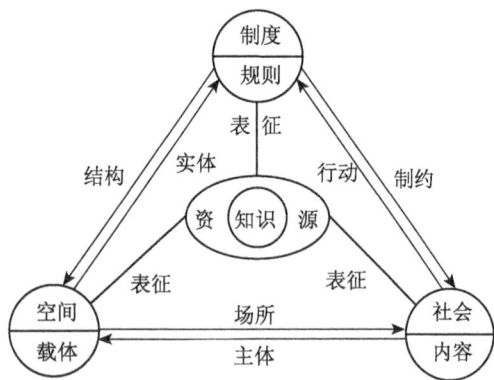

图 4-1 中国城市单位制度的逻辑与实践

实践,是前述逻辑在现象层面的表现,是社会现象可以直接触摸的部分,包括单位的制度、空间与社会等三个维度(图 4-1)。

4.1 单位制度实践的逻辑

4.1.1 逻辑原理

单位制度实践的逻辑,作为一种社会制度实践,从根本上说是社会行动者基于其知识认识和权力基础对资源配置的一种安排与实践。吉登斯(Giddens,1982a)认为行动是以行动者具有相应的权力为基础的,权力与行动是主客体关系得以有机整合的前提。同时,权力在赋予行动沟通主体和客体关系能力的过程中也产生了它的二重性,即转换能力和支配能力。前者表现为主体本身所具有的自主性,后者表现为主体间的依赖关系(Giddens,1982b)。当一个行动者的转换能力作用于另一个行动者时,对于后者来说就形成了支配能力。转换能力是行动者的能动性与资源有机结合的产物,包括行动者本身所具有的能动性和行动者能够获得资源的绝对性(郭忠华,2004)。而行动者的能动性又表现在其具有的知识和能力的向度上(Giddens,1982c)。

知识指行动者对其所处的各种复杂社会情境具有的认知,能力指行动者具有的改变能力。因此,根据吉登斯的权力思想,社会行动的逻辑蕴含在行动者、能动性、知识和资源四个要素之中。其中行动者是基本要素,没有行动者就不存在权力的产生。能动性是行动者普遍具有的物质,是实践发生的前提。

知识构成行动者的理论指南,并确定行动目标。资源包括了权威性资源和配置性资源(郭忠华,2004),前者指行动者对人类自身所具有的控制能力,包括社会时空的组织、身体的生产和再生产以及生活机会的组织三个方面。后者指行动者对自然世界所具有的控制能力,包括环境的物质特性、物质生产和再生产的手段以及这两项结合制造出来的人工产品,决定了行动者的目标能否实现以及如何实现。

从社会行动的实现过程与要素间相互关系来看,其社会实践是知识支配资源的过程。其中核心是知识,决定行动者的策略、方向和目标;而关键是资源,是行动者知识转换为现实的依托和媒介。

4.1.2 逻辑表达

从原理来说,制度实践的逻辑本质上是知识对资源的支配,但其实现必须依托知识的掌握者与行动者来实现。在决定单位形成的深层结构中,行动者是执政党,即中国共产党。构成行动者的知识有:共产主义的国家发展目标,对传统文化、空间思想及革命经验的知识累积和对国际、国内形势及条件的判断等三个方面。另一方面,知识对资源的支配则依托执政党的地位和以公有制为基础的计划经济体制来实现。

1)知识体系的构成

新中国成立后,国家发展的核心目标是实现国家现代化与共产主义,具体来说,包括计划经济、生产性城市的定位、社会主义新人的培育和有组织的社会秩序等几个方面。计划经济的思想来源于马克思主义,其对资本主义社会经济危机的根源进行了深入分析,批判了市场的不足。列宁则高度重视计划在经济发展中的重要作用(Bray,2005),同样构成了新中国成立后经济社会发展的指导思想。在对城市的定位中,消费性城市被认为是资产阶级性质的。同时,为了实现现代化和赶超资本主义国家,工业是国家发展的绝对优先领域,以此形成了"先生产后生活"的工业化战略。在社会主义人格方面,早期的社会主义建设希望把中国人塑造成"有社会主义觉悟的有文化的劳动者""又红又专的共产主义新人",最终实现"六亿神州尽舜尧"的道德理想(肖立斌,2003)。在社会秩序方面,非常注重社会组织与调控体系的建设。"我们应当进一步组织起来,我们应当将全国绝大多数人组织在政治、军事、经济、文化及其他各种组织里,克服旧中国散漫无组织的状态。"(毛泽东,1977)为了实现对群众的组织,对干部的基本要求是又红又专,通过群众路线组织和领导广大群众。除了提供生活福利外,组织和管理单位成员也通过许多制度性的设计来实现,其中比较重要的包括户籍、人事档案和编制等。组织性的提高为计划经济的实现和社会主义新人的塑造创造了条件。

知识的继承与累积方面包括对传统文化观念和空间规划思想的继承,以及根据地的革命经验等部分。中国传统文化中对单位影响最深刻的是家庭与集体观念和权威概念等方面。"国"和"家"两个不同性质的概念在中国结合到了一起,所谓"普天之下,莫非王土;率土之滨,莫非王臣"。在共产党的革命实践中,"公家"的概念被用来指党、国家和集体的事物,属于该组织的人则为公家的人。"三纲五常"在封建社会的权威观念中具有重要地位,表现为对权威、长者等的服从和尊重。在革命实践中,权威观念转变为对共产主义事业的忠诚,而等级意识受共产主义的影响转变为平等观念(Bray,2005)。空间思想方面,墙、里坊和院落在单位空间的形成中具有重要影响(Bray,2005)。古代墙有城墙、坊墙及院墙三种尺度,具有划界、保护等功能,并体现在了单位的院墙建设过程中(Lu,2006)。里坊不仅为居民提供了安全和具有集体性质的空间,同时也方便了城市管理者。四合院的建筑设计、空间布局和古代的道德要求及实践活动共同构成了一个生产具有集体主义和等级观念的主体性(Subjectivity)的机器(Bray,2005)。中国人思想结构中有关城市与居住环境的秩序观、等级性与集体性,根深蒂固地映射在单位空间的布局与规划中,并在单位大院的空间实践中得到了继承与发展。根据地的革命经验主要涉及供给制和生产单位的独立性等两方面。由于物质条件极为困难,加之革命是一种集体行为,在共产党领导的革命队伍内普遍施行了供给制。供给制最初只是为了满足最基本的生活需求,因而按平均主义的原则进行。新中国成立后,供给制的理念、原则得以在单位中继续(Lü et al,1997)。大生产运动鼓励"小公家"的发展,其作为一个有自身组织和利益追求的独特实体得到了认可,构成了单位的雏形(Proto-Danwei)(Bray,2005),其制度形式形成了单位的历史起点(刘建军,2000b)。

对国际和国内形势的判断主要包括"冷战"的国际背景、前苏联的成功经验和对国内物质资源短缺的认知。"冷战"的国际背景是中国加速工业化战略的重要推动力量,同时也促成了中国"一边倒"的外交战略,以前苏联为榜样开展中国的城市建设。虽然没有完全照搬前苏联的发展模式,但中国计划经济体制的形成过程受前苏联的影响很大(刘国光,2002)。这种影响既有发展思想和制度安排方面的,也存在于空间开发与城市规划方面。后来,受到"冷战"以及中苏交恶的影响,中国自20世纪60年代开始进行了大规模的"三线"建设,进而影响了中国城市的空间格局及相应单位的空间分布。国内方面,物质资源短缺,即所谓的"一穷二白"是国家对资源采取有组织、有目的、有导向性提取和再分配策略的重要原因。提取方面,包括城市与农村之间的剪刀差和城市企业的利润上缴。分配方面,为了集中使用和突出效果,采取了面向具体项目的预算。每个工业项目在获得国家资金的时候就会获得用于建设居民住宅等生活需求的配套资金。

2）知识对资源的支配

概括而言，单位制度实践逻辑的知识体系就是在国际"冷战"的环境中，以国内物质资源匮乏和基础薄弱的现状为基础，以前苏联为榜样，建设社会主义现代化国家。这一知识体系对资源的支配过程，即知识体系实践的过程是通过中国共产党以执政党的地位，推动工业化的国家战略，建构单位体制来实现的。如前所述，支配过程既包括对权威性资源的支配，又包括对配置性资源的支配。前者表现为国家的发展战略，从操作的层面来说，是以计划经济体制为模式，通过（重）工业优先发展战略，实现四个现代化，尤其是工业现代化。而对配置性资源的支配，则以计划经济和公有制为基础，在城乡之间实现农业支持工业。在城市内部，变消费型城市为生产型城市，先生产，后生活，优先发展工业。这一系列操作集中起来，就表现为国家对经济和社会生活的无限渗透，即全能主义。其含义是指政治机构的权力可以随时无限制地侵入和控制社会每一个阶层和每一个领域的指导思想（邹谠，1994）。

1953—1956 年的社会主义改造是全能主义实施的准备过程。"一化三改，一体两翼"的总路线将中国从新民主主义带到了经典社会主义阶段（虞和平，2007）。过渡时期的总路线于 1953 年提出，即在一个相当长的时期内，基本实现国家工业化并逐步实现国家对农业、手工业和资本主义工商业的社会主义改造。其中，对农业的改造以合作化的形式完成；对资本主义工商业的改造采取了逐步深入的步骤，具体方法有加工订货、公私合营以及和平改造等；对手工业的改造通过合作社的形式实现。这样到1956 年底经典社会主义的经济制度和体制模式开始形成，包括单一公有制的经济结构、以计划与行政指令为基本手段的资源配置体系、以中央政府为主的经济决策体系和具有浓厚平均主义的国民收入分配体系。社会主义改造为国家对经济和社会的全面干预提供了准备。

与此同时，"一五"计划开始实施，经济建设方面是以前苏联援建的 156 个项目为中心。由限额以上的 694 个建设单位组成的工业建设，初步建立了中国工业基础。虽然确立了"先生产后生活"的原则，但各类项目的资源分配仍有一部分用于企业职工生活、建设住房以及其他配套设施。由此，便形成了以就业单位为中心的、集生产和生活于一体的综合体，并在此基础上形成了依托就业单位的社会管理，即单位办社会。从经济和生产的角度看，计划经济体制得到全面实施，国家通过生产单位以计划和指令的形式全面掌控了经济的运行。在社会方面，以单位体制为组织方式，社会组织和居民生活纳入到国家的组织体系中，并在此基础上形成了个人对单位的全面依赖、单位对国家的依赖的总体性社会。当然，这种运行模式是依托一系列的具体制度安排而实现的，并在空间及社会方面有具体的体现，即中国城市单位逻辑的实践。

4.2 单位制度逻辑的实践

从单位制度的逻辑到单位制度的实践是从深层结构到浅层结构的转换，是从内部的理念、机制到具体的制度安排、空间规划与建设和社会组织及居民生活的过程，也是从抽象到具象的转换。接下来，本章将对单位在中国的具体实践及其相互关系进行介绍。

4.2.1 制度实践

在社会学中，制度被看作是在主流意识形态和价值观念基础上建立起来的、被认可和强制执行的一些相对稳定的行为规范和取向(李汉林等,2005)。这种行为规范和取向内化于相应的社会角色和社会地位中,用以规范人与人之间的社会互动(李汉林等,2002)。单位制度的构建主体是掌握了权威性资源和配置性资源的政府,因而其制度实践的本质是共产党依据其知识确立的规范,用来实现对人和物的管理,并通过对单位和单位人员行为的规定来实现社会主义现代化国家。计划经济制度和户籍制度是单位制度形成的背景性制度,前者确定了物质资源的分配和使用,后者决定了人的配置,尤其是城市与农村之间的身份界定与流动控制。依据职能,具体的制度可以分为四类,分别是决定单位分工的生产分类管理制度、决定单位物质性资源的财务制度、决定单位人员的人事制度和为单位专业职能的实现提供支撑的社会福利保障制度。

1) 生产管理、财务与人事制度

生产分类管理制度依据社会行业分工将单位分为不同的类型,这样通过不同类型单位的组合来实现国家的整体目标。单位类型主要包括行政单位、事业单位和企业单位,其专业职能分别为国家与社会管理、社会公共事业和物质生产。财务制度可从会计的概念获得初步认识。新中国成立以来,会计主要包括企业会计和预算会计两大体系,后者是中国独有的概念,具有强烈的行政管理性质,其主要功能在于记录、反映和监督预算执行的过程以及结果(周翼虎等,1999),体现了国家对单位的财政管理,具有强烈的计划经济色彩。单位中的人事制度包括编制管理制度、用工制度、工资制度、考核和培训制度。

具体在不同的单位,因为专业职能与级别的不同,生产管理、财务以及人事制度又会有不同的安排。以某卷烟厂为例,该企业共设科室部门55个,其中党群部门包括党政办公室、团委等5个,直接为生产第一线服务的有运输科、动力科、质检科等22个部门,生产车间15个(刘建军,2000b),另外,还有为职工提供生活服务的生活服务公司、职工医院以及为离退休职工提供服务的离退休管理委员会等部门(刘建军,2000a)。通过编制制度和用工制度实现了国家对单位和单位对单位职工的管理,而工资制度和考核培训制度决定了居民的基本生活费用,从而进一步确立了生产和生活的关系。低工资制是计划经济时期为实现国家目标而采取的具体制度,具有浓厚的平均主义色彩。以1956年工资改革为例,决定取消"工资分"和物价津贴制度,直接用货币规定工资标准,全部实行采用八级工资制度(表4-1)(李唯一,1991)。

表4-1　1956年沈阳市部分产业工人工资标准表　　(单位:元)

产业类别	工资等级							
	一	二	三	四	五	六	七	八
煤矿、金属矿(露天)	34.00	40.05	47.19	55.59	65.48	77.15	90.88	107.10
钢铁冶炼(央属)	34.00	39.80	46.50	54.50	63.70	74.60	93.60	110.40
石油(采油)	34.00	39.88	46.78	54.88	64.36	75.48	84.70	99.00
电力	34.00	40.05	47.19	55.59	65.48	77.15	90.88	107.10
机械制造及修理(央属)	33.50	39.60	46.70	55.20	65.20	76.90	90.90	107.20
重化工(央属)	33.50	39.20	45.86	53.67	62.78	73.47	82.10	96.00

2）社会福利保障制度

单位的社会保障包括福利与保险两大块。前者主要有集体福利设施和住房两部分；后者包括养老保险、医疗保险、工伤保险和女工生育保险等内容，共同构成了单位办社会的格局。以清河制呢厂为例，新中国成立后兴办了大批福利事业。除职工宿舍外，又新盖了食堂、浴室和俱乐部，开辟了运动场，新建了文化广场，扩大了卫生所[①]。再以中华造船厂为例，公私合营以前，几乎没有生活福利设施与职工福利待遇。1952年公方代表到厂后，即成立总务组，1954年改总务科，下设伙食管理股、行政管理股、福利股，负责生活福利事业。中间各有变化，1990年改为总务处，下设中华餐厅、综合管理科、总务管理科、幼托中心、招待所、宿舍管理科等6个部门，共有职工310人，直接为生产和职工生活服务[②]。具体说来，合营以前，学徒住在厂内木板房，单身职员住在厂内铁皮办公室三楼的单身宿舍。公私合营以后到1990年，共建造职工住宅建筑面积73 893 m²，共1 586套（表4-2）。1952年，厂工会组织生活委员会办起了职工食堂，1954年建成大饭厅及厨房。其他方面，先后建立婴儿哺育室、托儿所、活动室、幼儿户外活动场地、幼儿园、招待所、浴室、茶水站、冷饮站等，在职工中开展了职业病防治、计划生育工作。

表4-2　中华造船厂住宅建设项目

建设年代	建筑面积（m²）	套数（套）	项目位置
20世纪50年代中后期（1954—1959年）	8 568	515	长白三村、控江二村、高阳路、新化路、湘江北路
20世纪70年代中后期至80年代初（1975—1984年）	32 460	600	敦化路、统建项目、内江住宅加层、殷行一村、浦东潍坊等
20世纪80年代中后期（1984—1990年）	32 865	471	统建住宅、打虎山路、保定路、浦东凌联、浦东临沂、市光四村等

另外，单位通过无所不包的社会福利制度，包办了个人生产生活的一切，甚至延伸到退休后的生活，如发放离退休金。以中华造船厂为例，单位提供的历年劳保福利费用包括离休金、退休金、退职生活费、医疗卫生费、护理费、丧葬抚恤救济、生活困难补助、问题宣传费、集体事业补贴费、集体福利设施费、计划生育补贴费、上下班交通补贴、洗理卫生费、生活补贴、副食品价格补贴等共计15项。其中，离退金及退职生活费的最高时期达到47.61%左右，集体福利事业费比重最高达到12.6%（表4-3）。

表4-3　中华造船厂劳保福利费用构成

年份	总计（万元）	离休金（万元）	退休金及退职生活费（万元）	离退休福利所占比重（%）	集体福利事业费（万元）	集体福利费用所占比重（%）
1978	105.511	—	49.078	—	—	—
1979	135.384	—	51.858	—	—	—

① 清河制呢厂厂史编委会.1965.北京清河制呢厂五十年[M].北京:北京出版社:96.
② 中华造船厂志编委会.1996.中华造船厂志[M].上海:三联书店.

年份	总计 (万元)	离休金 (万元)	退休金及 退职生活费 (万元)	离退休福 利所占比重 (%)	集体福利 事业费 (万元)	集体福利 费用所占比重 (%)
1980	157.407	—	70.922	—	—	—
1981	175.697	—	71.511	—	—	—
1982	192.432	—	93.291	—	—	—
1983	176.509	1.784	82.247	47.61	8.924	5.1
1984	244.958	3.342	108.683	45.73	30.762	12.6
1985	258.779	4.162	111.270	44.61	—	—
1986	309.432	4.977	110.468	37.31	13.273	4.3
1987	369.718	4.553	127.934	35.83	16.142	4.4
1988	449.302	4.401	147.807	33.88	46.082	10.3
1989	627.050	4.497	166.495	27.27	53.092	8.5
1990	731.165	5.622	204.692	28.76	47.792	6.5

单位社会保障制度产生的原因在于国家集中资源进行生产建设,对生活投入相对不足,从而居民的保障责任落到了单位身上。单位时期通过较低水平的社会保障解决了单位成员的生活需求,为集中资源进行生产创造了条件。这样,国家通过单位制度不仅决定了物质资源和人力资源如何集中的问题,还决定了这些资源如何使用的问题,从而以制度化的形式为实现国家现代化以及工业建设提供了基础。

4.2.2 空间实践

列斐伏尔(Lefebvre,1991)在批判将空间仅视为容器的基础上,提出了(社会的)空间是(社会的)产物,而每种特定的社会,每种生产模式和它的变种都会生产一种属于它自己的空间。福柯认为,空间是权力实施的手段,权力借助空间的物理性质来发挥作用,从而空间具有强大的管理和统治能力(汪民安,2006)。因此,从空间的社会性含义来说,单位空间就是"在共产党的领导下,通过计划经济来实现国家现代化"而"生产"出来的空间,是知识支配资源的空间表现。国家权力通过单位空间不仅实现了依据生产分类管理制度需要单位完成的专业职能,还实现了劳动力的生产与再生产,并且在这一过程中完成了社会关系的生产与再生产。

1)空间资源集中下的单位化分散

单位空间生产的主体是知识支配资源所形成的逻辑,其直接表现是集行政权威与物质资源配置于一身的政府。计划经济时期的公有制,尤其是城市土地国家所有制,是单位空间生产的基础。行政审批、无偿划拨、禁止土地使用权转让的城市土地管理制度,塑造了城市无偿、无期限、无流动的土地使用制度(刘润忠,2005)。单位生产分类管理制度、资源的集中使用和单位与上级部门的隶属关系是单位空间生产的直接动力。生产分类管理制度将一个个单位区别开来,而单位与上级部门的隶属关系强化了单位的纵向联系,弱化了单位之间以及单位与所在城市之间的横向联系,资源的集中使用导致了面向具体建设项目的资源配置,结果更进一步强化了单位的独立性。这种独立性是单位空间封闭性产生的直接原因。另外，城市规划不到位以及单位本位主义思想的存在一定程度上加剧了单位分散建设的事实。

这种模式在具体的建设中表现为不同单位的圈地和分散建设。以北京为例，根据王军(2003)记载："1949年新中国成立在即，中央各部委正值草创时期。此时，摆在他们面前的大事，便是解决办公和职工居住地点的问题。很快，一些大部委在狭小的内城里选中了心仪的办公场所。卫生部占了醇亲王府、解放军机关占了庆王府、全国政协占了顺承郡王府、教育部占了郑亲王府、国务院侨办占用了礼亲王府、国务院机关占了惠亲王府……"①再如1951年上半年，政务院房屋统筹分配委员会②提出要在长安街建纺织、外贸、燃料、劳动、公安、财政等6个部委办公大楼，都市计划委员内部对大楼位置有不同意见，与建设单位尚未协调一致。由于任务紧迫，在没有城市规划指导的情况下，首先建起了纺织、外贸、燃料等3个部委大院。

另外，单位的行政级别、用地权限等方面的独立性在很大程度上削弱了城市对单位用地和建设的管理，导致用地浪费以及布局不合理。尽管中央政府与地方政府三令五申③，但收效甚微。土地浪费严重与分散建设体制互为作用，其根本在于单位体制，导致"各家只算本单位小账，不算国家大账，只图自己方便，不管全局利害"的局面。以城市拨地制度为例，1950年北京市发布的《关于市政建设使用郊区土地暂行办法》就赋予了用地单位非常大的权限："因市政建设或工业经营需用京郊土地等，应备文叙明工业种类；建设计划用地面积与位置，连同附图，送市政府审核决定；对土地采取划拨洽购或者征购方式并对被占地户进行补偿和安置。"在实际工作中，由于缺乏经验或者权限不够，往往没有办法制止单位"多占土地、圈大块地"的倾向(华揽洪，2006)。例如，"北京钢铁、石油、航空、地质勘探等几个学院，在1953年新建校时起就根据发展计划中的最高人数，陆续圈用了5300多亩土地"④。土地浪费现象在全国普遍存在，公开被点名的包括"第一机械工业部、中央燃料工业部水力发电建设总局、贵州安顺县驻军某团"等⑤。

在规划软约束的背景下，以土地拨用制度单位化为代表，城市建设以单位为中心分散建设，城市难以成为统一整体，成为城市空间单位化与单位主义的重要特点。时任中央建筑工程部城市建设局局长的孙敬文总结道："城市建设的分散性主要表现在一些建设单位各自为政，乱要地皮，到处修建，盲目乱建，结果不仅资金分散，设备不能充分利用，而且破坏了城市的整体性，给将来的建设造成了重重困难。当然，这和城市总体规划不及时与缺乏统一的管理制度是分不开的，必须由城市建设方面与各个建设单位共同努力来纠正。"⑥

2) 单位职能混合化与空间复杂化

单位职能的复合性是单位空间复杂结构产生的原因。单位内部专业(生产)职能、单位职工的日常生活及社会关系的产生都需要在相应的物质空间中进行，两方面的结

---

① 虽无从考证细节，但据《北京市房地产开发志》第216页有关北京王府利用现状统计，其叙述基本属实。

② 政务院房屋统筹委员会，成立于1949年，对中央在北京的房屋建设实行统一投资、统一建设、统一分配，以解决中央在京机关单位办公及居住用房的需要。

③ 1953年发布的《关于国家建设征用土地办法》及1958年发布的《国家建设征用土地办法(修正)》等反复强调节约用地，杜绝浪费。

④ 参见"整改之风刮掉了本位主义"一文相关内容。

⑤ 参见中共中央为贯彻政务院《关于国家建设征用土地办法》给各级党委的指示相关内容。

⑥ 参见"适应工业建设需要加强城市建设工作"一文相关内容。

合生产出了单位的职能空间,包括专业职能空间(生产区)和职工生活区。后者不仅包括住房,还有医疗、学校、食堂等集体福利设施,这样单位成员的工作和生活需求在单位空间内部得到满足。以同仁堂为例,从用地结构来看,居住面积占 5.57%,行政办公占 21.18%,商业服务占 1.94%,工业占 19.95%,仓储占 51.36%(张纯等,2009),体现了功能的混合性以及生产的重要性。这种"大而全""小而全"的空间模式塑造了单位职工的日常行为空间与单位空间的高度叠合,单位空间成为其最重要的核心部分。基于此,长期的单位生活塑造了以单位为依托的社会关系和心理空间。这种现象可以从以下文字材料中略知一二:

　　托儿所、食堂、生产车间分散在紧紧相靠的三个院子,大家普遍感到原来的小院子有很多不方便,要求把小院变成大院。盖秀荣带领大家推倒三堵墙,三所院连成一个院。这种新的生产关系和生活方式,把一向个体生活的人紧紧地连接在一起,人们庆幸自己的新生活,热爱自己的集体,大家在生产的时候商量着给这个大院起了个名字叫"社会主义大院"①。

4.2.3　社会实践

　　单位社会实践是单位内部发生的日常活动,是知识决定资源使用方式在社会现象层面的表征。单位的社会实践有多种类型,并且构成了相对独立的运行系统。依据帕森斯对社会结构的分类②(周怡,2000),可以将单位的社会实践分为单位的专业(生产)实践、管理实践、文化教育实践和社会生活实践。

　　1) 专业生产实践

　　专业(生产)实践通过单位职工实现,用来完成生产分类管理制度赋予单位的专业职能,对于企业单位来说就是生产实践。该实践具有明确的时间节奏,如在纺织行业普遍实行的"三班倒"以及调整后的"四班三运转"的工作安排。这种生产方式与本书第 3 章所引用的哈雷文(Hareven,1993)以阿莫斯克亚格为案例,对工业化时期产业时间、家庭时间以及个人时间关系的描述非常类似。

　　2) 管理实践

　　单位的管理实践通过不同层级的干部组成的管理队伍实现,并与单位所属的上级部门对接,是逻辑与实践的对接点。管理实践包括干部的任用与考评、单位组织机构的设置、单位制度和政策的制定及实施,等等。通过管理实践,在单位内部实现了党政权力的高度渗透,以党组织、共青团、工会、妇联及其他组织形式来运作。由此,单位作为一个生产组织,不仅承担了社会职能,也承担了行政职能。各类工厂企业与行政机关等单位组织都被划分置放在行政序列体系中。通过各级党组织与发展党员等,开展思想宣教、组织政治生活等。

　　3) 文化教育实践

　　文化教育实践是对单位成员开展的宣传和教育活动,包括用于提高专业技能的

---

　　①　参见"迎春花开万家香"一文相关内容。

　　②　帕森斯认为社会结构是具有不同的基本功能的、多层面的次系统所形成的一种"总体社会系统",包含执行"适应"(Adaptation)、"目的达成"(Goal Attainment)、"整合"(Integration)和"模式维护"(Latency)功能,共同构成 AGIL 图式。四种功能分别对应经济系统(执行适应环境能力)、政治系统(执行目标达成功能)、社会系统(执行整合功能)和文化系统(执行模式维护功能)四个子系统,共同构成了作为整体的、自我调解和相互支持的社会系统。

实践和用来提高单位成员思想认同的实践两种类型,涉及专业培训、会议学习、宣传口号,等等。如京棉二厂1958年创刊的《红色工人报》、1960年组织的"跃进赞歌"大合唱,等等。再以清河制呢厂为例,"全体工人参加了工会,有396位工人参加了中国共产党,444名优秀青年加入了共青团,职工组织程度和觉悟程度大大提高""劳动模范和先进生产者……起了火车头作用""开办了职业业余学校,向文化进军……各个斗志昂扬,人人勤学苦练""文艺活动万紫千红,百花争艳,每周放映一到二次电影,演戏一次,工人俱乐部是咱们工人文化活动的中心"[①]。在上海曹阳新村,1953年在工人合作社和家属委员会的基础上,成立了以卫生、宣传、民政、社保、调解和治保为主要工作内容的居委会,通过读书读报等经常性的文化学习活动,逐渐将退休工人、妇女儿童等组织在集体生活当中(杨辰,2009),形成身份控制与依附性格局(杨辰,2011)。

4)社会生活实践

四种实践中,社会生活实践最具社会性,与居民生活最为紧密,同时也是作为企业办社会的单位原型的最重要的体现。在公有制与计划经济条件下,社会主义改造造成市场功能与作用极度萎缩,国家全能主义膨胀。单位化成为唯一路径,单位化内部运作也取消了市场化运作方式,完全控制了社会资源分配,进而形成人身控制。因此,与英国模范村、公司镇等其他形式的"单位办社会"是在不得已情况下而为之不同,新中国成立后中国城市社会的单位化则很大程度上是主动为之,是通过国家政治统合与社会改造快速实现的,表现出全面的社会单位化。在此背景下,逐渐消除了市场化的物质供给基础,整个社会资源都纳入到单位体制条条块块的体系中,实现"社会调控从非单位化向单位化转变"(杨丽萍,2006)。单位成为新中国成立后基层社会制度化组织与社会结构的基本单元。单位及其配套的一整套社会安排制度,成为计划经济与再分配体制的基石。单位制度以其功能合一性、生产要素主体之间的非契约关系、资源的不可流动性等方面(路风,1989),将人们的生老病死乃至"吃喝拉撒"的全部生活内容都强制性纳入自己的体系内,形成了独特的社会空间和共性化的生活方式(揭爱花,2000)。同时,个人对单位形成了组织性依附(Walder,1983),形成依赖性结构与家族化的行为准则(李猛等,1996),并影响到工作方式、生活方式、社会交往方式乃至思想意识等多个方面。这种单位化的社会生活实践不仅发生在工人新村等社区与单位大院等场域,也发生在城市街道工业发展后的生活空间,形成社会主义大院。

"一年来,大栅栏地区共建立起九百三十四个社会主义大院。这些大院贯彻落实毛主席学习理论反修防修、安定团结和把国民经济搞上去等一系列重要指示,狠抓了意识形态领域里的阶级斗争。现在是好人好事有人夸,坏人坏事有人抓,出现了立新风、树正气的崭新气象。"[②]

上述四种类型的社会实践中,管理实践是权力通过对单位干部的支配实现的,决定着其他实践的基本内容和形式,是其他单位实践发生的支配性因素。专业(生产)实践是单位存在的目的,是实现社会主义现代化国家的需求所致。社会生活实践和教育实践是为专业(生产)实践而存在的,为其提供体力、智力和思想支撑。

---

① 清河制呢厂厂史编委会.1965.北京清河制呢厂五十年[M].北京:北京出版社:96-97.
② 参见"新生事物在这里茁壮成长"一文相关内容。

4.2.4 单位制度、单位空间和社会实践的关系

作为单位实践的规则、载体和内容的单位制度、单位空间和单位社会是密切联系、相互贯通、不可分割的三个方面,也是单位存在的三个基本维度,缺少任何一个维度,单位将不会"真实"的存在,只能是一种残缺不全的抽象物。

1) 单位制度与单位空间

单位制度是具有空间性的制度,并规定了单位社会实践的内容和形式,从而具有实践性。单位空间不是"空"的、"绝对"的空间,而是社会性的空间,单位空间是单位社会的产物,是单位制度和单位社会实践的结果,从而具有制度性和实践性。反过来,未曾生产一个合适的空间,那么改变生活方式、改变社会都是空话。单位社会实践则是单位制度规定下的实践,是在单位空间中发生的,并成为空间的一部分,社会实践中体现着制度性和空间性。

对于单位空间来说,单位制度是结构性因素,单位制度的需求形塑了单位空间,构成了空间生产的动力。单位的福利保障、生产制度等都导致了特定单位空间的生产,因此单位空间是制度性的空间。脱离单位制度的空间,只能是抽象的、空的和没有意义的非真实空间。而对于单位制度来说,单位空间是其实体,单位制度是投射到单位空间上的制度,是具有空间性的制度。没有空间性的制度只能是构想的、非现实的制度,是不能产生作用的制度。在此,空间是制度的归宿。

2) 单位制度与单位社会实践

相对于单位制度与单位空间之间抽象的关系,单位空间与单位社会实践则更加具体和相互融合。单位社会实践是真实性的活动,因此必然与单位空间发生联系,是空间的主体,不仅界定了单位空间的性质、职能,也融入单位空间。单位空间因为有了单位的社会实践才脱离了绝对的、静止的、空的空间地位,成为活的、具有意义的(社会)空间。在此,借用列斐伏尔的话来概括单位空间与单位实践的关系,即空间性的实践界定了空间,它在辩证性的互动里指定了空间,又以空间为其前提条件。

单位制度与单位社会实践是制约与行动的关系。一方面,单位社会实践发生在单位制度的制约下,单位制度是单位社会实践发生的依据,是单位实践的不同主体间互动的媒介,因此单位社会实践依赖于单位制度。另一方面,单位制度是面向单位社会实践的制度,在单位实践中单位制度得到应用并且被再生产出来,因此单位制度也依赖于单位社会实践。没有实践的制度是构想的、非真实的、不能延续的制度,而没有制度的实践是混乱的、不可想象的、不存在的实践。另外,虽然单位制度具有制约作用,但单位实践的主体是具有能动性的,从而在实际发生的实践活动与制度制约想要达到的效果之间产生了矛盾。因此,单位制度与单位社会实践是相互依赖又相互矛盾的对立统一关系。

3) 单位全能主义的形成

通过几种实践的组合,单位的政治组织、生产及社会管理与服务的综合功能得以形成。一方面,城市社会管理的居(家)委会制度依靠各类经济与行政单位来进行组织建设;另一方面,通过发展街道工业等,各类居委会等基层社会组织形成生产功能。以此,城市社会生产层面的单位化、社会服务层面的单位化与城市社会管理层面的单位化等高度复合浓缩在一起,其目的在于生产建设、政治生活、群众运动等动员组织及其

他诸多方面①,以此形成了中国特有的单位制度、单位空间与单位社会。

在此必须强调的是,由于行动者在社会关系中所处的位置不同,并导致其处于不同的利益关系中,单位的管理实践不可能完全按上级权力部门的设计发生,而单位的生产实践、生活实践和文化教育实践也不可能完全按管理实践的支配发生。单位实际的实践中存在许多"非意图后果",包括效率低下、单位分割、惰性,等等(任学丽,2010)。

4.3 中国城市单位化的逻辑与实践

虽然从原型角度来讲,单位始于企业办社会。但在中国境内,依托计划经济体制和工业化赶超战略,以国家意图为背景和结构化因素,使单位在中国有了更多的国家色彩。从单位自身来说,并不具有市场经济体制下的企业所具有的独立法人地位,更多的是国家计划经济职能的体现。从职能来说,在通常意义的企业办社会的职能外还凸显了基层社会治理的单位化,同时结合单位的政治组织职能,融入了相当多的国家意图,从而使得单位在中国有了鲜明的独特性。因此,从其对城市和国家发展的意义来说,更是超过了一般意义上的企业办社会的功能。

单位在中国的形成是在追求社会主义和国家现代化这一基本目标的过程中,受历史基础、现实条件和偶然因素的共同作用,经过一系列的过程逐渐形成的。既有传统文化和共产党革命实践的影响,也有国际和国内现实条件的制约。正是在这些现实的环境中,在向着国家现代化的建设过程中,城市发展逐渐单位化。从逻辑方面来看,单位是计划经济时期建设社会主义现代化国家的基本工具,是知识支配资源所形成的权力在社会现象层面的表征,表现在制度实践、空间实践和社会实践三个基本维度。在三方面的实践中,制度相对抽象,构成了空间与社会的结构性因素,空间实践和社会实践则相对具体和丰富,表现形式丰富多彩,并且在不同的尺度各有特点,也是最为日常和熟知的领域,其具体表现将在接下来的两章中分别展开。

---

① 在经济组织或者基层社会组织的单位上不断地做加法,这一点是中国共产党人的创造与成功之处。国民党人也曾经面对"一盘散沙"的社会现状,也试图想通过基层社会管理的单位化,发生新生活运动,改造社会管理,加强控制与管理,但是却没有成功。有学者指出:"保甲制度不仅应促进民众的政治组织,还应促进社会的经济组织,可以通过保甲举办生产信用消费各种合作社,使乡村经济能以流畅。故保甲不仅可借以训练民众政治的组织能力,而且可借以训练民众经济的组织能力。"转引自:王云骏.2001.民国南京城市社会管理[M].南京:江苏古籍出版社:182-183.

5　单位化制度实践的空间性

　　(社会)空间总是(社会的)产物,每一个社会、每种生产模式以及每个特定的生产关系都会生产出自己独特的空间(Lefebvre,1991)。在这里,空间永远是具体的、实践性的和历史性的。空间不是社会的反映,而是社会的基本物质向度(王志弘,1998),空间即社会。在此,空间是解读社会及其变迁的基本视角。从社会空间辩证法的角度来讲,空间一方面是社会的结果;另一方面则对社会有形塑作用,是一种结构化的因素。空间性是不同社会发展模式在空间维度的本质性状,是对社会模式空间化的核心特征的抽象与概括。空间性的解读,一方面可以丰富、加深对社会模式的认知和理解;另一方面通过空间的结构性作用,更可以评析空间模式及相应社会组织架构对社会经济发展的影响及其发展的可持续性。

　　单位化制度实践的空间性分析,是从空间维度对以单位为组织架构所形成的城市空间的解析和概括。如第2章所述,从单位空间的展开来讲,主要包括第一空间的物质空间研究、第二空间的行为空间研究和第三空间的心理空间研究等三个侧面。每个侧面都具有相应的特性,即空间性。由于篇幅所限,本章将主要侧重物质空间及其对应的功能,阐述单位化制度实践在空间布局、空间结构和空间组织等方面的特征,最后对空间性进行概括和总结。

5.1　生产职能的中心性

　　新中国成立后,有关城市发展的指导思想认为,城市建设工作必须为社会主义工业化服务,只有当城市的生产恢复和发展了,消费型城市转化为生产型城市,人民政权才能得以巩固(薛凤旋,2009)。经过广泛的讨论,中国共产党及人民政府提出了有关城市发展与规划的指导方针,其中第一条即为"变消费城市为生产城市",并且"所有城市都应有自己的工业"(华揽洪,2006)。这种以发展工业与生产城市为先的逻辑深刻地影响了城市与单位大院的布局。

5.1.1　按生产功能布局的城市空间

　　新中国成立后,早于前苏联专家来华之前,梁思成就撰文指出,"为求使四大功能得到最合理的隔离与联系,吸收近十年来前苏联欧美的经验,应当用四种不同的体形基础",其中,第一个就是分区[①]。随后,通过前苏联专家的介绍与实践,功能分区的思想在中国的城市规划实践中迅速传播开来。功能分区旨在按产业类型和产业联系,依

---

　　① 梁思成.1949.城市的体形及其计划[N].人民日报,1949-06-11.

据产业发展所需组织城市空间的格局。从城市空间来说,以生产为核心的思想使得城市空间布局中工业占据主导地位,城市空间依托工业组团数量多、工业用地比例大,各类型生产单位迅速扩张。

以北京市为例,1949年前苏联专家巴兰尼可夫建议城市区域分配为工业区、住宅区、学校区、休养区①。1953年11月《改建与扩建北京市规划草案的要点》将城市区域划分为"中央机关行政区、工业区、文教区与休养区"。1954年10月关于尽早审批《改建与扩建北京市规划草案的要点》请示进一步将城市空间细化为工业区、行政中心区、仓库区、高等教育区、居住和公建区,并增加了东南郊化学工业区和清河、丰台工业区。这一版方案虽然没有获得中央批准,但基本上成为"一五"计划时期北京城市建设的依据。方案中的工业区与行政区分散布局,为城市空间的单位化确立了依据。各功能区就是在这些理念下,依靠单位进行建设,形成了北京市的空间格局,并影响到其他城市。

再以兰州市为例。该市的发展主要发生在新中国成立后。20世纪五六十年代,该市作为中国内陆国家重点建设城市之一,被逐步建设成为以石油、化工、机械为核心的重化工业基地,并带动了城市基础设施和文教、卫生等事业的发展②。作为一个在单位化时期随新中国工业发展起来的城市,其城市空间结构能更清晰地反映单位城市的空间特点。这里依据兰州市20世纪80年代末期大中型单位③的空间分布状况展开对城市空间的分析(图5-1)。可以看出,行政类和商业类单位集中分布在以南关什字为中心的市中心区域,而文教、卫生类单位则集中在特定的区域。相对前述类型的单位,工业类单位在建成区空间中分布最为广泛,覆盖了从市中心边缘到近郊区的广大区域。工业类单位的广泛分布是国家(重)工业优先发展战略的体现,展现了生产性城市的发展定位。与居民生活密切相关的居住等生活设施则依据职住接近的原则,跟随生产功能的布局而分布。从机理来说,这种格局的形成是国家计划投资形成生产性功能,相应职工的生活需求在单位统筹的模式下形成对应的生活空间,整个城市的空间结构是生产功能主导的结果。

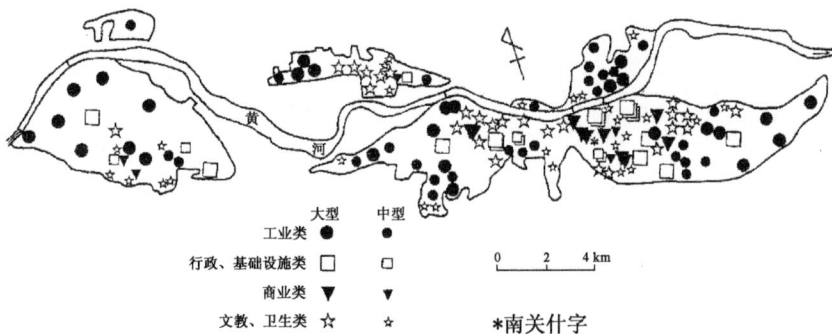

图5-1　20世纪80年代末期兰州市建成区主要单位分布

---

① 北京市规划委员会,北京市城市规划设计研究院,北京城市规划学会.2006.北京城市规划图志(1945—2005)[Z].

② 兰州市计划委员会.1988.兰州市国土资源[Z].

③ 大中型单位的选择标准为:工业类单位依据该市工业普查资料的划分标准;行政基础设施类选择省、市所属、规模较大的为大型,区所属、规模较小的为中型;文教卫生类单位中大学和省、市属以上的大医院、研究所、博物馆及图书馆为大型,中专和区一级设施为中型;商业类单位考虑了经营面积、建筑层数以及具体设施的数量。

5.1.2 生产(专业)功能主导的单位大院

在资源有限的情况下,为实现四个现代化,"先生产,后生活"的思路也反映在资源分配与项目的空间建设上。为集中资源进行建设,资源配置采取按项目展开的方式(Bray,2005),生活性资源与生产性资源同时配置,但只是作为生产的附属。以住房为例,根据 1982 年的统计数据,全国住房一半以上为单位所有,比重达到了53.6%,而私有和地方政府所有分别只有 17.7% 和 28.7%(Kirkby,1985)。各类型的单位主导了住房等生活资源的配置,为实际操作中生产与生活关系的处理和调整创造了便利,居住空间的布局往往随生产布局而定,进而形成了以单位为单元的居住空间分异。

相较于单位生活空间附属于生产项目进行配置,单位大院的空间秩序则更加具体和形象地诠释了生产的核心地位。从大院内部来说,典型的单位大院一般都有工作区和生活区两大部分,每一部分又由次一级空间组成。如机关、事业单位大院的工作区有主楼、辅楼等办公区,企业单位大院的工作区有办公区、厂房等生产区。生活区则较为相似,都可分为住宅区、公共设施区等。另外,在单位大院内部的空间秩序上,往往存在一条明显的"中轴线",生产区和生活区的重要建筑往往分布在轴线上,而其他建筑往往沿轴线对称分布(图 5-2)。可以看出,轴线是单位大院空间布局的主导性因素,透过其构成和分布次序可以很好地理解单位大院的组织理念。

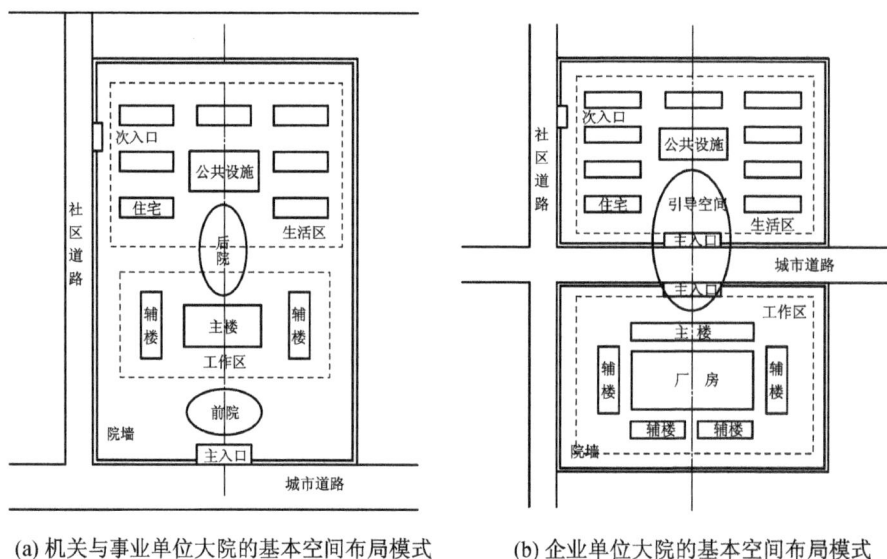

(a) 机关与事业单位大院的基本空间布局模式   (b) 企业单位大院的基本空间布局模式

图 5-2 单位大院的基本空间模式

院落与院落轴线是中国传统空间思维中重要的法则,表现着中国人思维结构中深层的礼法与秩序观念。传统院落空间的轴线可以通过北京四合院、目前我国保存最完整的封建时代县级官署衙门——河南省内乡县衙(刘鹏九等,1995)以及中国古代最高教育机构国子学与象征儒家文化的孔庙相依附修建的典型"庙学"形式的元大都孔庙和国子学(姜东成,2007)的平面布局中(图 5-3)得到展现。这几个院落中,居住、行政办公及祭拜等核心功能均位于空间的轴线上。

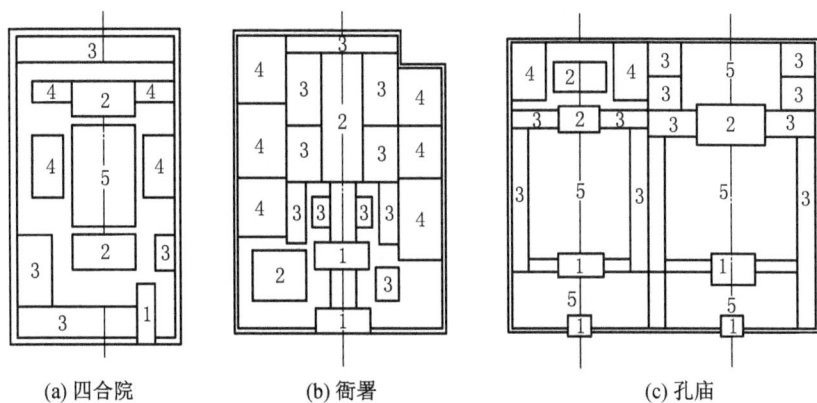

(a) 四合院　　　(b) 衙署　　　(c) 孔庙

图 5-3　中国传统院落四合院、衙署、国子学和孔庙的空间布局

注:1—引导空间;2—专业职能空间;3—辅助职能空间;4—居住空间;5—院落空间。

核心建筑构成功能轴线的空间思维在单位大院的空间布局中得到应用与强化。以新中国成立以后北京建成的两个典型的单位大院平面布局(图 5-4)为例,各建筑的具体功能空间进行了统一的抽象化处理,可以分为引导空间、生产(专业)职能空间、辅助职能空间、居住空间和院落空间五种类型。其中,引导空间包括入口及主要景观通道,职能空间包括大厅、正堂等主要职能所在的空间,院落空间指由职能空间或居住空间所围合而形成的开敞空间。通过比较,可以发现单位大院与中国传统院落的空间布局具有极为相似的"轴线对称"特征。当然,形式上的"前后"不是绝对的位置前后,也可能是"左右""内外";但是,都使用了轴线这一空间手法对主导功能进行组织,也具有强烈的社会性含义的表达。

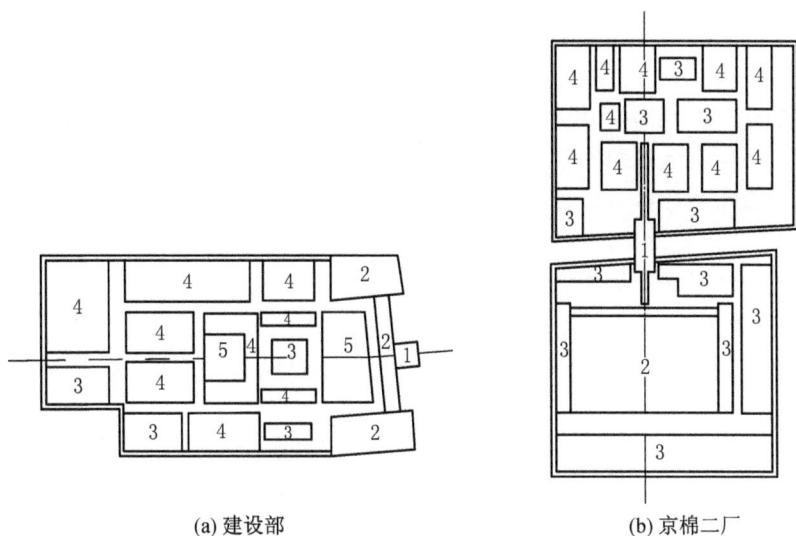

(a) 建设部　　　(b) 京棉二厂

图 5-4　建设部和京棉二厂单位大院的空间布局

注:1—引导空间;2—生产(专业)职能空间;3—辅助职能空间;4—居住空间;5—院落空间。

其次,从轴线所反映的空间次序来看,单位大院生产(专业)功能在表现方式上与传统空间相似,但相对更加直接和开放。从大的先后顺序来说,单位大院空间继承了传统空间的前朝后寝的空间格局。与中国古代的皇城和署衙一样,承载生产(专业)职能的建筑更加对外,而生活等附属性空间则相对隐蔽。从秩序角度来讲,都体现了从核心到次要,从公共到私密的空间转换过程(图5-5)。差别在于,传统的空间布局对于核心功能的展示相对含蓄。无论是四合院、署衙,还是孔庙,从引导空间到核心空间都有一系列的准备和铺垫,逐渐深入才能到达空间的核心。而对单位大院来说,从入口等引导空间到主导单位大院的办公、厂房等核心空间比较直接;从视觉上来说,从引导空间可直接看到单位大院的核心。这种布局方式除展现单位大院的核心职能外,更展现了管理部门的开放性(Bray,2005),是社会主义价值观中群众路线的体现。

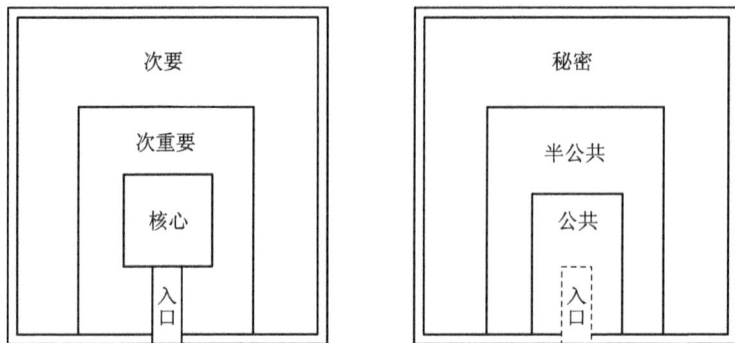

图5-5 单位大院的空间秩序

5.2 生产—生活的匹配性

5.2.1 功能设施的多样性

单位职能的实现需要相应设施的支撑,单位职能的多元化必然导致单位功能设施的多样性。下面首先以京棉二厂为例,对单位大院内部多样性的设施进行展示。京棉二厂位于北京市朝阳区八里庄街道,紧邻东四环,始建于1954年,1955年正式开工生产,是我国第一个全部采用国产设备、规模最大的棉纺织厂,与原京棉一厂、三厂、印染厂和中国纺织科学研究院等机构共同构成了纺织城。1955年末拥有职工3 600多人,20世纪80年代中期职工人数最多,有9 500多人[①]。20世纪50年代建厂之初,京棉二厂就配套了教育、医疗、食堂等生活设施,此后不断完善和调整,设施的空间布局随之相应变动。

1957年,京棉二厂基本全面建成。除生产设施、办公设施和住房建设以外,单位大院内部还配套了职工医院、礼堂/食堂、理发室、浴室、幼儿园、小学、中学、俱乐部、招待所等生活服务设施(图5-6),基本满足了单位职工日常工作和生活的需要。与最初的规划蓝图相比,京棉二厂内部的空间布局发生了一些变化。一方面,单位内部的生活服务设施逐渐完善。初步建成时,京棉二厂内部的厂办教育机构包括了托儿所、幼儿园、小学、中学乃至纺织工业学校等相对完整的体系。另一方面,单位大院中的局部

---

① 京棉二厂厂庆三十年总结资料编写组.1989.京棉二厂厂志[Z].

地块发生了用地的缩减。生活区西南角临街的八里庄合作社,建成时土地使用权已不属于京棉二厂;生活区北部的待开发地块也已经属于其他单位的住宅用地;单位生活区的东面由于在京棉二厂与北京印染厂之间新建一条城市道路,从而改变了规划蓝图中生活区东南角用地的居住功能。

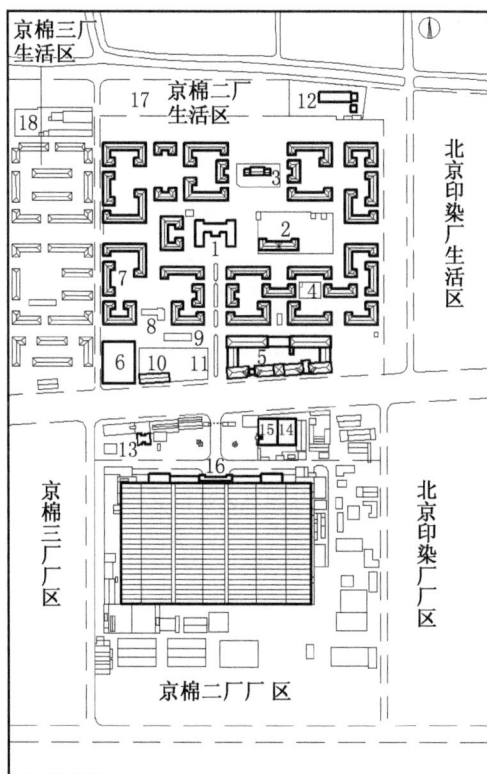

图 5-6　1957 年京棉二厂的设施构成

注:1—礼堂和食堂;2—小学;3—幼儿园;4—花房;5—单身职工宿舍、职工医院、清真食堂;6—八里庄合作社;7—住宅;8—纺织工业学校;9—母子宿舍、商业服务;10—邮局;11—球场;12—八里庄二中;13—生产区托儿所;14—生产区浴室;15—车库;16—生产区办公楼;17—待开发地块;18—八里庄一中。

　　从功能来说,京棉二厂单位大院的内部设施可以分为生产类设施和生活类设施两个大类,分别对应单位大院内的生产空间和生活空间。在生产类设施中,居于核心和主导地位的是办公管理及生产厂房,而车库、仓库、生产区浴室等是生产辅助设施。相对而言,生活类设施更加复杂和多样,用以满足职工多样化和不同代际的生活需求。具体类型包括居住类、就餐类、教育类、医疗保障类、商业类、休闲娱乐类,等等。其中,居住类设施最多,又分为家庭式住房和单身宿舍。就餐的食堂兼作礼堂使用,用于开展集体活动,同时还配有清真食堂。教育类设施则包括面向职工的工业学校和面向下一代的幼儿园、小学和中学等。另外,还包括医院、商店和操场等设施,共同构成了全面满足职工生活的多样化设施。

　　接下来再看西北师范大学的例子。该校在 1958 年之前是教育部直属的重点院校之一,其空间结构反映了高校单位大院的基本特点(图 5-7)。整体而言,校园依据功能和使用主体分为学生生活居住区、教育研究区和教职工生活区三个相对独立的区域。学生生活区包括学生宿舍、学生食堂以及商店等设施。教育研究区围绕学校的教学和科研展开,不仅有教室、办公室等设施,还包括附属工厂、图书馆及操场等服务设施。教职工生活区的设施更加复杂和多样,不仅包括职工生活所需的住宿、餐饮等设施,还包括为子女教育服务的幼儿园及小学和中学。就功能结构而言,西北师范大学的空间构成与京棉二厂相似,围绕单位的核心功能及职工的生活需求进行组织。但与企业单位大院不同,高校大院还有学生生活服务区,通过多样化的设施满足学生的不同需求。

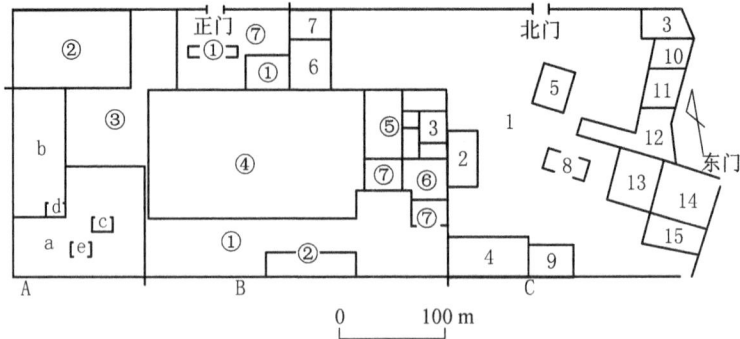

图 5-7　西北师范大学的设施构成

注:A—学生生活居住区;a—学生宿舍;b—学生食堂;c—书店;d—日用品店;e—供暖设施。B—教育研究区;①—教育研究设施;②—附属工厂;③—植物实验室;④—运动场;⑤—图书馆;⑥—供暖设施;⑦—绿地。C—教职工生活区;1—员工住宅;2—员工食堂;3—公共食堂;4—医院;5—礼堂;6—招待所;7—供电设施;8—煤气设施;9—家具工厂;10—供水设施;11—公园绿地;12—附属中学;13—附属小学;14—幼儿园;15—运输队。

5.2.2　土地利用的混合性

本章所说的土地利用混合性主要指在单位大院内,土地利用类型的多样性所导致的、在一定空间范围内土地利用结构的非单一化。单位大院土地利用的混合性是单位职能的多元性和设施的多样性共同作用的结果。

同仁堂位于北京市东南三环附近,是一个以工厂为核心、周边围绕居住区的典型单位社区(张纯等,2009)。根据同仁堂建设档案,其1976年用地结构如下(表5-1):比重最高的是仓储用地,达到了51.36%,其次为行政办公和工业用地,比重分别为21.18%和19.95%,三者合计超过了90%。这三种用地类型都直接与生产有关,从侧面印证了单位空间中生产职能的核心地位。剩余的用地类型包括居住和商业服务,比重分别为5.57%和1.94%。到了1984年,用地结构出现了一定的调整。行政办公和仓库所占比例大幅度降低,而商业服务业和在建用地面积显著增加,反映了用地职能的调整。从类型来说,单位大院内的土地利用类型更加多样,混合度有所提升。

表 5-1　北京市同仁堂药厂 1976 年和 1984 年的土地利用结构

序号	用地性质	1976 年		1984 年	
		面积(m²)	比例(%)	面积(m²)	比例(%)
1	居住	11 032.0	5.57	2 902.0	1.56
2	行政办公	41 968.2	21.18	10 477.4	5.62

序号	用地性质	1976 年		1984 年	
		面积(m²)	比例(%)	面积(m²)	比例(%)
3	商业服务	3 845.0	1.94	19 703.2	10.57
4	科研设计	0.0	0.00	0.0	0.00
5	工业	39 535.6	19.95	50 303.4	27.00
6	仓储	101 776.0	51.36	35 993.3	19.32
7	绿地	0.0	0.00	5 180.2	2.78
8	在建用地	0.0	0.00	61 765.3	33.15
9	总面积	198 156.8	100.00	186 324.9	100.00

通过同仁堂药厂土地利用结构的空间图示可以更直观地了解土地利用的混合性(图 5-8)。不同利用类型的土地以斑块的形式组合在一起,形成拼贴的空间结构。随着单位的发展和功能的调整,土地利用的斑块变小,土地利用的混合程度有所提升。

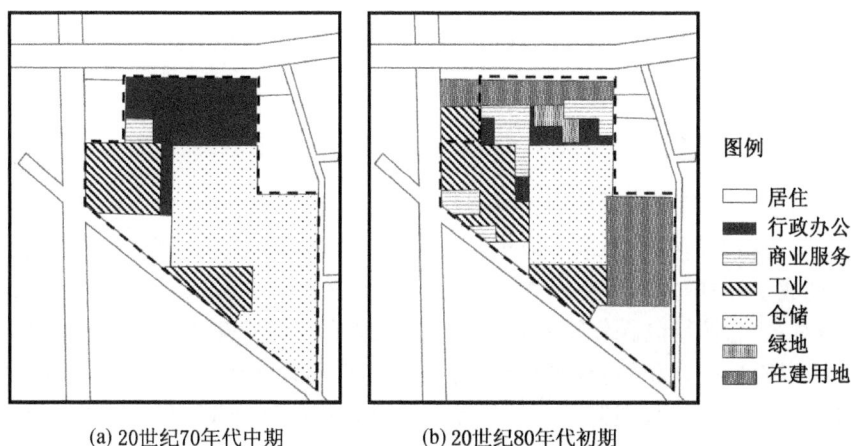

图例

☐ 居住
■ 行政办公
▤ 商业服务
▨ 工业
⋯ 仓储
▥ 绿地
▦ 在建用地

(a) 20世纪70年代中期　　(b) 20世纪80年代初期

图 5-8　北京市同仁堂土地利用结构及其变化

北京市石油大院的土地利用也充分反映了混合性的特点。该大院位于北京市海淀区学院路 20 号,始建于 1953 年,1969 年之前为北京八大院校之一的"石油学院"所在地,1969 年石油学院搬迁至山东东营,石油勘探开发研究院迁入,经过多年发展,成为以石油勘探开发院为主体的石油大院(杜春兰,2012)。该大院 20 世纪 80 年代初的土地利用主要包括居住、居住配套、办公、教育、工厂和绿地等类型(图 5-9),涉及生产和生活的多个方面。就各类用地占比来看,最高的为办公用地(35%),超过了总面积的 1/3,其次为居住用地(27%)和居住配套用地(17%)。其余类型用地的比重都较低,包括教育用地(8%)、工业用地(6%)、其他(4%)和绿地(3%)(杜春兰,2012)。

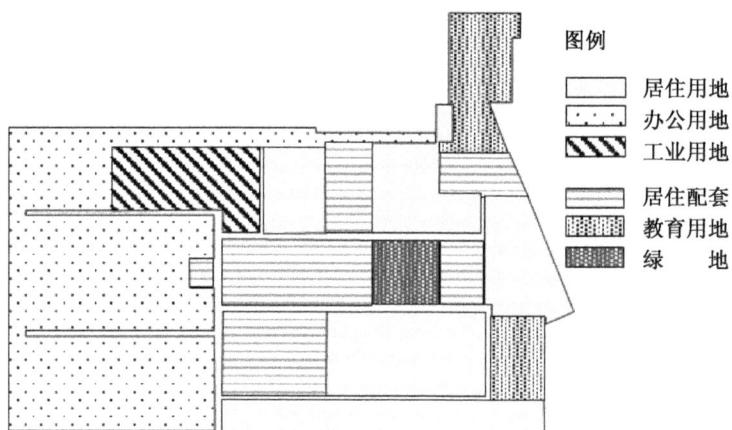

图 5-9　20 世纪 80 年代初北京市石油大院的土地利用结构

5.3　城市空间中的封闭性

相对城市空间而言,单位是一个具有较强独立性和自我运行特征的"城市中"的空间,虽然与城市空间有多种类型和方式的互动与交流,但与单位内部交流的深度和广度而言,要低很多。这不仅源于院落等物理空间的封闭性,更深层次地根植于其生产生活空间组织模式的封闭性。

5.3.1　建筑的封闭性

从实体建筑角度来讲,单位大院的封闭性显而易见。构成单位大院建筑封闭性的要素包括院墙和大门两个要素。通过二者的连接,单位大院的封闭性得到最直接的视觉展现,构成了"城中之城"(乔永学,2004)。两个要素中,墙是实现封闭的主要工具,这一点是对城墙、坊墙区隔作用的继承。单位大院的院墙一般都采用实体材料(如砖)砌筑,高度以阻挡视线和阻止翻越为原则。更有甚者,墙顶上布有铁丝网和碎玻璃,区隔了墙内与墙外的空间,塑造了一个外界不易进入的内部空间,产生了相对的私密性和安全感,构成了所属单位的空间边界。

相对院墙的不可穿透性,大门则构成了有条件限制的单位大院内外连接的通道。对于单位成员来说,大门是回到单位的标识。而对非单位成员来说,则意味着进入某一领地,需要相关的证件或证明,以验证可以进入的条件。对很多单位来说,有主门和次门之分,前者具有公共性,与单位的主楼和核心功能相连接,面向城市的主要街道,也是单位对外的象征,不仅可以看到单位的名称,更通过建筑的规模、风格等展示单位的性质、地位等隐性要素。次门具有私密性和生活性,其位置相对隐蔽,多与单位的生活区相连接,构成居民日常生活休闲、购物等活动的出入通道。

单位大院的空间封闭性也可通过量化指标来衡量,如围合度(张纯等,2009)。围合度可以用单位空间外围的周长与大门的数量之比来表示。围合度越高,单位空间的封闭性越强。围合度也可用来比较不同时期单位空间封闭性的变化以及单位之间封闭性的差异。仍以北京市同仁堂为例,该单位大院在 20 世纪 70 年代中后期外围周长有 2 109 m,但只有 3 个大门,大门间的周长间距达到了 703 m(张纯等,2009)。但对单位职工来说,仅有 1 个大门可以出入,另外 2 个为货运专用大门,单位居民生活空间的围合度很高。后期随着大门数量的增加,围合度逐步降低(图 5-10)。产生这种封闭性的一个重要原因是单位管理的需要,即用来记录考勤、监督货物[①]和防止外来人员进入。从效果上来说,这种封闭性虽然造成了职工出入不便,但对大院内部的生活来说却有助于形成安全、内向和促进互动的空间。

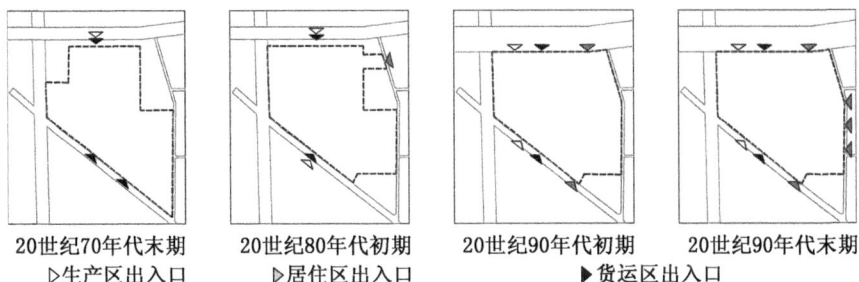

| 20世纪70年代末期 | 20世纪80年代初期 | 20世纪90年代初期 | 20世纪90年代末期 |

▷生产区出入口　　▷居住区出入口　　▶货运区出入口

图 5-10　北京市同仁堂单位大院的空间围合度变化

5.3.2　空间结构的封闭性

相对单位院墙和大门的物理区隔,单位自成一体的空间结构能更深刻地展现单位空间的封闭性。这种空间结构的封闭性以京棉二厂表现得最为明显(图 5-11)。该单位大院以朝阳路为界,分为南部的产品生产空间(生产区)和北部的职工生活空间(生活区),两部分功能相异,但密切联系。产品生产空间是整个单位大院的核心,也是单位得以存在的根本理由,正如《京棉二厂厂志》所述,筹建京棉二厂就是为了满足首都人民对纺织品日益增长的需要。相对而言,职工生活空间处于从属的地位,是产品生产空间需求的结果。从逻辑关系上来说,产品生产产生了对劳动力的需求,进而导致劳动力再生产的需求,正是其空间化形成了职工生活空间。京棉二厂职工既是产品生产空间的劳动供给者,也是生活空间的使用者。

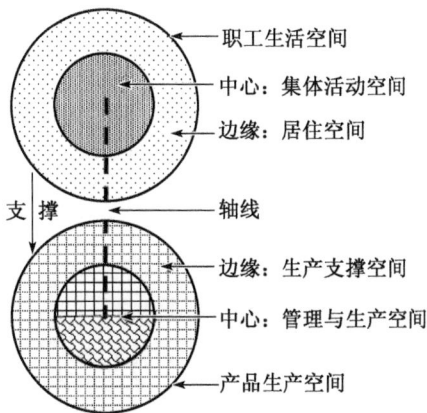

图 5-11　京棉二厂封闭性的空间结构

产品生产空间和职工生活空间内部也都存在中心—边缘的空间结构。产品生产空间的中心是由办公楼和厂房构成的管理与生产空间,而边缘则是由库房、生产区浴室、车库、托儿所及维修设施等形成的生产配套空间。管理部门的办公楼位于产品生产空间进入后的首要位置,显示了党的领导的重要性(Bray,2005)。相对边缘的生产配套空间从功能上来说,分为直接服务于生产的库房、维修间等设施和服务于劳动者的浴室、托儿所及食堂等设施。后者通过满足劳动者的需求而间接服务于产品生产活动。

职工生活空间的中心由礼堂、幼儿园及小学等公共设施构成,住宅在其边缘布置。

---

①　为了防止本单位职工私自将产品和原料带出单位,曾一度在下班时于大门安排保卫科人员对每个员工的手提包进行检查。

从空间格局来说,生活区是按周边式街坊空间思想进行布局的。该布局在空间上一般有强烈的轴线,建筑沿街道走向布置,住宅有南北走向,也有东西走向。公共建筑位于居住区中心,表现出强烈的形式主义倾向和秩序感。在空间的中心,礼堂/食堂是重要的集体活动场所。除集体就餐外,礼堂还是会议、电影及其他集体活动的场地。因此,也就构成了单位内部管理及集体主义塑造的重要场所。而幼儿园和小学是对下一代单位人进行思想和文化知识教育的场所,也属于劳动力再生产的重要内容。住宅构成了职工生活空间的边缘部分,居民以个人或家庭的形式进行生活活动。从在职工生活中的功能来看,生活空间的中心设施具有明显的精神与文化思想指向,而边缘的住房、医疗以及操场等设施具有隐藏的生理和身体指向的特点。

5.3.3 空间组织的封闭性

不仅是静态的空间布局,单位大院内部动态的活动循环也深刻地反映了其空间组织的封闭性。活动循环的核心是产品生产循环,并在其需求的基础上派生出了职工及其家属的生活循环。后者进一步根据代际和时间尺度的差别可分为当代职工的日常活动循环、当代职工的生命历程、职工子女的日常活动循环和职工子女的成长历程等4种类型(图5-12)。

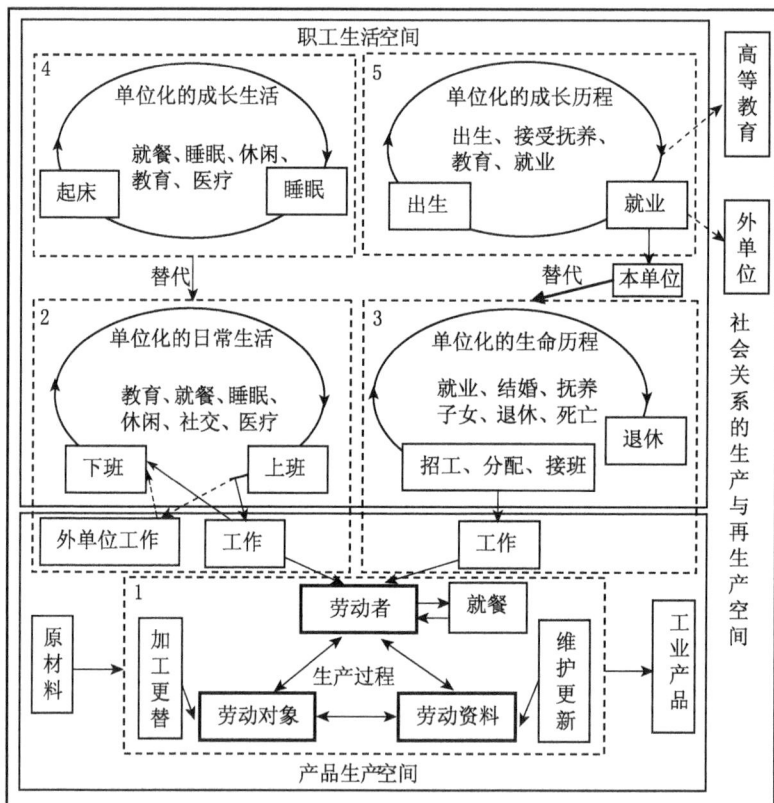

图5-12 京棉二厂封闭性的空间组织

注:1—生产活动循环;2—职工日常活动循环;3—单位职工生命历程;4—职工子女日常活动循环;5—职工子女成长历程。

1）产品生产循环

棉纺织是京棉二厂产品生产循环的基本内容,该活动在产品生产空间组织和展开,并构成了该空间组织的核心。产品生产是劳动者、劳动对象和劳动资料在厂房内互动的过程。在生产过程中,原材料分批次以劳动对象的形式进入产品生产空间,并转换为工业产品。此过程的一端是劳动对象的连续输入,另一端是工业产品的连续输出。厂房和机器设备等构成的劳动资料为一次性投入,以固定资产的形式为产品生产过程提供空间和平台,在生产过程中被连续使用和维护更新。京棉二厂职工以劳动者的身份进入产品生产空间,通过操作机器加工原材料实现劳动力作用的发挥。受生理因素限制,劳动者以“三班倒”的形式组织,每班 8 小时,中间有半小时就餐时间,内容包括开关机器、就餐及短暂休息等①。从 1979 年 12 月开始,实行“四班三运转”的劳动时间安排。产品生产循环中,与主要棉纺织相对应的还有支撑性的生产活动,包括原材料及产品的运输及储藏、机器及厂房的维护,等等。

2）单位职工日常活动循环

职工的日常活动包括工作活动和为其进行脑力和体力准备的生活活动两部分。前者发生在产品生产空间,后者主要在职工生活空间完成,包括睡眠、就餐、休闲、医疗等,两种活动的时空分界点是上班和下班。从关系上来说,工作是单位职工日常活动的核心,其刚性的时空制约主导了单位职工的整日活动,表现为“三班倒”的工作安排对睡眠、就餐等日常活动的支配,并形成了相应的跨越职工生活空间和产品生产空间的时空利用模式。职工生活空间相对完备的生活设施在很大程度上降低了职工从外部获取日常生活用品的必要性,而增强了对产品生产空间的依赖。与京棉二厂职工日常活动循环相对应的是,在外单位工作的京棉二厂职工家属的日常活动循环。其形成过程同样是工作活动支配的结果,区别在于工作活动在外单位空间实现,时间制约也有所区别。

3）单位职工生命历程

单位职工主要通过招工、分配以及调动等形式进入企业,并由此开始其具有鲜明单位人特征的生命历程。在此过程中,重大生命事件主要包括就业、结婚、抚养子女、退休乃至死亡等。从计划生产的组织来看,职工单位化生命历程的原动力来自生产活动对劳动力的需求,起点是单位的就业。这反映了单位生产活动在其中的主导作用。从过程来看,整个生命历程都有深刻的单位烙印,是一种单位化的生命历程。具体影响主要包括以下几方面:(1)单位提供证明,即单位证明职工身份和行为的正当性和合法性,是生存最重要的前提条件。(2)单位提供资源。单位不仅为职工支付工资和退休金,还以福利的形式提供住房、医疗、教育等多种多样的生活设施,是职工生存最重要的物质基础。(3)单位组织、参与活动与事件的发生。除单位组织职工参与生产形成产品生产循环外,单位还在其他方面有广泛的组织和参与。具体包括物质资源的配置、职工的学习和教育、集体活动的组织,等等。

4）职工子女日常活动循环

该循环指职工子女在参加工作或外出接受高等教育之前所经历的日常活动模式的重复。从日常活动的安排和时间来说,该循环始于起床,终于晚上的睡眠,中间的活

---

① 三班倒的时间分别为:早班:6:30—14:30,就餐及休息时间为 10:00—10:30。中班:14:30—22:30,就餐及休息时间为 17:00—17:30。晚班:22:30—6:30,就餐及休息时间为2:00—2:30。

动主要包括就餐、教育、休闲、医疗,等等。不同成长阶段的职工子女其日常活动会有些差异,如幼儿阶段、小学及中学阶段之间的不同。但从空间来看,这些活动主要在该厂的职工生活空间,并依托单位提供的多样化设施实现,并且相对于职工的日常活动范围而言更加集中。根据职工子女日常活动陪护的差别,可以将其分为与父母(其他家庭成员)在一起的活动和与单位公职人员(教师等)在一起的活动。后者得以主要在职工生活空间实现的重要基础是单位提供的教育设施及其相应的单位职工服务。相对住房而言,单纯面向下一代劳动力再生产的设施更深刻地体现了单位的社会职能,同时也是职工顺利投入工作的重要支撑。

5)职工子女成长历程

对职工子女来说,从其出生伊始便开始了单位化的成长历程。由于京棉二厂提供了从幼儿园一直到中学阶段的全部教育功能和设施,职工子女依托单位大院的成长历程会一直持续到中学教育结束。在这一过程中,职工子女要经历出生、接受抚养、接受不同阶段的教育等具有阶段性的过程。与单位职工的生命历程相似,其过程同样深受所在单位的影响,包括获得身份与资源和接受单位的组织与安排,等等。依托单位大院的成长经历结束后,职工子女下一阶段的历程基本有三种开始的选择,即外出接受高等教育、外单位就业和本单位就业。其中,本单位就业将替代上一代单位职工的生命历程,形成单位内部代际之间的劳动力循环[1],而前两种情况则会形成单位之间的劳动力循环。综合而言,单位大院内部不同的活动相互组合,形成了封闭性很强的空间模式。产品生产循环与劳动力再生产循环相互依赖,大大降低了对城市空间的需求。对设施完备型的单位而言,相对外部的独立性更加明显。

5.4 空间表现的丰富性

不同类型的单位空间都具有生产职能的中心性、生产—生活的匹配性和城市空间中的封闭性等特点,但从具体的空间设计及表现来说,不同的单位之间存在一定的差异性。从生活区规划设计的指导原则来看,不同时期先后经历了邻里单位、大街坊以及小区等不同概念,也塑造了不同单位空间表现的丰富性。

5.4.1 邻里单位

邻里单位是西方国家城市规划界提出的住宅区基本单位,是一个在某种限度之下能自给自足的小单位。邻里之内有一个邻里中心,设置商店、小学校、卫生站、菜市场、娱乐场、运动场、儿童游戏场、公园,等等。邻里之内不许过境汽车穿过。邻里的半径不超过儿童可以由家到学校的步程。邻里内的人口与房屋密度有一定的规定,使每家都有充分的空气、阳光、庭园。每个邻里都与工作区有合理的联系[2]。

受到西方的影响,邻里单位的思想也运用在新中国成立后早期的城市规划中。1952年,北京市都市计划委员会提出的甲、乙两个总体规划初步方案都提出了"邻里单位"的设想[3],几乎完全采用、完全吸收了佩里的概念,邻里单位一度成为主流的设

---

① 据《京棉二厂厂志》记载,仅1981—1984年职工子女顶替进厂工作的就有403人。
② 梁思成.1949.城市的体形及其计划[N].人民日报,1949-06-11.
③ 北京市规划委员会,北京市城市规划设计研究院.2004.北京城市规划志[Z].

计理念。1952 年在复兴门外大街南侧建成了一片邻里住宅,并在真武庙头条南侧建成 11 幢二层花园式住宅。华揽洪(2006)先生设计的幸福村,规划布局就采用了邻里单位的思想,布局相对自由,上海曹阳新村也"不能否认是带有邻里单位思想的"(汪定曾,1956)(图 5-13)。

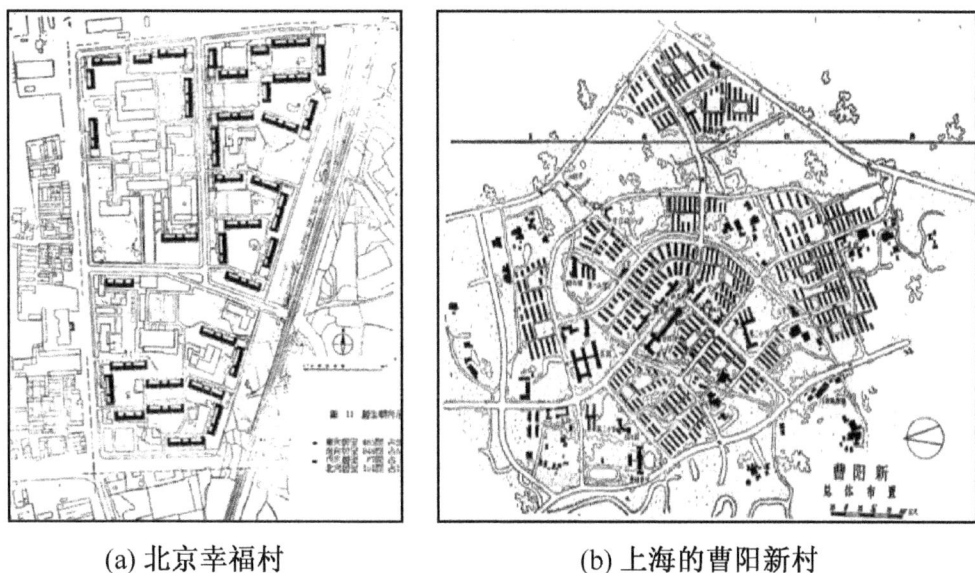

(a) 北京幸福村 (b) 上海的曹阳新村

图 5-13 单位化时期邻里单位的设计案例

5.4.2 从大街坊到小区

1954 年《改建与扩建北京市规划草案的要点》正式引进前苏联的大街坊(Super Block)的规划理念[①]。建设的目的包括,"合理分布居住人口,保证劳动人民享有各种市政、文化福利设备以及减少通大街的小胡同口",因此"新建地区应采用大街坊制度""改建地区也应逐步地把密集的小胡同改造为大街坊"[②]。规划布局是由方格式路网分隔成若干街坊组成。每个街坊占地约为 1—2 hm²,统一规划设计与建设,配套建设生活服务设施与绿地,保证居住区具有良好环境。住宅沿四周道路边线布置,并强调轴线和对称(图 5-14)。建筑层数不低于四、五层,主干道两侧及广场周围建筑略高一些。建筑风格上多采用清水砖墙、木架坡屋顶,以及现浇或预制钢筋混凝土楼板。平面为一梯两户或三户,每户有厨房、厕所、上下水和采暖设备等[③]。

周边式或者双周边式布置的住宅区在 20 世纪 50 年代初期和中期比较普遍(图 5-14),如北京酒仙桥电子管厂职工生活区、百万庄住宅区、三里河住宅区(李宏铎,1956)、长春一汽、洛阳矿山机械厂[④]等,成为人们常说的"苏联风格"的主要根据[⑤]。双

---

① 大街坊这种组织形式虽源于前苏联,但在东欧国家普遍流行,如奥地利的马克思大院,以独特的都市建筑语汇塑造了沿街区边布局的封闭、内向的巨型院落式居住区。

② 北京建设史书编辑委员会编辑部.1987.建国以来的北京城市建设资料(第一卷 城市规划)[M].北京:北京建设史书编辑委员会编辑部.

③ 北京市规划委员会,北京市城市规划设计研究院.2004.北京城市规划志[Z].

④ 洛阳矿山机械厂.1986.洛阳矿山机器厂志[Z].

⑤ 在建筑风格上多有采用中国特点,如大屋顶、垂花门、斗拱、檐椽、彩绘等建筑形式。

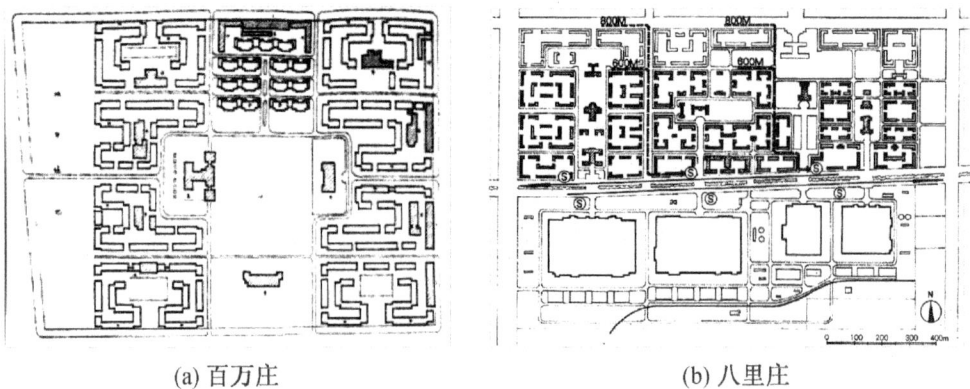

(a) 百万庄　　　　　　　　　　　　　(b) 八里庄

图 5-14　单位化时期大街坊的设计案例

周边式组合形成的院落,与周围道路隔开,能为居民提供安静的居住环境,有利于创造集体主义生活方式(李之吉,2007)。但是,"由于过多追求形式,产生了许多死角和阴影面,不利于通风和日照;住宅组团内部迷离曲折,犹如迷魂阵,缺乏识别性,使人不容易找到家。这种周边式街坊的布置形式之后很少采用"①。

　　在前苏联专家的指导下,1957 年提出了《北京城市建设总体规划初步方案》,住宅区改以"小区"为组织城市居民生活的基本单位。其设计理念与邻里单位基本类同,其面积从原来的 9—15 hm² 扩大到 30—60 hm²(一般每隔 500 m、600—800 m、1 000 m有一条城市道路),人口 1 万—2 万。小区的最小规模是以能设置一个小学校为基本条件,最大范围取决于经常性生活服务设施的服务半径,小孩上学、送托和居民购买日常生活用品可不出小区考虑,更好地为居民提供安全、清静、方便、舒适的居住环境②。此后,小区规划的原则和手法在我国流行开来,不断得到发展。

　　以建于 1958 年的兰州电机厂为例,该厂的生活区在设施布局和空间结构上体现了小区的空间特点[图 5-15(a)]。建筑布局以行列式为主,相对较为规整。而北京市核二院社区受到邻里单位与大街坊的影响,保留着周边式、多单元、长板楼的布局特点,部分还有行列式的布局形式,表现出混合的建筑空间类型与设计理念[图 5-15(b)]。

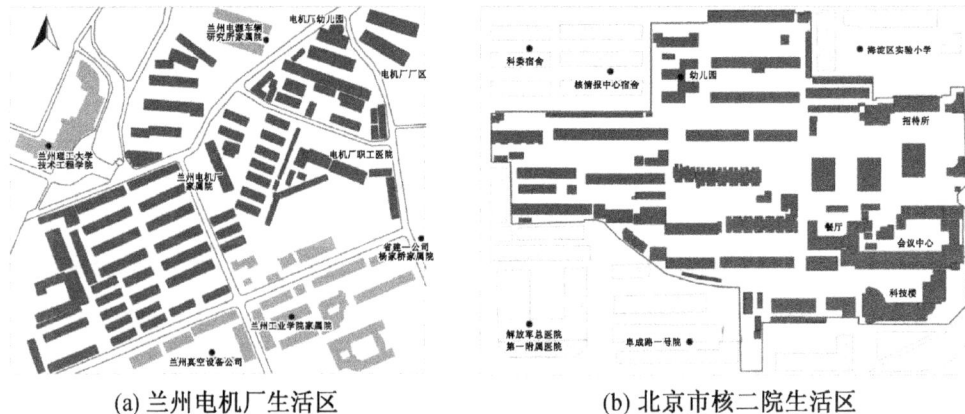

(a) 兰州电机厂生活区　　　　　　　(b) 北京市核二院生活区

图 5-15　单位化时期小区的设计案例

①②　北京市规划委员会,北京市城市规划设计研究院. 2004.北京城市规划志[Z].

5.5　以生产为核心、封闭性的空间综合体

5.5.1　单位化制度实践的空间特性

计划经济时期的中国城市是"单位城市"，社会经济和政治文化的正常运行是依托单位进行的。国家通过单位一方面实现了有限资源的集中利用，另一方面实现了城市居民的组织和管理，通过两方面的互动构建了追求国家现代化目标的基本工具。每个具体的单位是整个系统的一个零件。单位成为了中国计划经济时期探索共产主义和国家现代化道路在城市中的表达。

城市空间是单位化的空间，单位大院是城市空间的基础性单元。对每一个典型的单位大院来说，都是一个以生产为核心的空间综合体，囊括了多种功能与属性。首先，单位空间是生产与生活的空间综合体。以生产为核心创建单位，同时为单位成员提供基本的生活设施，从而形成了生产与生活一体化的空间。其次，单位空间是政治组织、社会管理与居民服务的空间综合体。单位的多重功能决定了单位空间的多重属性。单位的政治动员功能使其成为一个基本的政治组织空间。同时，单位还是社会管理与服务的基石，单位空间是计划经济时期基层社会管理与服务的基本落脚点。再者，单位空间是单位成员日常行为与心理归属的空间综合体。单位空间的综合功能及相应的管理与制约，塑造了单位成员基本的日常行为空间，并与单位大院高度重合，构成了单位居民的基础生活圈。在此基础上，长期的单位大院内的生活塑造了居民对单位空间的归属感。

5.5.2　单位化制度实践的空间影响

计划经济时期以单位为架构的城市生产和生活组织不仅彻底改变了新中国成立之前的混乱无序状态，还支撑了国民经济的恢复与发展、国家实力与国际影响力的提升，同时避免了许多城市病的发生。单位大院的功能混合极大地降低了居民因通勤导致的交通需求，降低了城市发展的交通压力。同时，较小范围内满足居民日常生活的多元化设施方便了居民的生活，对提高居民生活质量有重要意义。对居民自身来说，不仅获得了稳定的工作，还有多方面的社会保障。通过单位空间，单位人获得了强烈的地方感和心理归属。

理想蓝图式的制度安排隐藏了多方面的非意图后果，最突出的表现是效率低下和发展的不可持续性。从城市空间角度来讲，单位空间的封闭性和独立性降低了城市空间整体的利用效率。一方面，难以从城市的整体利益出发，对不同单位进行布局调整和空间优化；另一方面，单位之间相互独立，"大而全""小而全"的模式不利于规模效应的发挥，降低了资源的使用效率。对单位人来说，其代价是对单位的全面依赖和选择机会与生活多元化被压制，同时"先生产、后生活"的指导思想降低了社会福利的水平。从生活与工作的角度来讲，以生产为中心的空间设计下的单位人是失衡的，体现了较强的"以生产为本"的空间及其对居民行为的制约。这些不足为城市空间从单位化的模式走向去单位化的调整埋下了伏笔。

6 单位化制度实践的社会性

　　单位是计划经济体制下以各行业系统的就业机构为中心组织生产和生活的直接结果,其组织结构具有纵向贯通与横向闭合的特征,常被喻为"伞状结构",具体来说包括国家的统御性、单位的归属性、横向的闭合性、纵向的贯通性和"条"与"块"的矛盾性等特征(刘建军,2000a)。单位制度实现了社会的高度组织化,彻底改变了过去社会组织混乱、无序的状态,在国家—单位—个人的整体结构下建立了新的社会组织形态。在这种社会形态中,一极是权力高度集中的国家和政府,另一极是大量相对分散和相对封闭的一个个单位组织,从而形成了独特的两极结构(李汉林,2008)。这种结构中具有全面的、自上而下的依赖性向度,即下级对上级的依赖以及个人对单位的依赖(李汉林等,1999)。国家将一切权力掌握在自己手中,同时就剥夺了其他任何权力,基本上完全取代了社会(布鲁斯,1989)。因此,这种社会是一种国家派生出来的社会,单位制度也就成了中国政府推行社会主义的组织基础(卢汉龙,1999)。从单位内部来看,单位成员对单位依赖的结构中存在"交换关系",即单位人通过对单位的依赖交换单位为其提供的各种资源,而且这种交换具有全面性、强制性和政治性等特征(李汉林等,1999)。在生活领域集中体现为"保护—束缚"的机制,单位就像一个大家长,提供一切,又控制一切(揭爱花,2000)。因此,单位社会事实上是一种"总体性社会"(孙立平,1993;孙立平等,1998)。这种总体性社会克服了旧中国"一盘散沙"的总体性危机。本章,将从单位社会的组织性、日常生活的制约性、居民心理的地方性等方面,分析单位化制度实践的社会性,归纳单位化社会下以生产活动为核心的、组织化的生活共同体特征。

6.1　单位社会的组织性

6.1.1　职业同质的居住空间格局

　　由于单位大院的封闭性,单位主义下的中国城市具有独特的社会空间结构。"单位办社会"形成的封闭的单位社区,呈组团状广泛分布在城市地域,特别是新建城区。居民职业构成清晰,居住用地与生产用地之间有明显的界线和隔离带(刘君德等,2004)。在这一时期,一个完整的城市,其内部却有着明显的疆界痕迹,每一街道型的社区都有明显的界线(张鸿雁等,2000)。由于体制上的条块分割,城市区划就出现了明显的集团边界,这些边界或以大面积的围墙为标志,或以几米未接通的柏油路为符号,或以不同年代、不同风格的建筑为象征。这种分割式的区划关系使一座完整的城市显得支离破碎,显示了体制上高度集中与高度分割并存的特性(邓晓梅,2002)。尽管在单位居住空间内存在一定的等级分化,但是在整个城市空间尺度上,只能形成由众多单位居住组团相互组合而成的相对平等、均一的巨型蜂巢式社会地理空间结构(吴启焰等,1999)。

以北京市为例,新中国成立后的国民经济迅速恢复的"一五"时期,国家机关、团体以及企事业单位的增加使北京市人口迅速增加,住房供求矛盾日益突出。限于当时的经济、技术条件的限制及迫切解决住房短缺问题的要求,市政府统一在二环外的安乐林(永定门外)、左家庄(东直门外)、九王坟(朝阳门外)、扣钟庙(阜成门外)、真武庙(复兴门外)等地建设了一批砖木结构的行列式平房,此后又陆续建设了一批筒子楼。这就是在京机关团体事业单位职工的聚居地(张文忠等,2003)。20世纪50年代中期,市政府在北京西、南、东及东北郊布置了大片工业区,并以就近居住为原则,在近郊的工业区内建设了以三层砖木结构为主的职工住宅。"大跃进"时期,市政府又统一在二环外、比邻三环的车公庄、三里屯等地建设了低标准小面积住宅,并按前苏联居住小区的规划理论,统一建设了一批新型住宅小区,如虎坊路小区、龙潭小区、八里庄小区、和平里居住区等。许多规模较大的国企、市属的工厂企业单位职工相应地集中分布在居住区。而内城的四合院和大杂院式的平房,分为(房管局的)直管公房、私房和单位自管房。其中直管公房面积约占住房总面积的50%,按照"充分利用"、"以租养房"的政策,承租给市属或者区属企事业单位的职工,而众多的街道办工厂、区级小工厂或者规模较小的集体企业也通过"国家经租,公私合营"的方式将社会主义公有化改造后的大量旧城的胡同大杂院平房出租给这些级别较低的单位作为职工住宅。可以说,20世纪五六十年代的北京快速城市化阶段,机关事业单位的大量增加和工业区的兴建促使城市近郊化空间拓展,基本上形成了北京市计划经济时期居住空间的主要格局。进入20世纪70年代,政府重新调整住宅建设政策,允许各个单位在自己的用地范围内自建住宅,单位大院型住宅区的大量出现强化了这一格局。

在单位制度的影响下,城市的社会区呈现出居民职业分化的特征。冯健使用1982年"三普"的数据,发现北京当时存在着5类社会区类型,其中"人口密集、工人居住区""知识分子居住区""机关干部居住区""煤矿工人居住区"等带有浓厚的单位特征,城市空间具有同质性色彩(冯健,2004)。许学强等(1989)分析了1985年广州市社会区结构,发现当时的社会区结构带有计划经济单位制的特色,即有体现干部占多数的"干部居住区"和大量工人聚集的"工人居住区",也有"知识分子居住区",整个社会区表现的同质性比较明显。可见,当时以单位为单元的行业组团式居住方式形成了计划经济时期中国城市的职业同质的居住空间格局。

6.1.2 同质稳定的社会构成

从组织结构和社区组成上来看,单位是中国社会中高度整合和低度分化的基本组织形态,单位社区具有同质性和稳定性的人口特征。一方面,单位制度下,由于国家对于人口迁移的严格控制和社会流动的相对缺乏,城市中少有职业流动和工作变更(李汉林,2004),单位与职工形成了长期稳定的就业关系。基于国际比较的研究发现,中国单位职工比美国甚至比日本的职工更缺乏流动性(魏昂德,1996)。在中年职工里,天津职工毕生只在1.9个单位工作过,日本职工是4.2个,美国是10.3个。另一方面,一种自上而下的资源分配方式,单位为单位成员及其家属给予全方位的社会保障和福利,其中最重要的就是住房的供给。对于单位职工来讲,单位是其获取资源的正式渠道,决定了就业、迁居等一系列的生命事件的发生和变化,将他们的居住和迁居限制于单位社区内部。这样的住房模式导致了计划经济时期中国单位社区的居民构成非常稳定。根据边燕杰等(1996)的研究,大单位一般都有自己的职工宿舍,1980年以来普遍都建造过自己的职工住宅。在天津,5 000名职工以上的大单位基本上都有宿舍,而且无不建造过自己的职工住宅。较低的社会流动性和单位住房建设固化了单位居民的居住模式,根据刘望保等(2009)在广州的调查,1980年调查样本的年均迁移率仅有5.92%。单位成员低流动性的长期积累效果就是单位社会构成的同质性。

6.1.3 业缘主导的社会关系

单位成员以地缘、业缘为纽带,在同一个空间中形成了复杂的生活共同体。在保障生活的同时,单位制度在很大程度上将人们的社会交往限制在了单位内部。封闭化的工作和生活空间,催生出了单位人特有的封闭化的单位归属意识和亲密的社会关系(揭爱花,2000)。在这个生活共同体形成的过程中有四方面的因素相互强化。首先是就业,单位成员因为在同一所单位就业而构成同事关系;其次是居住,单位成员因为同在单位社区居住而形成邻里关系;再次为公共服务,单位成员因共同利用单位提供的公共服务设施而增强相关关系,这些公共服务包括就餐、体育文化、医疗及其他设施;最后为高度的集体性和组织化,单位组织在单位成员的日常生活中全面介入,单位日常生活的集体性和组织化不仅体现在工作中,还体现在工作之余日常生活的方方面面。由于上述四方面因素发生在同一空间中,单位中就业和居住高度重合,单位与社区相互覆盖,邻里关系和工作关系错综交织,形成了建立在业缘关系基础之上的地缘关系,极大地增强了社会关系的复杂性,导致了单位社区中独特的关系格局。另一方面,单位成员的稳定性意味着这种复杂的社会关系会随着时间的推移不断强化和加深。

单位居民之间复杂的社会关系展现为相互叠加和影响的两个方面,即次属关系和首属关系。次属关系主要依托工作关系展开,以正式的科层制管理为基础。次属关系在单位成员身上体现为其职务及相应的身份、权利和职责定位,是一种姓"公"的关系,表现为"公事公办"。这种正式的关系主要体现在就业关系中,同时会延伸到住房等福利分配的方方面面。这种次属关系在单位成员与单位之间表现为一种"制度性依附"(李路路,2009)或"庇护—依附"关系。制度性依附源于单位的复杂功能和单位与其成员之间的特殊关系。单位承担经济、政治和社会功能,同时与其成员之间不是市场关系,这导致了单位成员在经济和社会上依附于企业,在政治上依附于工厂的党政领导,在个人关系上依附于车间的直接领导。这种特征也被归结为"新传统主义"(魏昂德,1996)。

相对而言,首属关系则要广泛得多,既体现在工作关系中,也体现在生活的方方面面,单位居民通过每天面对面地接触和交流,彼此熟悉、了解,形成了亲密的首属关系,构成了保障个体生存、安全和成长的直接的社会环境。朝夕相处的熟人社区的特性使得单位社区具有"街道眼"的特性(Wu,2005),陌生人很容易暴露在社区环境之中,提供了一个相对安全的生活空间。再次,单位的社会网络具有差序格局(李汉林,2004)。居民以自己为中心,构造了一个由圈子、单位、外单位构成的同心圆式的社会网络结构,并产生了相对性的行为模式。单位大院构成了中国单位社会里最典型的邻里社区,也是单位人社会网络的基本空间载体。单位人的邻里关系、工作关系和社会关系相互交织的社会网络高度集中于单位社区范围(图6-1)。

单位作为一种相对封闭的结构日益强化着这种关系网络的延续性和再生性,于是单位本身就成为一个小社会。单位之外没有完整的社会,个人离开单位不仅寸步难行,而且还会丧失主人的身份(刘建军,2000a)。当然,单位熟人社区的性质也带来了相应的单位压力,隐私的缺乏、等级结构的生活化、人情的压力等形成了无形的社会舆论和文化压力。

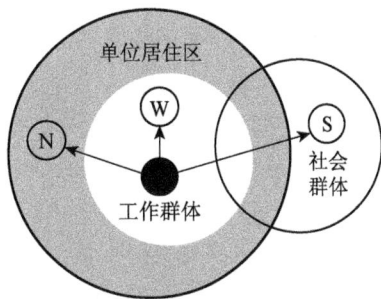

图6-1 单位人的社会关系
注:N—邻里关系;W—工作关系;
S—社会关系。

6.2 日常生活的制约性

"单位办社会"的制度安排和职住接近的建设模式使得单位社区作为单位居民独有的居住模式,形成了单位居民共同的生活空间。一个单位的居民共同工作和生活,拥有相似的单位身份、社会背景、关系网络,其生活空间以单位为中心,形成了相似的行为模式和生活方式。同质性不仅仅指居民具有相同的单位背景,更代表着单位化制度实践作用下形成的同质的生活方式和行为特征。

6.2.1 以生产为中心的时间节奏

同一单位内部的成员通常都具有一致的生活方式,展现为在相同的时间、空间做相同的事情。从尺度上来说,包括一年以上的长期、一年为单位的中期和日常三个维度。长期来看,国家处于实施赶超战略和建设社会主义现代化国家的行动中,每个单位的时间安排都据此展开。中期来看,主要表现为一年中节假日的安排、生产任务的布置等方面。日常体现在居民的周末时间、每天的上下班时间,等等。同一单位内的成员都将个人的时间嵌入到了单位时间中,必然表现为一致性,即统一上班、下班、加班、放假,等等。在有些单位,居民的日常锻炼甚至都成为在同一时间内的广播体操。

下面以清河毛纺厂[①]职工为案例对单位化制度实践作用下的居民日常生活进行分析。考虑到毛纺厂单位的解体历程与被访谈样本的生命阶段,[②]复原再现的主要是

---

① 清河毛纺厂的前身是建于清朝末年的"溥利呢革公司"。新中国成立以来,经历了工厂国有化,更名为"北京清河制呢厂"。1956年北京市清河制呢厂扩建哔叽厂;1957年北京市人民委员会决定该厂成为独立经营的地方国营企业,定名为北京市毛纺织厂;1961年北京市毛纺织厂与清河制呢厂合并;1962年又分为北京毛纺织厂、清河毛纺织厂和北京绒毯厂(1978年9月更名为北京制呢厂)。三家毛纺厂共建有毛纺南、毛纺西、毛纺北和花园楼四个生活区,共有家属宿舍22.26万㎡。

② 样本1,生于1960年,父母为毛纺厂工人,1979年高中毕业后顶母亲职("接班")进入清河毛纺厂工作。1987年结婚,1989年女儿出生,1991年进入毛纺南社区平房区居住,1995年由毛纺南平房迁入楼房。2006年买断工龄,同年再就业,进入西二旗社区的街道爱心服务站。样本2,生于1957年,母亲为毛纺厂工人,1977年插队后回城参加工作。1982年结婚,同年女儿出生,1984年由第二毛纺厂调入清河毛纺厂工作。1985年进入毛纺南平房区居住,1992年分到一居室的楼房,2006年买断工龄后没有再就业。

20世纪80年代单位职工的日常时间利用与安排。"先生产、后生活"的理念,强调"舍小家顾大家"的奉献精神,所有单位成员都以单位专业职能的充分展开为中心形成自己的时间利用特征,单位成员的个人时间嵌入到单位时间中,后者又以专业(生产)职能的需求展开。清河毛纺厂一直以来都实施"四班三运转"的工作制度①。这样,同时作为单位成员与社区居民的个体,形成了相似的时间利用安排(图6-2)。

在"白班"工作模式下,样本1和样本2除了要受到工作时间的制约(8:30—17:30)外,还需要完成准备早饭、早晚接送子女、准备晚餐及家务等活动。由于受相同的工作时间制约以及面临相似的个人照料及家务活动需求,样本1和样本2的时空间利用情况极为相似[图6-2(a)、图6-2(b)]。样本1和样本2不仅一天中的活动类型构成基本一致,而且在顺序和时间方面也几乎相同,包括休息、家务、接送子女、工作等活动类型。

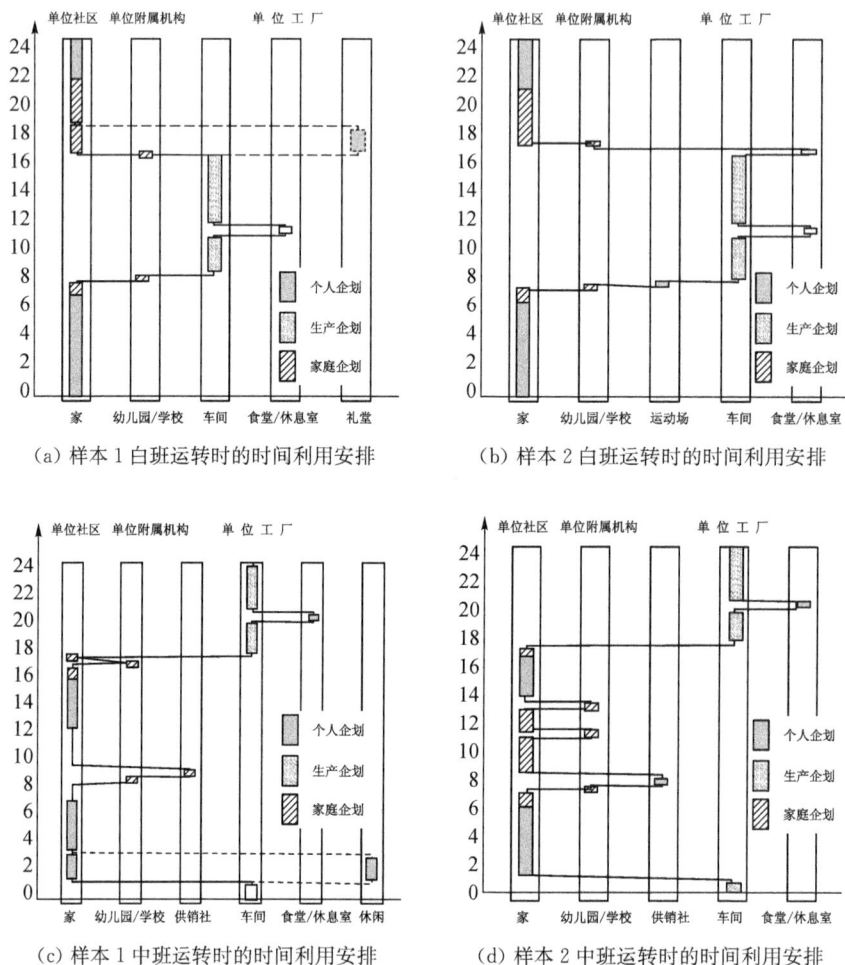

(a) 样本1白班运转时的时间利用安排

(b) 样本2白班运转时的时间利用安排

(c) 样本1中班运转时的时间利用安排

(d) 样本2中班运转时的时间利用安排

① 四班三运转,即在企业不间断运行的生产装置中,把全部生产运行工人分为四个班组,依次轮流上班,进而保证生产岗位24小时有人值守,同时运行工人可以得到适当的休息。三运转指白班运转(工作时间为8:30—17:30,11:00—12:30为休息时间)、中班运转(17:30—1:00,其中20:00—20:30为休息时间)和夜班运转(1:30—8:00,其中4:00—4:30为休息时间)。对于每个工人来说,工作安排为连上两天白班、两天中班、两天夜班后休息两天。

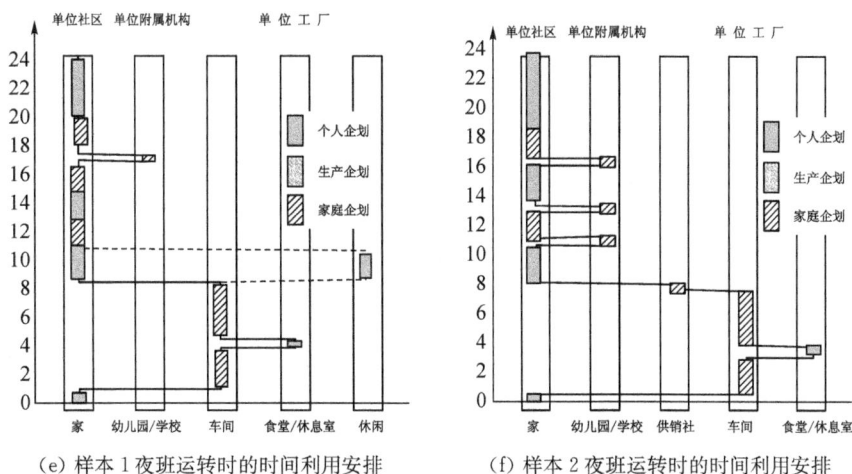

（e）样本1夜班运转时的时间利用安排　　　　　（f）样本2夜班运转时的时间利用安排

图6-2　工作日清河毛纺厂部分职工的时间利用安排①

注：虚线表示为一周参与一次。

对样本来说，由于幼儿园、小学、供销社等设施的开放时间与一般职工的工作时间存在重叠，使得相对正常的工作时间往往变得紧张。如下班后要赶快去接孩子："一般很紧张，没有时间去买菜，下了班就赶紧去接孩子，孩子已经下课了（不能一个人等着）。"②

而这种时间安排在不同时期也会根据单位所提供服务设施的不同而有差异。如1985年时，单位尚未在居住区内提供小饭桌服务，因此，"白班"中样本1的女儿中午需要到食堂找母亲吃午饭。

同样，"中班"工作模式下，两位样本在时空间上的秩序也极为相似，区别在于样本2中午需要接孩子回来就餐［图6-2（c）、图6-2（d）］。"中班"的工作时间安排使样本方便在早上去购买新鲜蔬菜。因此，相对于白班、夜班的时间安排，在家庭购物活动中"中班"工作日尤其重要。

"那会儿还没有几个（小贩）呢，上合作社去买菜""那会儿下班买菜的时候特少，那时赶夜班，就二班了，早上起来出去买菜去，二班的时候买，多买一点能管好几天了"③。

而对于"夜班"模式来说，由于生产活动占据的是晚上的时间，下班后样本的生活安排更加自由，可以将家务和个人照料活动在一天中灵活安排。但是由于工作后的疲劳，大部分活动往往都在家中进行［图6-2（e）、图6-2（f）］。

当然，单位居民的日常生活在受到单位生产时间、单位资源供给制约的同时，也会体现一定程度的个人偏好。在同一个单位、相同生命周期阶段的人在某些企划相关任务的实现上会表现出差异。例如涉及个人休闲活动的部分，每逢周一工厂会安排在每

---

① 图中横坐标为不同的活动地点，纵坐标为时间（0:00—24:00）。企划（Project）指为了实现任何意愿性或目标性的行为而需要开展的一系列简单或复杂的活动（Pred,1981a；Hägerstrand,1982）。图中样本的活动类型分为个人企划、家庭企划和生产企划。该图通过样本一天中不同活动的顺序、时长及地点等内容的展示来反映样本日常生活的时空间利用状况。

② 北京市清河毛纺厂单位职工样本2访谈资料。

③ 北京市清河毛纺厂单位职工样本1访谈资料

班工作结束后放映电影。样本1会选择去看电影,而样本2则"看得很少,那会儿有电视了就不爱看电影了"①。相反,样本2上早班时在送完孩子上学去车间的路上,她会选择去单位的运动场上跳舞,"我上白班的时候送完孩子了,路过厂子的操场,有跳舞的,我就上那儿;其他班太累了,不跳;人家不像我工种这么累的,不用8点就到,就跳久一点;我这工作必须提前准备,要不就影响我的工作质量和效率"②。此外,单位还有图书室等其他设施,但访谈样本1表示"那会儿我也不好玩,不跟她们一块儿,下班,三点一线,直接回家,从家直接上班"③,而样本2也认为当时自己"就顾着家,想家里好,就忙着工作和照顾孩子了"④。其他对公共资源利用的差异体现在,白班结束后,样本2会顺便去食堂买点馒头再回家配菜作为自己和女儿的晚饭,而样本1则习惯于回家做菜,这些差异可以体现出制约之下个体偏好在日常生活模式中的作用。

通过样本1与样本2的比较可以看到单位生活中的共同特点,日常生活时间上受单位工作制度安排和资源供给的强烈制约,在工作和生活的方方面面都体现出以单位生产为中心的时间节奏特征。

6.2.2 封闭化的行为空间

柴彦威(1996)运用时间地理学的路径概念表示出单位居民生活的日路径,发现住在大单位一家三口人的一日活动特点是三人的日常活动都在单位内完结,这意味着经济活动空间和社会活动空间、家庭生活空间和娱乐活动空间的重合,单位构成了其成员最基本的行为空间,体现了社会互动的空间局部化(图6-3)。

可见单位成员的大部分活动都在单位空间里发生,这既包括参与单位的生产活动,也包括为了实现家庭企划而需要执行的一系列任务。这些任务都以一定的时间顺序排列在单位空间内,这种家庭生活的形态一方面是由生产制度的安排、服务设施的供给以及个人的偏好共同决定的,即单位空间给个体提供了机会;另一方面,由于单位制度的制约,个人无法寻求在单位空间外完成任务的资源,从而展现出对单位的依附性。

根据清河毛纺厂职工的访谈,我们对两位样本家庭成员的时空路径进行进一步分析(图6-4)。在具体分析之前,先对时空路径的原理及意义进行简要说明。从构成上来说,图示由时空框和其中居民的路径两部分构成。前者是在二维平面地理空间(这里经过了抽象和简化处理)的基础上叠加时间纵轴而形成,时空框中的每一个点都对应不同的空间和时间坐标。将个体一天中所有活动和移动的空间和时间坐标点进行连接,便形成该个体这一天的时空路径⑤。由于个人不能同时存在于两个空间中,所以路径总是形成不间断的轨迹。个人路径不随时间移动时(如在固定地点的工作),在时空间轴上表现为垂直线,而发生移动时形成斜线。个体在时空间的移动并不是随意和不受限制的,某些空间会因法律、社会规范等不能进入,从而形成权威制约。另外,不同个体因能力差异在活动和移动方面会遇到不同的限制(如机动车与步行在空间位移上的能力差异)而形成能力制约。再者,某些活动需要个体与其他人或物同时存在于同一场所(如购物活动中顾客与店员在购物场所同时存在)而形成组合制约。因此,

---

① ② 北京市清河毛纺厂单位职工样本2访谈资料。
③ 北京市清河毛纺厂单位职工样本1访谈资料。
④ 北京市清河毛纺厂单位职工样本2访谈资料。
⑤ 时空框的时间和空间尺度可以根据需求调整,来刻画居民从日常到一生不同的路径,以日路径、周路径和生命路径的分析较为常见。

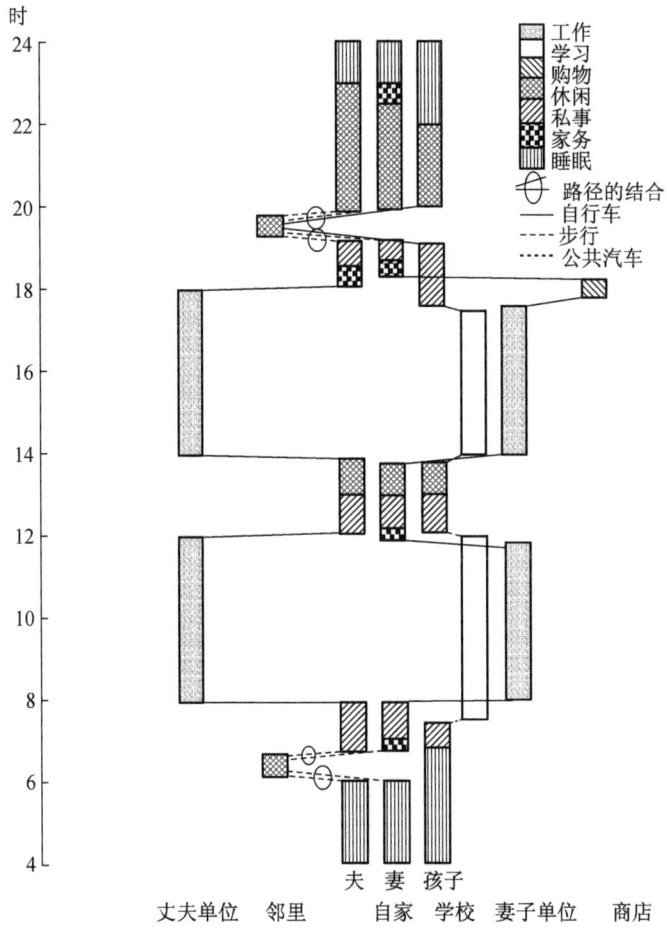

图 6-3　兰州市某大单位家庭成员的日路径

个人时空路径的形成是客观上时空间制约的条件下个体行动的结果。这样,时空间路径的分析便构成了分析城市空间、社会时间与居民自身条件互动的重要途径。

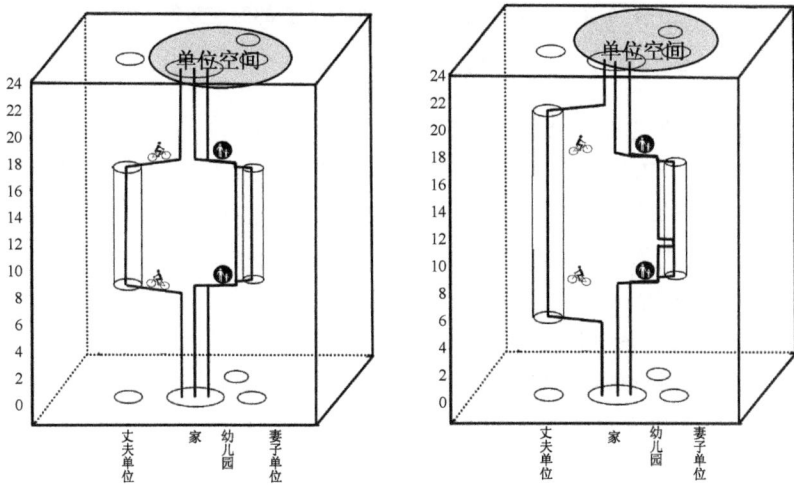

（a）样本 1 白班运转时家庭的时空路径

（b）样本 2 白班运转时家庭的时空路径

（c）样本 1 中班运转时家庭的时空路径　　　（d）样本 2 中班运转时家庭的时空路径

（e）样本 1 夜班运转时家庭的时空路径　　　（f）样本 2 夜班运转时家庭的时空路径

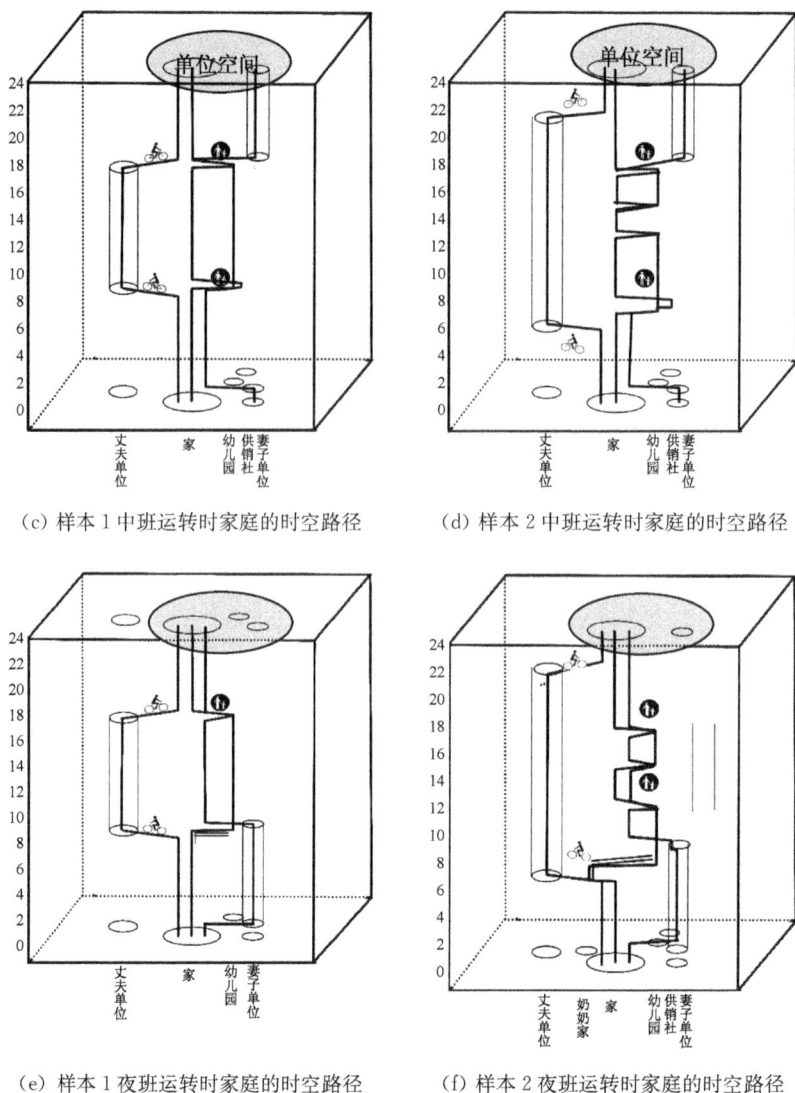

图 6-4　工作日清河毛纺厂部分家庭的时空路径

注：从左至右依次为丈夫、孩子和妻子的路径，粗线标注部分表示扩展家庭成员的陪伴。

单位时期家庭成员的路径组合主要发生在以家庭为核心的居住空间，夫妻双方单位能够提供住房的一方单位空间中。以样本 1 白班运转时的家庭时空路径为例，全家人在妻子单位提供的住房居住，孩子在妻子单位提供的幼儿园学习，丈夫只有在上班时才离开妻子所在的单位空间。这样，对于样本 1 家庭来说，妻子单位空间就成为其最重要的活动空间。以家为核心，该空间涵盖了除丈夫工作活动之外几乎所有家庭成员的日常活动空间。样本 2 的家庭时空路径与样本 1 相似，只是丈夫每日的工作时间更久。

"我爱人本来就起早贪黑的，他太敬业了，干什么也是比那经理还负责任，也就是奉献给工作了，家里的事儿管得比较少……我就说你干什么了，我们家洗衣机买了那么多年，他都不会用。"①

---

① 　北京市清河毛纺厂单位职工样本 2 访谈资料。

在日常活动的空间利用方面,中班运转和夜班运转的情况与前述白班运转的情况相似,都反映了妻子所在单位空间在居民家庭日常活动空间中的重要性。对于单位居民而言,不仅作为单位成员的妻子的日常生活局限在了封闭的单位空间内,就业空间与居住空间分离的、作为其他单位成员的丈夫同样只是游走在封闭的单位空间中。"他也就上班,在单位吃饭,回家,也没地方去啊,下班就回家了。"[①]更不用提及无移动性、依赖单位提供的教育设施的儿童了。

以家庭为单元进行观察,社区居民的生活空间展现出明显的封闭性。封闭性的形成,一方面是单位之间相互封闭和单位内部设施相对全面的结果;另一方面也反映了城市设施供给的相对不足。行为空间的封闭性虽然有方便居民生活的一面,但一定程度上也制约了居民选择的丰富性。

6.2.3 以单位为中心的日常生活圈

新中国成立初期,在特定的政治经济格局和城市发展水平的决定下,以单位为核心建设城市基础设施成为一大特色。由于单位大院内部具备了日常生活需要的各种设施,单位职工及其家属的日常生活基本上在单位内得到满足(揭爱花,2000)。并且,由于城市的生活服务设施发育不充分,而其他单位的生活服务设施不对外开放,这也导致了单位居民日常生活空间与单位空间的重合。但是,城市交通基础设施落后限制了居民在城市内部的移动性。在这种背景下,单位就成了既能最大效益地安排生产与生活,又能把居民的家庭和社会生活以及政治管理统合在一起的一种空间组织。

同一单位的成员在空间利用上表现出高度的同一性,进而在城市尺度形成不同层次的生活圈(图6-5),即以单位大院为范围的基础生活圈、以同质单位为主形成的低级生活圈以及以区为基础的高级生活圈(柴彦威,1996)。从城市的尺度来看,每个单位构成了一个个"城中之城",具有明显的封闭性。而且在单位大院内部就能满足居民的日常需求,一个典型的单位大院内部有功能齐全的设施,并形成不同的空间领域,构成复合的空间综合体。兰州市的实证研究表明,大中型单位即可构成单位基础生活圈,在此之上是以同质大、中型单位为核心,由各种各样的单位来构成的12个低级生活圈。在更高的层次,区不仅是行政管理的基本单位,而且也是组织安排居民生活及

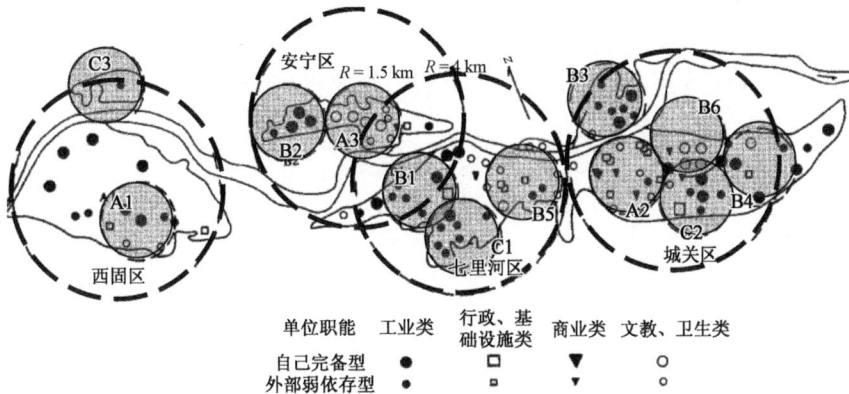

图6-5 以单位为基础的兰州城市生活圈结构

---

① 北京市清河毛纺厂单位职工样本1访谈资料。

各项社会福利设施的基本地域单位,由几个低级生活圈构成了高级生活圈。在空间范围上,低级生活圈相当于半径 1.5 km 圈的范围,与居住规划中的居住区和行政组织中的街道管辖范围相对应,而高级生活圈则大致在半径 4 km 圈的范围内,与生活居住区和区政府管辖范围对应。

综上所述,单位化制度实践的社会性在城市层面上以组织化的社会生活、同质性的居住空间和组团式的生活圈结构等为特征,塑造了中国城市单位社会的总体面貌。而单位作为城市空间的基本单元和社会整合的基本工具,其社会性表现在个体和社区层面上则更为明确。

6.3 居民心理的地方性

单位通过特有的整合机制将单位成员组织和管控在一整套完整的社会框架之下,对单位成员群体的维系产生作用。在生产生活高度重叠的空间秩序下,同等身份的单位成员有着相似的心理意识和社交网络,通过对内的自我身份认同和对外的社会空间排斥形成了固化的单位情结。单位空间对居民心理的作用,可以从空间对于个体价值观、社会关系和地方认同的塑造机制进行理解。

6.3.1 基于单位公共性的集体主义

长期单位制度实践塑造形成的居民价值观是社会主义的集体主义价值观(刘波,2011),表现为主张个人利益服从集体利益和否认个人利益的倾向。在单位制度下,职工的个人生活以集体生活的形式内嵌于单位制度。在单位居民的日常生活中,集体主义体现在空间设计、设施使用、活动组织与文化宣传等方面。

设施利用方面主要通过公共设施的利用及公共空间的塑造来实现。一方面,新中国成立初期国家政府机关、科研文教或大型国企等尤为重要的单位大院成为特定时期社会主义政治的重要空间物质载体。通过单位大院空间模式和建筑标准化,单位的空间设计更重视促进日常生活的集体化(Bray,2005)。为了保证向共产主义的转变得以成功,不仅居住空间要集体化,而且日常生活和生产活动也必须实现集体化的统一,单位大院就成为集体化的集中体现。集体主义价值观和公共空间作为单位空间意识形态的主导占据核心地位,并通过空间化的价值观压制个人主义的出现,而私人领域在单位空间中逐渐退让、妥协、隐化,占据边缘、次要空间(图 6-6)。

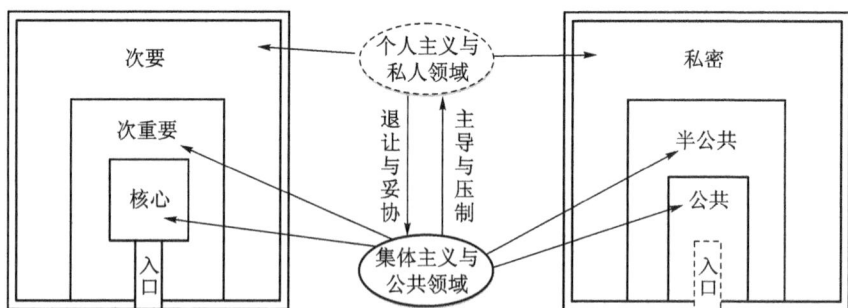

图 6-6　单位空间与集体主义的关系

在食堂、浴室、理发室、学校、医院、体育场馆等以公共设施的形式出现的同时,居民住房也以"公房"的性质创造集体性的生活。例如,单位制度下住房作为"公共产品"提供给居民,国家和单位住房的建设、分配、管理都体现了"公共性"的特征。在单位制度下的日常生活中,"公共"设施无限扩张,"私人"领域持续退缩。

相对于利用公共空间和居民互动等较为日常的方式塑造集体主义外,具体活动的组织实施则是集体主义塑造的高潮部分。这些活动的开展往往与集体场所、仪式性空间相结合,以某种具体活动为媒介,通过集体性参与实现集体主义的塑造。这些活动内容涉及体育、文艺、生产等领域,包括歌咏比赛、体育活动、生产竞赛,等等。以北京市焦化厂为例,在单位制高潮的时期,厂里面通过组织业余学校、文体活动等方式给单位成员提供了丰富的业余生活,同时也通过这些活动增加职工的主人翁意识和集体责任感。焦化厂的老职工回忆过去的集体生活时提到:

"在咱们工厂,有教育科,你可以在那儿报名念高中啊,还可以继续深造。这是业余的,都是下了班以后,然后规定星期几是上什么数学啊、物理、化学啊。你要是有时间就可以去……落课再去找教育科也给你补课。"[1]

通过这种再教育的方式,单位既成为了居民工作就业的场所,也是职工再教育的场所,实现了社会主义文化宣传与知识教育的同步进行。而且,不仅有这些教育活动,还"可以参加活动,文艺活动、体育活动什么的,都挺好的。还有舞会。就在我们那个办公楼上,顶层,就是工会活动的地方,组织有舞会,然后大家伙儿可以去跳舞,有的时候放放电影,露天电影"[2]而且,单位还通过文化宣传的方式宣传社会主义集体主义的价值观,将理论转换成居民易于接受和理解的具体化和符号化形式。具体的表现形式多种多样,包括会议、广播、标语、电影、歌曲、雕塑等,对社会主义的思想、典型人物的事迹等进行宣传。

通过文化宣传、设施使用、活动组织的塑造,确实造就了单位主义下居民价值观的特殊形态,"那时候人的思想真的是很单纯,不想这些,就觉得我有了工作我挺高兴的,我就得好好干,给国家做贡献"[3],这样的表述是当时单位居民普遍的价值观的体现。

6.3.2 基于单位情结的地方认同

单位成员长期在单位空间内工作、生活和社会交往,逐渐形成了以单位空间为基础的强烈的地方感和单位情结。政治上家长式的组织与控制方式和社会功能上母爱式的完全就业保障与全面福利供给,使得居民产生了对于单位的全面依赖(Lü et al,1997)。从地方依赖来说,一方面,政府用户口制度、人事档案等将居民与单位制度紧紧地结合在一起,将单位作为实现社会动员和社会控制的工具;另一方面,单位以"包下来"的方式实现着一个"福利国家"的功能(李汉林,2004;Bray,2005)。单位不仅提供基本福利保障,而且还直接配备功能齐全的生活设施,在社区内部构成复合空间综合体(揭爱花,2000),在城市空间中构成基于单位的市民基础生活圈(柴彦威,1996)。在这样的空间安排下,单位居民几乎一切的日常需求都可以在单位社区内得到满足,而单位的关怀主义也导致了单位居民倾向于向单位要求各种待遇和福利,形成了居民对单位的依靠和依赖。

这种依赖加上长期稳定的单位生活经历,导致了单位居民强烈的单位情结,单位

---

[1][2][3] 北京市焦化厂职工访谈资料。

逐渐减退,市场作用逐渐增强"的结构性变迁。这种结构变迁不仅仅适用于制度变迁实践的分析,也同样适用于社会总体结构分析与城市空间形态、社会生活等多方面的分析。

在中国单位研究的语境中,"去单位化"的概念首先在社会学中有关社区的研究中出现,用以概括社区内基层组织(比如居委会、街道办事处)与居民所在的单位分离,社区发展由依靠体制内资源转向依靠自我发育的民间资源(孙立平,2004)。其后扩展到社会调控体系的层面,其核心意思是社会整合与基层社会秩序不再以工作单位为核心,社会资源分配与公共福利产品供给等主要依靠社会而不是单位来组织,社会结构的基本单元从单位转移到社区(王建民,2006;李路路,2009;刘威,2010),并广泛地应用于社会学其他领域的分析,用以表达单位在塑造社会结构、形成社会心理等方面的变化。

地理与建筑规划学界在对单位大院的解体以及城市空间重构的分析中逐渐使用"去单位化"的概念并增强了对单位制度变迁及其空间与社会,响应过程的理解。最初的观点认为,单位社会对中国城市现代化进程有阻碍作用,单位社会化与城市现代化是时代命题(董卫,1996),单位大院需要与城市用地空间的格局整合(范炜,2002;任绍斌,2002),事实上也在逐渐走向分解(乔永学,2004;张帆,2006)。柴彦威等(2011)在对中国城市空间重构与郊区化的剖析中,运用"去单位化"的视角阐述了城市空间组织单元及土地利用制度的变化(从单位所有制走向土地有偿使用),并致力于揭示"去单位化"的空间过程。

概括来看,就城市领域而言,"去单位化"是中国城市以单位为组织架构的发展模式逐渐被以市场经济为架构的发展模式所取代的过程,是对计划经济单位体制与市场机制作用此消彼长过程的总体概括,具有多维度的内容表征,具体包括单位制度的逐渐解体、单位空间日益融入城市空间以及单位人向社会人过渡,单位社会特质减弱,城市性逐渐增强等。因此,相对于"市场转型"的提法,"去单位化"的概念更加注重转型的历史背景与初始条件,保留并展开了"去化"程度的论述空间,突出结构转换背后的力量博弈,更能生动地刻画"去单位化"与市场化之间的互动关系及其对城市空间与社会组织演化的作用谱系。换言之,从市场转型到去单位化的提法,看似理论高度降低了很多层级,但是显得更加实用,更加贴近实际需求。事实上,这种认识背后的思维也是去单位化及其在国有企业改革等诸多方面改革的主导逻辑,也表现出足够的理论张力与内涵。

7.1.2 后单位与去单位化

还有很多人主张使用"后单位社会"来表征改革开放后社会的运行特征,表达重大制度变革后社会转型的延续性影响与挑战。例如,刘建军(2003)提出了跨单位组织作为"后单位社会"的治理结构,吴庆华(2008)阐述了后单位社会城市社区阶层化的趋势,崔月琴(2010)讨论了中间社会与后单位时代社会管理组织基础。因此,社会学视野中的"后单位化"表征的是单位制度解体的时代属性及其背景,代表着社会结构的变化及其冲击,如社会整合机制、街区集体抗争事件、街区邻里动员等(张秀兰等,2012;何艳玲,2005;刘威,2010)。在城市社会空间研究领域,后单位及后单位制也成为重要的时间性符号。因此,"后单位"概念描述单位制度逐渐瓦解后的社会特点,相对来说比较抽象地表达了时间维度上的现象和结果,但却难以对制度演进的过程形成有效解释。

比较来看,相对于"后单位"及其衍生词汇,"去单位化"对"后单位社会"演化过程的刻画更加正面、具象、动态,暗示了制度变迁正在发生的时态与动力。其次,"去单位化"较之"后单位"对于单位制度作用的连续性以及现今角色等方面具有更大的论述空间。具体来说,单位制度作为正式的制度安排逐渐淡退,但是作为非正式的制度实践以及意识文化却具有深厚的生命力以及合理性,在本章随后将谈到的国有企业改革、社会福利与住房制度改革、户籍制度与社会管理以及其他领域中多有体现,表现出隐形化、非正式、依附性的特点,这需要相关研究格外加以重视。

7.2 生产组织与国有企业改革

7.2.1 国有企业改革的背景

去单位化的制度改革始于公有制经济及国有企业在组织生产与发展经济上的失败。1978 年国民总收入仅为 3 645.22 亿元(人均 381.23 元)处于世界下游水平,全国仅有 28.2 万家工业企业,国有和集体企业占绝对比重,亏损工业企业有 3 万余家,很多行业甚至出现大面积全行业亏损(图 7-1)。因此,与前苏联、东欧国家一样,有关社会主义国有企业亏损的问题,在改革开放初期引起了大范围的讨论。归纳起来,有两种主要说法,其一体制因素,如科尔奈提出的父爱主义下"短缺经济"与"预算软约束"理论(Kornai, 1980),林毅夫等(1994)阐述了政策性负担与道德风险问题,史泰丽等(1995)分析国有企业广泛存在选择亏损和领取补贴,樊纲(1995)认为国有企业在分配环节上工资侵蚀利润从而产生资本权利被削弱。其二,非体制因素,如江小涓(1995)认为产业结构与区域结构的变化对国有企业经营带来严重挑战,而对这方面因素的研究相对较少。

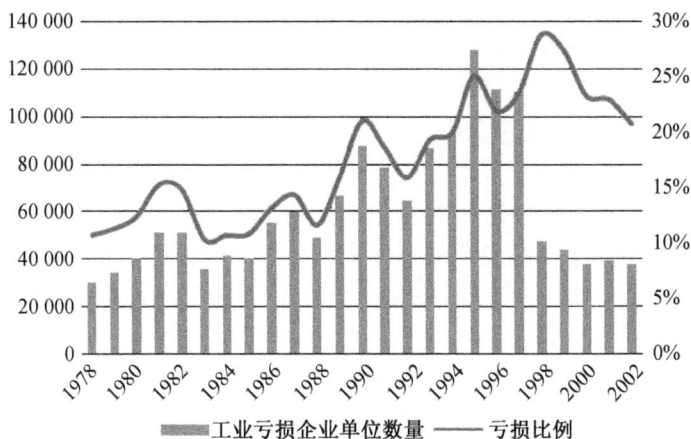

图 7-1 中国工业亏损企业单位数量及比例(1978—2002 年)

尽管对国有企业亏损有不同的阐述,但是在"一大二公三纯四平均"的计划经济模式下,国有企业的弊病显然成为举国共识。1984 年,中共十二届三中全会总结道:"政企职责不分,条块分割,国家对企业统得过多过死,忽视商品生产、价值规律和市场的作用,分配中平均主义严重。这就造成了企业缺乏应有的自主权。企业吃国家'大锅饭'、职工吃企业'大锅饭'的局面,严重压抑了企业和广大职工群众的积极性、主动性、创造性。"基于这些认识与论断,国有企业改革初期的重点是改革"大锅饭",扩大企业自主权,调整生产经营模式,从而逐渐走出一条以去单位化为内容、逐步向企业与市场放权、以建立现代企业制度为目标的改革之路。

7.2.2 国有企业改革中的去单位化路径

1) 扩大企业自主经营权与承包制及股份合作制

受到农村社会经济改革,特别是乡镇企业异军突起的推动与启发,国有企业的生产经营改革首当其冲,"放权让利,扩大企业经营自主权,调动企业生产积极性"成为主要的政策出发点。1978 年 10 月,四川省率先进行扩大企业自主权试点,次年 7 月国务院下达了《关于扩大国营工业企业经营管理自主权的若干规定》及配套规定文件。就改变生产经营环节中高度组织化的单位制度来说,其要点有:(1)完成国家计划的前提下,允许企业根据燃料、动力、原料、材料的条件,按照生产建设和市场的需要,制订补充计划,产品经过相关部门选购后可以自行销售、委托代销,生产能力有富余时可以承担协作任务和进料加工、来料加工;(2)改变目前按工资总额提取企业基金的办法,实行企业利润留成,把企业经营的好坏同企业生产的发展和职工的物质利益直接挂起钩来;(3)逐步提高固定资产折旧率,允许建立折旧基金;(4)固定资产有偿占用制度,允许有偿转让或出租;(5)允许出口以及外汇分成;(6)允许企业制定考工标准,通过考试择优录取员工,根据职工的表现进行奖惩;(7)企业在定员、定额内可以灵活设置,不必与上级主管部门对口,可以任免中层和中层以下的干部;(8)减轻企业额外负担,任何单位和个人不得向企业摊派各种费用,不得随意向企业抽调人员、设备、材料和资金。

这几项制度后来成为 1984 年《中共中央关于经济体制改革的决定》的核心内容,影响深远。但是从以上规定,可以看出计划经济时期生产组织的高度集中与高度计划性,也可以透析出改革初期的思维,试图改变高度集中严格控制的生产体系,提高单位的自主性与积极性,也更加深入地看到改革初期的思维结构中仍然充满了对市场的怀疑、谨慎与被动适用。所以,就生产经营体制改革之起点来说,毋宁说是市场转型,不如说是去单位化。

扩大企业自主权并不等于企业完全自主,仍然有很强的中央与计划管控,尤其表现在所得税税率、利润留成等方面,以至于造成工业企业利润从 1985 年 8 月至 1987 年 3 月连续 20 个下滑(汪海波,2005)。围绕着重建企业经营机制的目标,先后开展了利改税(即国有企业原来上缴税利改为向国家交税)、拨改贷(即基础建设投资的财政拨款制度转变为银行贷款)、企业承包制和股份制等改革。这些改革已经初步触动所有权与经营权的分离,使企业成为相对独立的经济实体。

2) 建立现代企业制度与国有经济布局结构调整

进入 20 世纪 90 年代,特别是 1997 年中共"十五大"明确了国家基本经济制度,破除了所谓股份制姓"公"还是姓"私"的全民大讨论,进一步调整所有制结构,并着手建立现代企业制度,同时对国有企业布局结构进行战略性调整。

建立现代企业制度是生产经营机制转换以及应对市场竞争要求的必然要求,特别是国有企业承担了很多政策性负担,难以成为独立的市场经济实体。1992 年 7 月,国务院提出国企转换经营机制的目标是使企业"成为独立享有民事权利和承担民事义务的企业法人",1993 年中共十四届三中全会明确地提出国企改革的方向是"建立适应市场经济要求,产权清晰、权责明确、政企分开、管理科学的现代企业制度",并要求在国有大中型企业中推行现代企业制度。次年,颁布的主要措施包括:(1)转变政府职能,改革政府机构;(2)调整企业资产负债结构;(3)加快建立社会保险制度;(4)减轻企业办社会的负担;(5)解决试点企业的富余人员问题;(6)促进存量国有资产优化配置和合理流动;(7)发展规范各类市场中介组织。

与此同时,围绕着"抓大放小",国有经济布局结构也在调整。在"抓大"的方面,经过资产重组和结构调整,国有经济和国有资本从一般竞争性行业中逐步退出,逐步向关系国民经济命脉的重要行业和关键领域集中,向大企业集中,在实现经济总量扩张的同时,经济效益、运行质量和竞争能力明显提高,控制力、影响力和带动力进一步增强。在"放小"的方面,各地通过改组、联合、兼并、租赁、承包经营、股份合作、出售等多种形式加大了国有小企业改革的力度,特别是一批长期亏损、资不抵债的企业和资源枯竭的矿场退出了市场,破产改制面达85%左右。虽受到1997年亚洲金融危机的影响,但全国亏损企业数量从1997年的11.7万骤降至4.7万家。"抓大放小"政策的实施,不仅推动了国有经济布局和结构的调整,也促进了企业优胜劣汰机制的建立。

7.2.3 非公有制经济的发展

非公有制经济的发展与国有经济部分密切相关。从历史经验来看,生产组织领域的单位化与国有化是通过消除非公有制经济得到事实上的确定,国有经济部分能够成功转换也得益于非国有部分的发展(图7-2)。换句话说,非公有制经济的发展对去单位化具有重要的示范和帮助作用,包括经营方式的探索、下岗人员的再就业,等等。1952年,城镇个体就业人数还有883万人,1954年降至16万人,1977年城镇个体就业人数已经低到13万人。改革开放后,受到乡镇企业的快速发展,特别是受到早期开放政策的影响,以引进国外先进的管理经验和资金的名义,外资企业快速发展,成为驱动去单位化的重要力量。个体经济和民营经济也得到恢复和发展,特别是1984年颁布的城市经济体制改革有力地推动了非公有制经济的快速发展,是年也被称之为民营企业的"公司元年"。到1988年,全国已有1 000多万户个体企业和20万家私营企

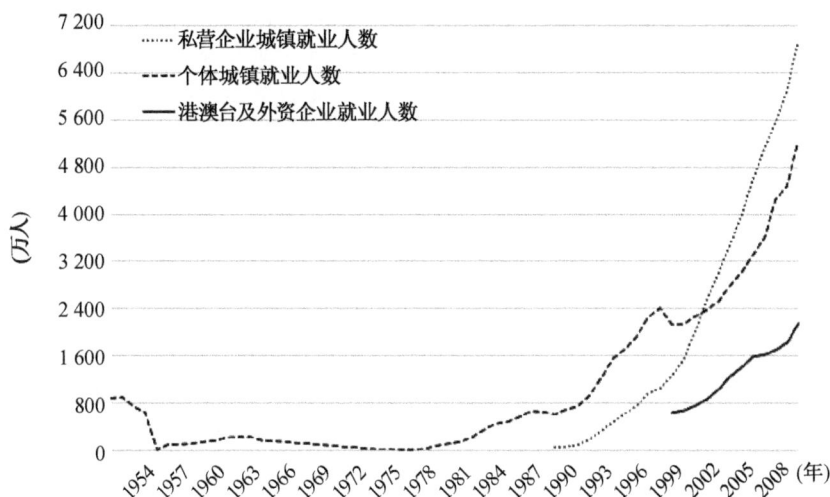

图 7-2　中国非公有制经济部门就业人数的变化

注:部分年份数据缺失,自统一口径数据始。

业,个体城镇就业人数已经达到 648 万。邓小平南方谈话后,私营企业发展迎来了第二个春天。1993 年,私营企业的发展迅速地超过 1988 年的水平,达到 23.7 万家,1994 年大举增至 43.2 万家。以后的 20 余年,私营经济在我国社会经济生活中扮演的角色越来越重要,解决了就业,创造了税收,吸引人才与资源要素从单位体制中流出,成为生产组织领域去单位化的主要力量。

7.2.4　生产组织领域的去单位化

以上过程反映的是城市转型背景下生产领域的去单位化。去单位化主要是通过两个方面:其一,国有经济本身通过去单位化改革,包括改革生产经营体制、减轻社会负担、建立企业制度以及调整国有经济布局结构;其二,非单位本身的调整,包括国内、国外两个因素。国外因素是外商投资,国内方面是恢复个体经济、民营经济以及农村集体经济的发展,逐步建立起市场经济下的生产经营体制与基本经济制度。以上这些因素,都是在去单位化的过程中产生的。从某种程度上说,去单位化更多地从现实与挑战的角度出发,主动求变,收缩计划性经济要素,接受市场思维,从而实现结构性转变,其结果是促成了市场转型。

计划经济与单位体制的核心是公有制,去单位化则主要是从恢复原先被单位化(某种意义上是集体化)所消灭的非公有制形式(如早期农村的包产到户、家庭作坊、自留地等,后期城市的私营经济等非公有制经济成分等)与开放国外生产要素进入中国而逐步开始的,从而壮大非单位化的力量,进一步放宽管制,形成市场化的力量,推动国有企业改革、土地以及国有资产经营体制改革,改革住房与社会福利领域中事实存在的"单位所有制",逐步在经济与社会层面实现去单位化。

7.3　社会福利与住房制度改革

7.3.1　社会福利与住房制度改革的背景

长期以来,我国对职工住宅实行公有住房政策和实物福利分配办法,由国家或者单位统建,按照职工的职务、工龄、家庭人口及其他条件,以内部行政协调、低租金的方式分配给单位成员(李路路等,1994)。建设方面,以北京市为例,住房建设包括市统建、中央机关部门统建、大型工厂企业生活区统建、部队机关生活区统建、中央单位联建、文教区统建、使馆区统建等 7 种类型。具体的操作模式是,"把拨给企业或单位的住宅建设款交由一个行政部门操作,这就是房管局。这个部门集中了来自各方的资金,一个区一个区地盖楼,并在一系列标准设计的基础上建必要的配套服务设施。工程完工后,把属于各单位的房子交给相关单位,由他们负责分配和管理"(华揽洪,2006)。

这种大包大揽、整齐划一的实物福利制度适应了早期物资生产短缺以及社会主义公有制改造的背景,但是也带来了严重的问题。其一,长期以来实施"变消费城市为生产城市"的指导方针,导致积累过多而消费不足,住房极为紧张,人民生活水平持续得不到改善。1978 年,城镇人均居住面积仅为 3.6 m²,甚至到 1999 年仍然不足 10 m²。其二,由于单位体制的性质以及政策性负担,一旦企业盈利容易将之转换成为职工福利,造成持续的亏损与二次亏损。其三,因不同单位等级权力的差异,存在住房资源分配不平等问题。在单位制的背景下,无论哪一种类型的单位,都被标识在以行政级别和所有制形式为衡量的坐标体系中,单位的地位和级别影响居民的住房水平。

概言之,由于计划经济下的单位是生产与生活全能整合的组织,城市的公共产品与社会服务是以单位为载体,以组织化的方式提供,因此受生产经营制度改革影响最大的就是社会福利制度,特别是住房制度,发生着剧烈的去单位化,但是这个过程却是相当曲折的。

7.3.2　社会福利与住房制度改革的路径

1) 单位作用的强化

1978—1985 年,住房改革的主要内容是单位建房扩大供给,改善分配,试办出售公房。在改革早期的相当长时间里,为了应对房荒、迅速改善职工居住条件和生活环境,同时减轻国家财政负担,原来以国家为主的城镇住房投资体制转变为国家、单位和个人共同投资,国有单位也积极响应加大建设,建成了大量单位大院住宅区、新村和居住区,迎来了城市空间单位化的又一波高峰。据统计,进入 20 世纪 80 年代以后,中国城市 70% 左右的住宅投资来自单位的自有资金(张亚萍,1999)。由此,单位再度成为城镇居民住宅的主要供给者。其次,在低租金、实物福利分房制度不变的情况下,开始推进向职工出售公有住房的政策试点,包括以成本价出售公有住房的试点和公有住宅补贴出售试点。

1986—1991 年为提租补贴的单项改革阶段,以提高房租为切入口,同时公有住房出售实行优惠价将大量的公房逐步转为私房。1988 年国务院《关于印发全国城镇分期分批推行住房制度改革实施方案的通知》,提出全国房改分两步走:第一步全国所有公房按折旧费、维修费、管理费等因素计入成本租金;第二步随着工资调整,逐步把住房消费纳入工资。至此,住房改革全面开展,住房改革的目标被明确为实现住房商品化。

2) 市场改革的深入

在住房改革的实践过程中,逐步确立了货币分房的改革方案与目标,进一步推进住房市场化改革。1998 年,国务院在《关于进一步深化城镇住房制度改革加快住房建设的通知》(国发〔1998〕23 号)中明确指出:"停止住房实物分配,逐步实行住房分配货币化;建立和完善以经济适用住房为主的多层次城镇住房供应体系;发展住房金融,培育和规范住房交易市场。"尽管通知规定,坚持国家、单位和个人合理负担,坚持"新房新制度、老房老办法",平稳过渡综合配套等原则,但是,随着经济适用房的大量建设、下调利率及刺激消费的政策出台,配合住房公积金制度的建立,市场化的住房制度逐渐建立起来,逐步形成了多层次的住房市场。

因此,通过公房出售、货币分房等手段,逐步实现了住房及依附于此的社会福利制度从单位化到货币化与市场化的过渡,实现了住房从福利品向市场化商品的过渡。

3) 单位作用隐形化

在住房领域市场化深入推进的同时,由于商品房与居民承受能力之间的不匹配,不仅在改革开放初期也包括当下,部分国有企业及相关单位往往继续承担社会福利功能,通过参与开发安居工程、经济适用房项目、棚户区改造、集资建房、组织团购等形式为职工提供住房福利,甚至是作为增强吸引人才竞争力的手段,从而形成了福利住房和市场住房并存的双轨体系。在市场之外,职工能否取得住房以及取得什么样的住房,都要看所在单位是否有建房能力、是否拥有房管权和最终的分配权(边燕杰等,1996)。这种制度安排形成了大量以高校职工、垄断性行业、公司、机关事业单位等为代表的新单位社区。

其次,这类住房往往附着了其他单位制度时期的隐性福利(柴彦威等,2007;2008)。以北京三元食品股份有限公司为例,其下属乳品一厂在住房改革过程中,大部分职工的住房产权都实现了私有化改造,社区管理也逐步属地化,依托该社区所在的双桥农场管理,但是乳品一厂也提供经费等支持,比如给小区内幼儿园、小学等的资金及其他方面的援助。以北京市望京花园为例,作为市属高校教师住房,部分高校仍然为教师提供通勤班车及其他各类补贴。

7.3.3 社会福利与住房制度改革中的去单位化

从社会福利与住房制度的过程来看,单位制度作用经历了强化、削弱与隐形化的过程,这正是去单位化在社会福利分配改革上的轨迹。渐进式的住房改革为单位在住房建设和分配中的作用留下了缺口,由此形成了由政府、市场、组织和家庭参与其中的多元化结构(武中哲等,2009)。特别是在住房改革的初期,单位在住房供给的作用没有减少反而增强了。多数职工还是依靠所属单位集体购房,再以优惠的"补贴价""成本价"等带有福利性的价格从单位手中转购。因此,住房分配逐渐走向单位内部化(李路路等,1994),加强了单位在居民住房获得中的作用。这个过程不仅出现在改革初期,也出现在当下的部分住房市场。

其次,社会福利与住房制度改革最重要的成果就是使得国有企业逐渐剥离学校、医院、社区等社会资产,把它让渡给地方政府与各级公共财政,摆脱了巨大的社会负担,从而逐步改变着生活单位和社会政治组织的性质。随着国有企业改革与社会福利改革的推进,后勤部门实行费用承包独立核算,面向社会开展经营服务,实现社会化与市场化经营,逐渐改变了社会福利国有化与集体化的局面。

7.4 社会管理与户籍制度改革

7.4.1 社会管理与户籍制度改革的背景

户籍制度的建立具有深刻的时代背景。随着计划经济的建立,特别是受到大跃进以及农业合作化的影响,为了限制和控制农民盲目流入城市以及为工业化提供积累,在严格户口管理、严禁非城镇户口人员的粮食供应、禁止工矿企业私自招用农村劳动力、遣返自行流入城市和工矿企业的农民的过程中,政府逐步确立了城乡二元的户籍制度。1958年1月,《中华人民共和国户口登记条例》明确将城乡居民区分为"农业户口"和"非农业户口"两种户籍,对人口自由流动实行严格限制和政府管制,并在随后结合社会保障制度、就业制度、票证制度等,确立了"城乡分立"的社会管理制度。因此,户籍制度的建立实质上是国家通过限制农民流动,配合粮食统购统销、国有企业就业分配等制度,从而保障农业生产相对稳定,维持城市低工资人员的充分就业和短缺条件下的基本生活福利,从而牺牲农村与农业,达到发展城市和重工业的目的(林毅夫等,1994)。随着城乡二元制度的建立,一方面终止了农村人口向城市的自然迁徙过程;另一方面,城乡差距的扩大,导致了城乡认同感的边界以及城市户口的等级意识

（陆益龙,2002）。

在城市人口部分,根据单位制度形成的人身依附关系以及社会单位化的过程,将城市人口划分为单位人口与非单位人口。城市中的大部分人口归入单位体制中,其成员享有国家公职身份,拥有普遍就业权,享有较为完整的福利保障制度、稳定的工资收入。在以再分配为本质特征的框架中,单位与非单位的根本区别就体现在这种结构性的身份差异上(周翼虎等,1999)。因此,在社会管理领域,单位成为中国城市特殊的社会组织形式。单位介绍信以及户籍成为城市社会管理的主要依据,这是对个人身份和行动合法性的证明,而且出具证明的单位像家长一样对被证明人负有连带责任(路风,1989)。

以户籍以及在城市以单位为基础的社会管理制度,事实上区别了不同人群的社会角色以及政府所承担的社会保障职责。这一制度有其时代属性,在计划经济、短缺经济的条件下特别需要严格控制,否则就会出现盲流、就业不足、城市生活物质供应困难以及全国性的调配困难。但是,严格的户籍制度及社会流动控制,一方面形成了城乡关系的凝固,由农业人口转为非农业的渠道非常有限,乡村劳动力严重剩余;另一方面带来社会流动性的下降,压制了社会与经济发展的活力基础。

7.4.2　社会管理与户籍制度改革的路径

1）户籍制度的松动

户籍制度的改革是社会经济改革所产生的必然要求,特别是随着知识青年返城,乡镇企业、城市个体与民营经济等非国有单位经济的快速发展,以及加工出口区及经济特区等特殊政策区的实施,原来被计划严格控制的城乡交流渠道逐渐被冲散,城乡之间、城市之间和区域之间人才与生产要素流动增强,客观上要求改变城乡二元的人口管理与社会管理政策。

改革的突破点在于,早期允许行业内部人员配置调整、解决双职工的“两地分居”以及在特定地区实行特殊的迁移政策,国有企业逐渐改变了以前的用工制度,开始从农村招工等,原来铁板一块的户籍管理制度及其社会管理政策逐渐被打破。其次,随着粮食生产能力的扩大、农民进城务工经商的政策放宽,同时随着国有企业改革和非国有单位经济形态的出现,城市对外来务工人员的接纳能力以及需求逐年扩大,大量农民剩余劳动力进城谋生。1984年,国务院颁发《关于农民进入集镇落户问题的通知》,允许“农民自理口粮落户集镇”,实现了户籍制度上的重大改革突破(赵燕菁,2003)。

20世纪90年代后,随着去单位化的继续深入,计划经济体制下的“粮油政策”以及国有企业“大锅饭”“铁饭碗”等相继被打破,人才流动进一步加速。特别是1992年后形成新一波人口流动高峰,大量大学毕业生、专业人士以及弃官从商的人员也都加入到流动大军中来,极大冲击了20世纪80年代“离土不离乡”的限制。人口流动迁移的范围、频次和规模越来越大,“蓝印户口”“居住证”等政策的出台为城乡人口流动提供了便利。2001年3月,国务院下发了《国务院批转公安部关于推进小城镇户籍管理制度改革意见的通知》,全面推进小城镇户籍制度的改革,进一步放宽农村户口迁移到小城镇的条件,并将城乡户籍改革的权限下放到各地方政府,使得地方政府拥有一定的改革主动权。2003年以后,各地又推出新的户籍改革措施,停办蓝印户口;取消农业户口与非农业户口类别,逐渐推行城乡户口一体化;进一步降低城市门槛,以准入条件入户,扩大对专门人才的"居住证"制度。经过十多年的实践,2013年中共十八届三中全会提出,"加快推进农业转移人口市民化,逐步把符合条件的农业转移人口转为城镇居民,全面放开建制镇和小城市落户限制,有序放开中等城市落户限制,合理确定大城市落户条件,严格控制特大城市人口规模"。

2) 社会管理的改革

生产组织方式、户籍制度改革带来社会组织管理的变革。首先,单位制度外部的社会"自由流动资源"和"自由流动空间"的存在和不断壮大为城市居民个人和单位组织本身提供了获取资源、满足需求和实现利益的多元化渠道(揭爱花,2000)。诸如个体经济、私营经济、民办企业等大量新型社会组织和自由职业者,形成了众多"非单位"的社会阶层,客观上也使得单位对人口与社会的管理范围越来越小。其次,长期以来,单位为职工提供各种各样的社会服务都是被看作福利而不是一种激励手段,甚至单位职工认为这是单位理所当然的职责(李汉林,1993)。而现在,原本固化的社会结构被打破,社会流动增加,单位对居民就业管理的约束越来越小,服务设施也大多实现了社会化管理与市场化经营,管理这些设施的后勤部门与单位分离实现独立经营,或者是将这些设施交由其他商业性机构或个人承包。再次,随着城市政府再次赋权,单位原本作为城市中社会管理与整合工具的功能消失,单位的行政和管理职能逐渐被削弱,职工从"单位人"走向"社会人",社会统合的基础从单位走向社区,对城市居民管理逐渐由原来的"单位管理"走向"社会管理"。

20世纪90年代中后期开始,我国大中城市掀起了社区建设的热潮,民政部首先选择在北京、上海、天津、沈阳、武汉、青岛等城市设立了26个"全国社区建设实验区",探索基层社会管理创新,调整单位与居委会及社区的关系,并在实践中产生了多种多样的基层社区治理模式。虽然在社区治理的自主性、协同性与实效性方面还存在很多问题,但是社区治理的改革从单位制萎缩的过程中迈开步伐。

值得注意的是,近年来随着经济发展与人口流动的日趋活跃,社会矛盾也日趋频发,给基层治理带来很大压力。一些地方在社区管理中逐渐推行网格化管理,实现人口事务、社会事务等分片负责的新形式。另外,部分地区,如新疆天山赛马场东社区,通过跨地区联动、安排外勤人员、实行封闭式管理、以民生促管理等措施,建立起"单位化管理"。这种以单位为基础推进社会展现的"回潮"现象,成为一个需要继续深入讨论的话题。

7.4.3 社会管理与户籍制度改革的去单位化

从去单位的视角透视社会管理与户籍制度改革,表现在原因、路径和结果等多个方面。从原因来看,社会管理与户籍制度的改革很大程度上是由于生产组织去单位化带来的新情况与新问题,如流动人口、社会公共服务配套及社会组织基础等方面。其次,户籍制度与社会管理从单位化向社会化转变,是通过逐步取消附着在户口以及单位身份上的社会服务而不断实现的。换言之,随着单位承担的组织性认可和人身依附性逐渐减少,市场和社会作用得到了加强,社会整合与调控的组织基础从单位转向社区(卢汉龙,1999;李路路,2009),逐渐建立起新的社会组织模式。再次,随着社会管理与户籍制度改革的去单位化,社会成员获取外部资源和机会的渠道及空间进一步扩大,能力、教育、身份、职位等要素差异带来社会成员收入和地位的差距,由单位所固化和僵化的社会结构逐渐被打破,社会流动和社会分化越发明显。

7.5　去单位化与城市转型

在上述生产与社会福利制度改革的过程中,中国城市转型实践中的力量博弈清晰可见,单位制度弱化,市场因素强化,这种互动关联的过程影响到城市空间与社会的变迁重构的过程、路径与结果。

首先,去单位化代表着国家权力结构的变化。城市政府成为城市经济建设与管治的权力主体(吴缚龙,2002),取代了单位的力量与角色。因此,去单位化的过程存在于"拨乱反正、松绑除旧、国退民进"等去国有化、地方分权与城市赋权的过程中。单位制度由于对社会资源的扩充作用有限,在城市发展方面对城市的替代作用因之减弱,从而被城市所取代,城市政府也成为发展型政府。

其次,去单位化的概念展现了城市转型的内生性、历史连续性与多维度特征的表现(表7-1)。在生产组织领域,去单位化代表着改变"政企不分、管得过多过死、国有经济比例过高"的高度组织化局面,并在实际过程中着力通过扩大企业自主权、建立现代企业制度、调整国有企业布局结构等方式完成自身的去单位化。在社会福利领域,去单位化是通过剥离国有企业社会负担,将之推向社会与市场,从而逐步改变社会福利公共化与集体化的困局。随着户籍制度与单位所承担的社会管理职能的弱化,社会管理的基础也从单位转向社区,社区治理成为新的城市治理命题。

表 7-1　去单位化的制度实践

改革领域	单位化的含义	去单位化的含义	去单位化的途径
生产组织	国有化、政企不分、集中经营、国有比重过高	去国有化,按照市场经济规律组织生产	国有企业改革非公有经济的发展
社会福利	无所不包的单位责任;资源分配的唯一渠道	剥离单位的社会职能,实现社会福利的社会化与个人化	住房福利的货币化改革;单位后勤的社会化经营
社会管理	城乡二元的户籍制度;单位与非单位的二元化;单位的人身依附关系	单位人到社会人;单位管理到社区管理	放松户籍管理;降低附着在单位制度上的社会管理职能

其三,使用"去单位化"的概念,其意在分析制度转型实践中的动态博弈过程。特别是从旧的制度安排与去规制化出发,分析不同力量的对比及其构成的制度属性和转型形态,能够对城市转型及其制度实践形成更好的理解。总体来看,在自身主动改革的背景下,去单位化为非单位要素的发展创造了条件,形成了外部增量,使得单位制度的规模、控制力和影响力相对减弱,也正是依靠这些非单位要素的增量逐步消减原来单位制度的强势作用。某种程度上说,改革是通过开放实现的,开放原来单位体制对各种非单位因素的管理限制,默许各类新出现的要素,并在时间合适的时候确认其合法性。这条以放开为主的路径推动了市场转型的实现。

其四,去单位化也暗示制度转型实践的程度与方向。旧有制度的根植性之深、作用惯性之强都极大地影响了转型的过程,突出反映在社会福利与住房制度等领域,这与"摸着石头过河"的改革思维有关。扩展地讲,如果说中国城市转型是"摸着石头过河",河对岸或尽头是市场化,河流是社会经济改革实践,那么去单位化则可能是改革过程中摸着的"石头",通过从自身出发的、改革可控的"去单位化"逐步涉入改革的深水长河,体现了改革实践中渐缓渐进的思路与步骤。但是,也因为去单位化的程度是由改革者控制的,并且在某些领域缺乏自我驱动,因此出现多次的反复以及双轨制的长时间持续。因此,对于某些领域改革进程的延滞,市场转型显得缺乏足够的解释力,其本质上根源于去单位化的改革思维、利益博弈以及单位制度蕴含的合理性等方面。

8 去单位化的空间响应

社会经济制度的去单位化驱动了城市空间与社会的转型与重构,特别是土地利用与住房分配从单位化向去单位化的转变强烈作用于城市空间的生产机制,带来了城市建成环境与空间景观的巨大变化。在空间生产的视野下,吴缚龙(2008)从 CBD、金融街、酒吧街及供晚上娱乐消遣的特色街、庄严的城市大道、景观大道和大型城市广场、高科技园和经济开发区、西方式的门禁社区与城中村等新兴城市元素出发,认为中国正在经历所谓的"城市革命",而诸如现代化理论、全球化与地方化、依附理论等多种视角均不能很好地解释中国所发生的城市现象。弗里德曼(Friedmann,2006)认为,对中国城市研究需要注意历史连续性、社会—空间过程、城市视角与内生性的考察。本章在前面章节的基础上,立足于产权分析的视角,采用过程分析的方法,突出中国城市转型去单位化的起点与路径,概述空间组织的渐进式转型;运用案例研究的方法,结合城市建筑学等学科知识,刻画单位大院的产权实践与空间调整,归纳去单位化的空间过程。

8.1 去单位化与城市空间重构

基于实用主义的改革思维,中国社会经济改革从计划体制过渡到市场体制是逐步推进、底层驱动并且带有摸索性质的渐进式改革。在城市领域,随着人口流动、土地利用等领域的逐步放开,中国城市空间也经历了大规模重构,并与城市化交互作用,突出表现为"城市化带来空间外部增量,逐渐消化原有空间存量"的增量转型机制。空间存量,主要是指新中国成立后 30 年建设留存的单位化空间(生产城市、单位大院、工人新村等)。因此,在宏观的城市空间层面上,去单位化的过程就是快速城市化的冲击下城市空间组织重构的过程,包括"组织增量"和"消化存量"的双重任务,突出表现在与郊区化交织的城市空间扩展。郊区化,一方面受到城市制度层面上的去单位化影响;另一方面,为扩展城市空间、疏散旧城人口、积累空间资本、推动旧区开发创造了条件。

8.1.1 去单位化、郊区化与城市空间重构第一波

单位制度解体发生在城市土地有偿使用和国有企事业单位"去国有化"的大潮之下,继而又推动了住房制度改革。单位制度的逐渐瓦解,在空间上对城市的生产与生活活动的分隔离析引发生产就业与居住生活活动的分散与分化,直接解放了原来被单位制度桎梏的"人—活动—空间"的需求,导致了空间要素的再组织与结构性调整问题。城市空间重构首要解决的关键任务是,如何以"非单位"的形式重新组织城市的生产和生活体系,探索建立"去计划指令、去模糊产权与公有制陷阱、尊重经济效益和经济规律"的新型组织方式。

在这一轮重构中,市场功能还相对较弱,政府积极主动作为。加快"退二进三、退城入园",规划"工业外迁、居住分散",逐步建立了城市土地有偿使用、级差管制和分区规划等组织制度,实现了土地利用模式的转型。工业方面,各类经济技术开发区、加工出口区等大量出现,以60%以上乃至100%以上的年增长率超常规地高速增长,带来城市产业空间与居住空间的重构(王慧,2003)。居住方面,根据周一星等(1997)对沈阳的研究,人口高、中速下降型的街道几乎全在中心区,而近郊建成区边缘,特别是距市府广场6—12 km的区域,基本属于超高速增长类型。以本书第13章所研究的武汉为例,20世纪90年代初期,该市为了疏散中心区人口,就在杨公堤附近、后湖区域建设了大型经济适用住宅区,如常青花园、百步亭社区等安居工程项目。

因此,这一轮的城市空间重构主要是在去单位化的大背景下,对计划经济土地使用的行政指令化、刚性、缺乏经济效益的扭转和拨乱反正,是"以地易地"式的土地置换以疏解旧城职能,多以旧城改造的名义进行,"以空间换空间"。对居民而言,虽属自愿但主要是被组织、被迁居的被动郊区化过程。但从效果而言,改善了居民最基本的生活空间,有效地提高了居住质量。从单位的角色来看,虽然角色已经开始弱化,但是仍然在组织迁居、生产外迁方面发挥了重要的作用。从这个角度也可以看出,单位制度盛极而落,这种"去化"的过程是渐进的,表现了从单位到市场的渐进式转型。

8.1.2 市场转型、快速郊区化与空间重构第二波

如果说城市空间重构的第一波主要是通过城市空间的增量扩张实现城市存量空间的调整,那么随后的第二波则是在快速城市化与城市空间重构的双重背景下,对城市化后的增量要素和正在重构的存量要素的组织调整。这一阶段最为明显的特征是,随着制度层面去单位化的深入,市场力量逐渐扩张到各个层面并渗透到政府行为与地方管治等方面,土地及住房市场化、中央地方财税分权、地方竞争的制度环境逐渐成形、单位的权力进一步萎缩,是在"条条"的垂直系统收缩、"块块"的城市政府获得更多自主权和制度激励并逐步出现制度扭曲和异化的转型大背景下发生的。

第一波的城市空间组织主要是去计划指令,但并没有去行政力量,地方化色彩愈加浓厚,权力从中央分权至地方,从单位到城市,基层政府的积极作为一定程度上得到了认同和有效赋权,"积累体制"从单位转移到城市(吴缚龙,2006)。特别是随着土地有偿出让制度的改革,政府完全掌握了国有土地的一级市场,形成了对土地发展权的绝对管制。随着生产制度以及企业层面的去单位化,国有企业的总量越来越小,政府作为国有资本的代理人接受了去单位化的空间资产,对城市发展的掌控能力越来越强。事实上,在单位化时期,单位分权的治理体系形成了城市分散建设,以单位为中心而不是以城市为目标,使城市难以成为统一整体,为各方所诟病。

在城市空间调整和土地泛资本化的过程中,地方政府重新获得发展城市经济、改善投资环境、吸引资本流入的能力和机会,并延伸为"大力推进城市化、拉开城市框架、拓展城市容量"的城市经营策略。依此思路,地方政府利用空间资源,通过土地经营、资金杠杆滚动手法推动郊区房地产开发,将开发获利用于市中心改造,投入城市基础设施建设,并进一步推动郊区居住开发。在这一阶段中,中国城市的增长战略异化成为西方理论的增长机器、地方公司主义或者城市企业主义(Harvey,1989;Hubbard,1996),城市空间重构由经济效益与市场力量所控制主导,并和地方行为、土地财政捆绑在一起。

因此,随着市场思维的扩张,城市空间重构事实上形成了土地财政、城市经营的城市化路径扭曲与依赖。这种"以地生财"式的土地杠杆和城市空间的拓展多以建新城、设新区的名义进行,实际上演的是"以空间换资本"。而对居民的生活来说,既产生了"以足投票式"的主动郊区化和"挤出效应"的被动郊区化,也导致了对个体生活质量作用不一,并产生了有关公正性分异的社会效果。

整体来说,中国城市空间转型和重构的方向是市场化,内核是产权明晰,去单位化的过程实质上是国家与城市"产权关系重新界定与调整"(周其仁,2010;张五常,2009),改革单位化制度实践形成的旧的生产组织模式、社会管理方式和土地利用方式。换言之,单位化时期实际上是将个体整合在集体之中,将社会资源整体公有化,形成了超大型的公共资源体系。从城市空间组织转型的过程来看,产权关系的再界定、空间开发权的上移、积累体制的转移等成为去单位化在城市空间组织实践中的关键词。在公共资源重新界定的过程中,形成了城市、社区与个人的财产关系、空间关系与社会关系的调整,推动了城市在物质空间、社会关系与生活方式等多方面发生变化。这些变化也是发生在多个维度上的空间实践,突出表现为单位大院中空间关系的变化。

8.2 去单位化的产权实践

城市社会的单位化在社会主义改造中逐步消除私有产权(没收房屋如经租房①等),实质上确定了单位所有制等集体化与组织化的产权形式。在以经济建设为中心与去单位化体制转型的背景下,产权变化首先发生于组织结构的转制与产权主体的变更;其次,单位不再办社会,土地、住房与后勤经营体制等发生变化,开始形成多元化的产权构成与利用形式。

8.2.1 单位主体的变更

从权属关系上说,单位化时期土地及物业等产权关系都是清晰的,只不过是以组织化形态出现;机构改革过程中,也注意产权关系的承接流转。改革过程中,特别是国有企业改革过程中,形成了破产出售、内部人控制等不同转制形式。产权主体变更程度以及制度安排形式对原来的单位化空间(如工业镇、工矿点、单位大院、工人新村等)的作用与影响很大。变化最大的是市属国有企业,其次是中央国有企业和机关事业单位,最小的是军队国防等单位。

以北京市化工大院为例,其最早兴建于1954年,为化学工业规划设计院的办公场地与宿舍区。从历史沿革来说,1956年中央化工局、轻工业部的医药工业管理局与橡胶工业管理局等三局合并成立化学工业部,办公驻地为原中央化工局系统下化学工业设计院。1970年,化学工业部与1955年间从燃料工业部分离出来而单独成立的电力工业部、煤炭工业部和石油工业部等4部合并,成立燃料化学工业部(简称燃化部),办

---

① 经租房,在20世纪50年代中国治理整顿城市住房市场、仿效前苏联推动城市住房公有化过程中,将全国各主要城市的私有住房使用权收归国家统一调配而出现的住房类型。国家进行统一租赁、统一分配使用和修缮维护,并根据不同对象,给房主以合理利润。参见:中央批转中央书记处第二办公室的《关于目前城市私有房产基本情况及进行社会主义改造的意见》相关内容。

公驻地为原化工部大楼。这是化工大院第一次大的变化,其中包括:"文革"时期的军事化管制以及五七干校的干部下放,众多厅局院等机构撤离北京,分散在地方。1975年,"文革"后期,煤炭工业恢复部委建制,办公驻地为燃化部办公楼,新的燃化部改称石化部,搬迁至六铺炕。煤炭工业部新建了11号楼、12号楼,并改建9号楼、甲9号楼为煤炭部展览中心,化工大院的产权结构进一步复杂化。原煤炭工业部的住户大量迁入,加之"文革"后期重新组织机关事业单位工作秩序,石化部也安排了新住户,人口进一步混杂化。严格来说,化工大院已经不是职住接近型、产权完全单一化的单位大院了。但总的来说,大部分仍然归属于1975年后的石化部以及1978年后再度分出的化工部,进入一个相对比较稳定的时期,同时重新翻修和改建了一些居民楼,进一步改善了居民的生活条件。

1998年,国务院机构改革撤销7个主要工业部改设国家局,化工部与中国石油天然气总公司、中国石油化工总公司的行政职能合并,组建国家石油和化学工业局,归国家经贸委管理。2001年,国家石油与化学工业局被撤销,成立石油和化工协会,归属国有资产监督管理委员会管理至今。另一方面,早在1975年从原燃料化学工业部(燃化部)分出来的煤炭工业部已经发生变化,于2001年再度与石油化工局一道被撤销,成立国家安全生产监督管理局,与2000年成立的国家煤矿安全监督管理局合署办公,办公地点设在原化工部规划设计院与化工部、后煤炭工业部的位置。2005年,国家安全生产监督管理局进一步扩权,成立国家安全生产监督管理总局(安监总局)。此时的化工大院事实上已经形成了生活空间与工作空间完全分离的格局(图8-1、图8-2)。

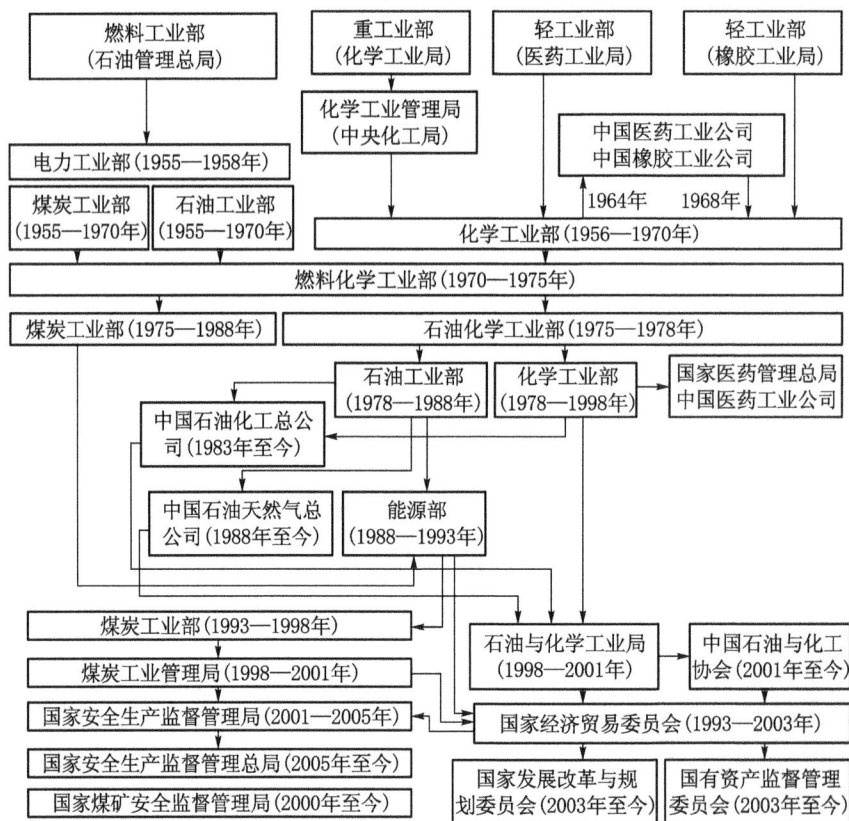

图 8-1　化工系统组织机构沿革

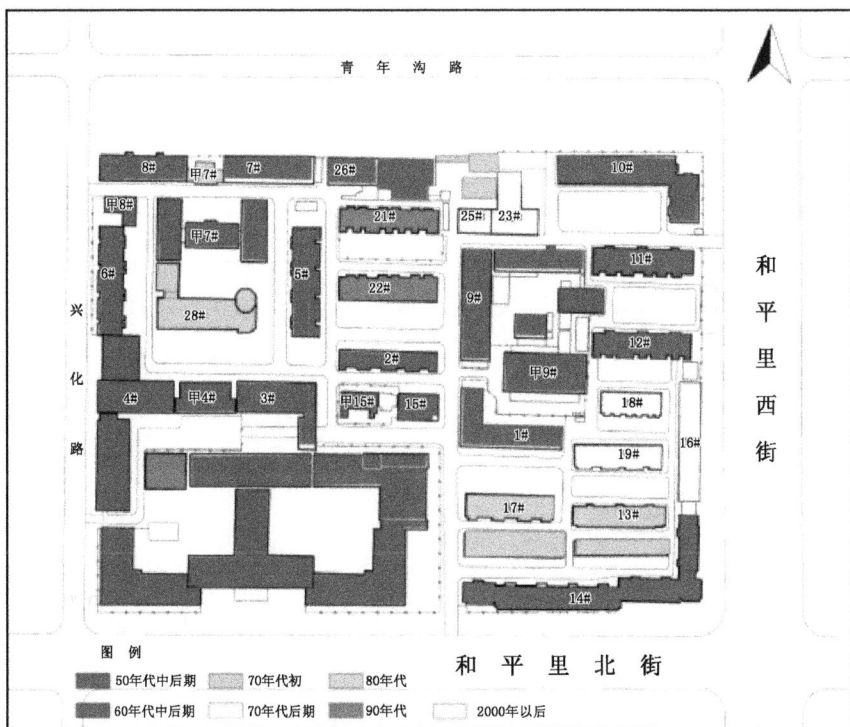

图 8-2　北京市化工大院主要设施的建设时序

较之化学工业部等机关事业单位变化更大的是工业生产企业。以京棉一、二、三厂为例，由中央国有企业逐步划归为北京市市属国有企业，1997年转制变化成为北京京棉纺织集团有限责任公司，成为法人独资公司，进一步摆脱了单位的社会职能，并在"十一五"期间完成生产主体区位转移，原来的京棉一、二、三厂等单位化空间完全变成了职住分离的居住区。同时，京棉集团调整发展思路，以盘活国有资产等形式，将原厂区转为莱锦文化创意产业园，同时在其他闲置土地上进行房地产开发，形成了多样化的产权格局，去单位化程度比较大（刘天宝等，2012c）。

产权主体受单位制度改革影响最小的是军队、国防科学工业单位以及高等院校单位（如北京大学燕东园、核二院、海军大院等）。产权主体的连续性与稳定性使之保持了原有单位化的格局面貌与运作方式。以北京市核二院为例，由于原来管理主体——北京市核工业第二设计研究院大体相对稳定，受到管理主体去单位化与市场化影响相对较少，其空间格局依旧保持原貌，产权关系比较清晰，去单位化的程度相对较弱。

8.2.2　住房改革市场化

住房改革也重新界定了产权主体。住房改革后，居民通过标准价格、成本价格、一次性买断等方式逐步获得住房产权。很多产权住户搬迁出去之后，出租或者转售住房，出现了很多非产权或非户籍住户。其次，获得产权的住户，在管制相对放松的条件下，私搭乱建，通过占用公共空间，在临街界面开店、占用地下室等多种方式，逐步在空间的产权关系上产生了新变化。再次，部分出租房再次出租形成了二房东、三房东等现象，构成了多层次的权利关系。以北京市某机关大院为例，非户籍常住人口已经超过了户籍常住人口,形成完全的倒挂局面。外省籍的租住户人口(842 人)也超过了北京籍的人在户不在的租住户人口数(411 人)(表 8-1)。住房改革通过租房、售房、买房等市场化行为,加速了单位大院的去单位化进程,人口构成的同质性逐渐趋向于异质性。

表 8-1 北京某单位大院人口的户籍构成

人口类别	数量(个)	住户类别	户数(户)
户籍常住人口	2 072	常住人口户	638
非户籍常住人口	2 526	流动人口户	293
其中人在户不在(北京籍)	411	空挂户①	378
其中外地租住户(外省籍)	842	集体户②	2
其中集体户口下常住人口	1 273	—	—

8.2.3 后勤体制市场化

随着去单位化与市场转型的推进,城市单位化空间的主体发生变化,住房等逐渐通过市场化的办法分配给居民,有待界定的就是后勤与公共空间的权属。从实践来看,主要有以下类型:其一,转制后的单位保留生活区,由主管单位引入物业经营制度,自建或者委托物业公司进行管理。转制后的单位基于经济利益考虑,倾向于运用市场化手段盘活资产。其二,原机关大院等国有资产划归国家或者地方国资委管理,后者成立物业公司委托管理。其三,新成立的单位对公共空间不承担明确责任。

以化工大院为例,随着化工部的撤销,资产重组方面,化工大院统一归属于国务院国有资产监督管理委员会石化机关服务中心管理。2001 年 5 月,该中心成立物业公司专营化工系统物业管理。2003 年成立化工大院项目部,对原化工部约 16 万 m² 宿舍楼、200 个停车位、5 326 m² 绿化、3 600 m² 的出租房进行管理、收费及大院售点、供水、供暖收费等实施物业管理。对外承担大院 8、9 号楼单身宿舍管理收费及防汛抢险等工作。

以建立市场化的"委托—代理"关系推动单位后勤经营体制改革,这是单位大院物业经营中的普遍做法。值得注意的是,委托主体的非人格化以及代理主体的人格化特征,往往导致目标函数不一致。物业经营的市场化运作,容易形成逆向选择与道德风险等,如消极怠工、未尽职责等机会主义行为,存在有效激励不足的问题。其次,公共资源没有形成很好的界定,由于缺乏业委会的监督等原因,物业公司往往倾向于公共空间市场化,比如将活动场地改建为停车场、在物业维修基金上投资缺乏积极性,等等。公共空间管理比较混乱与后勤设施经营体制改革紧密相关。在单位不再办社会的前提下,福利设施的投入持续减少。幼儿园、锅炉房等公共设施被改造或变更用途,如改建成礼堂、酒店宾馆、地下室等。通过承包、转售、公私合作等,引进了多种经营主体。

总体而言,在国有企业改革、国有资产管理改革以及住房改革等市场化的驱动下,单位化空间在产权关系上调整变化,表现为产权主体自利性、所有权构成多元化,特别是使

---

① 空挂户,即户口登记在本小区,但是没有住户在本小区居住。
② 集体户,即户籍关系中户主为单位,由单位与派出所共管,为暂时还不具备单独立户的居民设立。

用权方面在市场化的推动下进一步趋向于多样性。从"单位所有"到"混合所有",呈现出"个体清晰、总体模糊"的局面。一方面,构筑了适应市场经济改革的微观基础;另一方面,个体产权主体的人格化与自利性使得使用者影响更加明显,形成了功能设施异用与兼用、内部地块再分割与墙化、底层商业空间加密以及非正规建设与改造等空间响应。

8.3 去单位化的多维空间响应

8.3.1 功能设施异用与兼用

去单位化与单位不再办社会使公共产品的提供方式从计划提供到市场化配置,在委托经营的制度安排下,空间管制逐渐放松,在单位自利性的驱动下,原来单位大院提供的公共产品与公共设施加速转化,从外围向内部纵深转化,服务范围从本单位扩大到对外提供服务。

以化工大院为例,功能设施异用与兼用比较典型的有三种方式:其一,改建成为餐饮宾馆酒店。根据现状统计,尽管化工大院面积约 7 hm²,却开设了 4 家宾馆,提供超过 400 间客房。其中,2 家是由原来单位招待所改制经营后转为酒店,另外 2 家则是将原来的单身宿舍改造转为酒店。原来和平里宾馆餐饮中心改为高端消费的俱乐部。其二,改建为办公场所。如 26 号楼的宿舍区、废弃的锅炉房及浴室改造为行政办公场所,原来的幼儿园改为报社转为文化单位使用,原来的礼堂等改为会议中心与办公场地。其三,人防设施改造为地下室出租,如 21 号楼、17 号楼等(表 8-2)。

表 8-2　北京市化工大院功能空间调整情况

序号	楼号	现状使用	备注说明	功能调整时间
1	8	某宾馆	原为单身宿舍	2007
2	26	某大学驻京办事处	原为单身宿舍	2000
3	26	某出版顾问有限公司	原宿舍的基础上加高建	2000
4		某物业公司	在原锅炉房基础上改造	—
5	20	某装修公司	原为居民楼	2003
6	23	某酒店	原为居民楼	2011
7	甲8	某区禁毒办公室与禁毒队	原为保卫室,后加建	—
8	甲7	目前空置,原为某报社办公地点	原为幼儿园	2001
9	28	目前空置,原为某报社办公地点	原为幼儿园	2006
10	21	某公司宿舍	原为人防设施,后出租	—
11	9	某展览中心	兼做单身宿舍	—
12	9	某宾馆	原招待所,兼居民楼	1998
13	9	某餐厅	原来为招待所餐饮中心	2001
14	甲9	某部宣传教育中心与办公室	原先为单身宿舍,后改为办公楼	—

序号	楼号	现状使用	备注说明	功能调整时间
15	甲4	某酒楼	院招待所餐饮中心	2003
16	甲9	会议活动中心及生产研究中心、2间文化传媒公司	原为机关礼堂,后为会议中心	2001
17	甲9	美容美发店	礼堂的附属建筑	2003
18	4	某宾馆	原来的招待所改建	2002
19	3	某工程公司单身宿舍	原为设计院,后改制	—
20	3	某部工程建设标准编辑中心	原为设计院,后改制	—
21	27	某俱乐部	原为招待所休闲保健中心	2007

功能调整与设施置换主要有异用与兼用等方式。异用,即原来的用途产生变化,转换与置换成为新的功能设施。兼用,即在原来用途的基础上,补充新的功能,并呈现水平兼容与垂直兼容的特点。其结果是,居民服务设施用地减少,商业商务用地增多,多种功能空间与物质空间进一步混合,居住社区转变为商住社区,形成半封闭的城市街区(图 8-3)。值得注意的是,高等级商业商务服务设施的进入,带来设施的高级化与外向化,并且从外缘深入到内部。其原因在于单位制条件下,原空间的使用价值利用不足。一旦放松管制,在市场作用下,城市纵向的等级延伸到地块的内部,使得地块内部等级复杂化,等级体系进一步扩大。

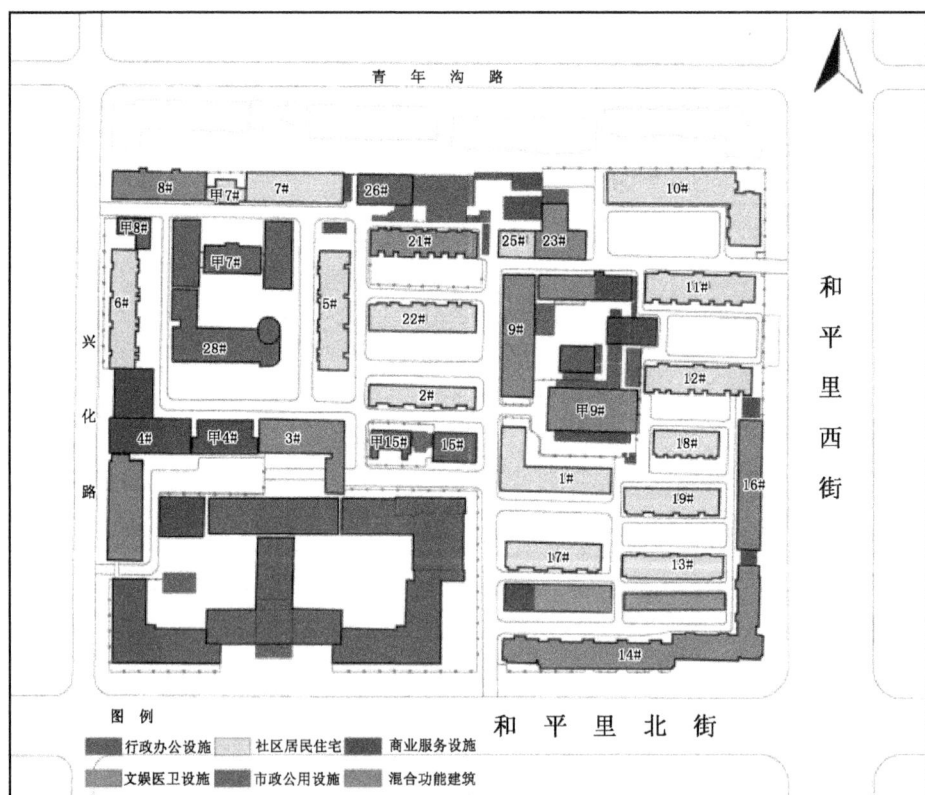

图 8-3 2010 年代初北京市化工大院用地现状

8.3.2 内部地块再分割与墙化

地块划分与使用权的重置,在内部地块上进行了重新划分,大院地块内部重新修建了封闭性的实体墙与半封闭的栅栏,建立了门禁系统。因此,尽管在去单位化的过程中,单位大院的人口构成、服务设施等逐步实现外向化,外部墙开始虚化,很多单位拆除了实墙,改用半封闭的栅栏、绿篱等进行围合(Lu,2006);但市场化改革后,地块进一步分割却导致内部的墙在进一步强化,通过墙体与建筑物的围合,实质上是空间所有权或使用权碎化后在空间上的表达。

以化工大院为例,由于办公单位变更为安监总局,已经与原生活区的居民在社会经济上联系很少,因此单独分割出来,并设立两处门禁(图8-4)。原来与后面生活区相联系的通道也已经封闭起来建立了甲4号楼。其次,礼堂改为安监总局的会议中心,逐渐从大院中隔离开来,仅保留了东西两个通道,并引入了文化传媒公司等单位。再次,原来的9号楼与甲9号楼围合成的院落在西南出口设立门禁,几乎完全封闭,成为国家安监总局下属安全宣教中心等小单位院落。同样,封闭院落的还有3号楼、21号楼、22号楼、25号楼、26号楼、27号楼、28号楼的前(后)院,分别改为老干部活动中心、某宾馆、某出版公司、某宾馆及某报社等封闭性的单位院落。

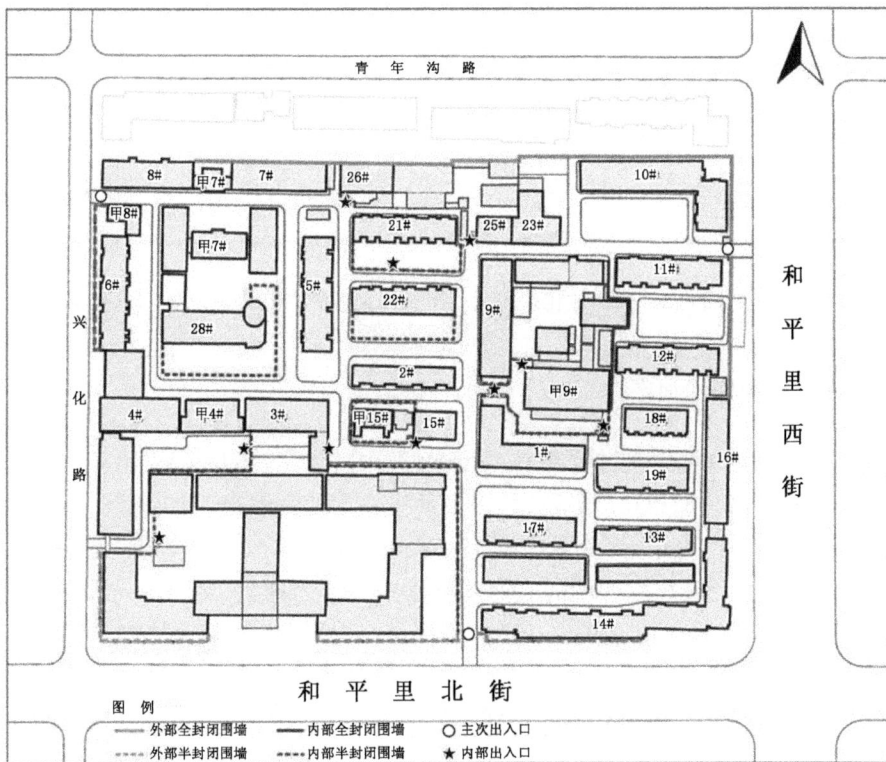

图 8-4　去单位化阶段北京化工大院的地块分割

再以石油大院为例,随着功能的混合与设施的开放化经营,内部的功能分区却进一步加强,被栅栏及建筑墙围合成30个院落(图8-5)。其中,工作区、居住区、教育区围合封闭性较强,外来人口的居住空间、居住配套的商业空间及其他混合空间等封闭性较低(杜春兰,2012)。

总体来看,由于产权关系的变化与经营体制的变化,大的单位大院中进一步划分小的单位院落①,形成新的"院中院"、"院套院"的空间结构,原先高度组织性的大院空间趋于碎化,内部空间的秩序分化,地块的可进入性、连通性、整合度下降,内部的围合度增强,地块肌理破碎,表现出去单位化在地块与领域上的空间响应。在建筑实践上,空间的"再墙化"表现出城市空间意识形态与建设实践中的边界原型,强调内外分隔性和内向性(朱文一,1998)。

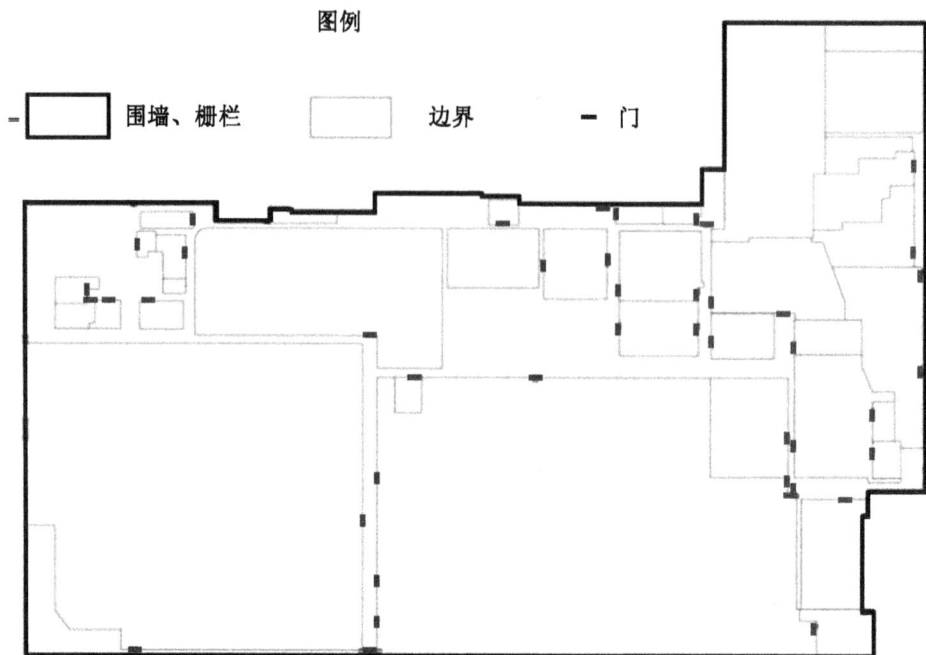

图 8-5 去单位化阶段北京市石油大院的内部地块分割

8.3.3 底层商业空间加密

社会经济的去单位化带来了市场的发育,原来被封闭禁锢的底层边界空间的商业价值逐渐凸显出来。原单位、物业公司以及居民在利益的驱动下,将底层空间改造、出租或者出售,逐渐在实践中形成了底层空间的商业化。

以化工大院为例,大院西侧的底商主要集中在 4 号楼,长约 100 m,共有商家 11户,以经营烟酒食品及礼品类为主;南侧,主要是 14 号楼 4—6 单元的住户将单元楼向南打通,形成沿街店面,长约 50 m,共有商家 6 户;东侧,也就是 14 号楼 7—12 单元的底层住户与底层住户向东侧开放。特别注意的是,和平里西街在没有整修之前为马路市场,因此,这一侧楼房底商的形成条件更好,发育时间更长,数量更多。在长约360 m 的街面,中间楼间也被告距搭建成平房开设店面,业态以服饰等纺织精品类、家政等生活服务类为主,共有商家 23 户(表 8-3)。

---

① 大单位划分成为小单位,在单位化时期也是存在的。但是,在单位化时期与去单位化时期,两者的性质是不一样的。从这个意义上,也可以引申出一个结论,即混合化不是单位化时期存在的过程,而是制度环境下受到行政力量或者市场力量驱动形成的结果。

表 8-3　北京市化工大院的底商业态统计

类别	西侧底商 （4 号楼）	南侧底商 （14 号楼）	东侧底商 （14 与 16 号楼）	小计 （间）
烟酒食品及礼品类	7	1	3	11
服饰等纺织精品类	0	1	7	8
文化体育等用品类	1	0	4	5
家政等生活服务类	2	2	9	13
棋牌等休闲娱乐类	1	2	0	3
小计（间）	11	6	23	40

以零售与生活服务业为主的底层空间商业化,使得原先的居住场所转换成为交换场所。资本与空间逐步建立了"结合与排除"的关系,店铺开间缩窄,地块划分细密,形成了立面秩序的连续性与差异性。因此,大院的边缘从原来的"一墙之隔",已经变得越来越丰富,不断向内渗透,产生了边缘"厚化"的特点。

边缘空间的快速商业化,显著地区别于计划经济时期的单位大院。无论对单位大院,还是对城市空间来说,这些边缘性的非单位化力量都驱动了大变化,成为去单位化的重要力量。如果广义地对科斯等(2013)所提出的"边缘革命"加以理解,本章认为城市街区或者大院边缘的"低、散、小、轻"的商业业态是被忽视的一部分。这些小微型的商业经营活动,对于破除彼时被高度单位化所禁锢而毫无生机的中国城市来说有着重要的作用,他们冲破了单位化所设立的禁忌,逐步在开放中改变了中国的城市主义。

8.3.4　非正规建设与改造

住房改革使居民获得住房的产权,一方面也对居民在住房紧张时期进行的私搭乱建所占据的空间予以确认;另一方面也使得获得产权的居民在配套管理政策不全面的情况下,开展了各种多样的非正规建设与建造。

以化工大院为例,主要有以下类别:①破墙开门。除了前述底商沿街破墙开门以外,还有就是南向开门,形成双入口。如 10 号楼南向开门,以解决北侧出行困难的问题,底层住户南向开门占据底层花园等。②底层加建。如底层阳台自然延伸加建面积改建成为小庭院,占据楼梯过道改为厨房或者厕所,楼间平房改为商铺等。③占用过道空间。以 9 号楼为代表,在过道后侧搭建棚舍等临时性仓库或住房;又如 23 号楼的过道被占用改为平房;在 7 号楼与 26 号楼的山墙檐口位置被建成为裁缝店;等等。④利用公共设施。如 15 号楼在配电房之间的附属用房、23 号楼原锅炉房的小偏房被占据,成为住房;甲 9 号楼,原先的仓库改造成为员工住宅。⑤室外垂直楼梯。由于垂直混合利用等,产生了很多垂直交通的需求,或为了区别产权关系,或为了节省交通空间,导致内部垂直交通空间的外显化。

相对比较特殊的空间非正规利用形成摊贩市场。以北京市毛纺南社区[图 8-6(a)]为例,在社区西北门入口处形成了"L"形的市场区。在京棉二厂的生活区出现了两处商贸市场[图 8-6(b)]。摊贩市场的出现集中代表了居民日常生活实践对城市建设实践与空间利用产生的重要影响,实质上表达了居民对于城市空间与社会的看法。

在去单位化背景下进行的非正规建设与改造,破除了单位化时期高度组织化与严谨性的城市空间利用特征,体现了私权的作用,体现了居民在去单位化时期围绕日常生活需要,对城市空间进行再利用与再建构,也表达了城市空间的去单位化。另外,私权的扩张实际上对公共空间的资源造成了影响,造成了公共空间的衰败,也体现了单位作用的日渐式微。

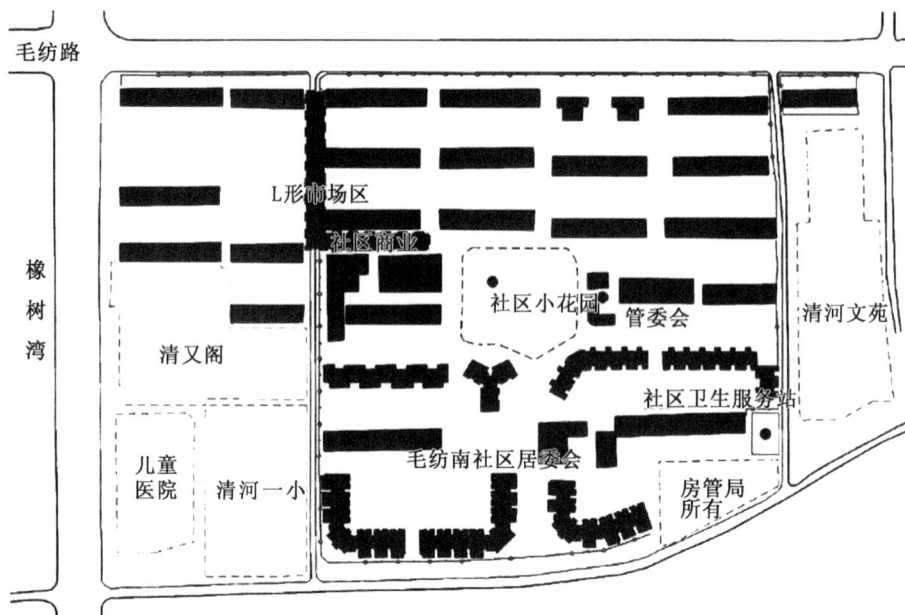

（a）毛纺南社区

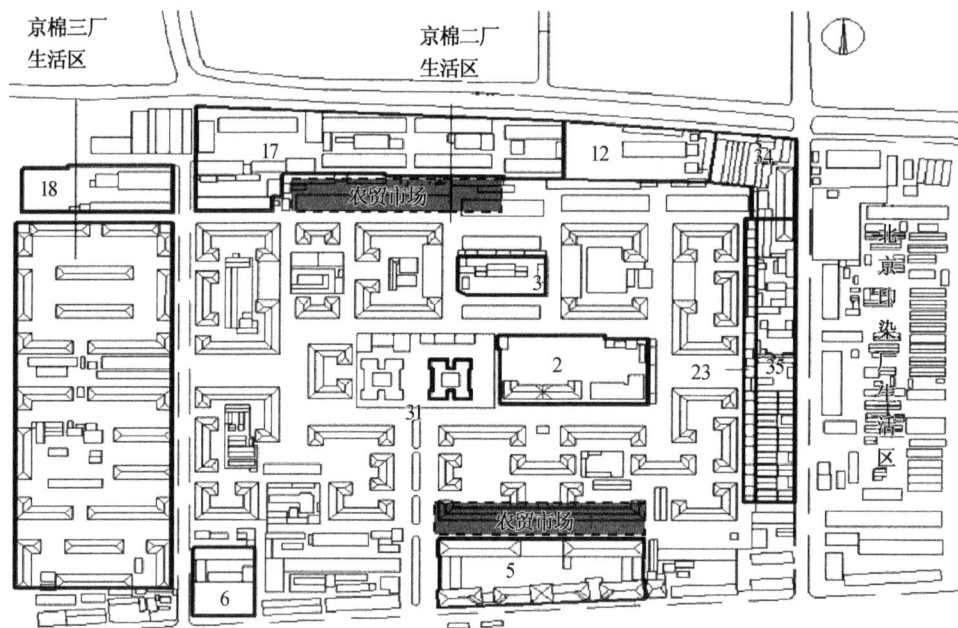

（b）京棉二厂生活区

图 8-6　北京市部分单位大院中的摊贩市场

8.4 去单位化的产权组合与空间秩序

8.4.1 产权组合与空间变更

去单位化在单位大院内部形成了复杂的产权实践,人格化与非人格化、产权利用形式与权利构成关系交错,形成了多种产权利用的组合形式(包括国有化、改造经营、委托经营、俱乐部化、市场化以及非正规化等技术形式)。在产权实践的框架下,形成了非正规利用、加密与兼用、转制、变更用途与功能退出等不同空间响应。产权关系的去单位化与市场化程度在技术结构、利用形式、时空环境中的差异性,对单位大院建成环境的非单位化具有重要作用,也一定程度上形成去单位化过程上的阶段性与路径上的多样性。

8.4.2 边缘与内部的结构秩序

去单位化在塑造具体空间设施功能与形态的同时,也重塑了单位大院的空间性。从边缘与内部的关系来看,边缘作为沿街立面,表现了连续与组合的空间形式,也在实质上变得可以进入,成为自我展示的部分,成为城市的参考。其所经历的加密与加厚等内容再现了去单位化的内涵,成为城市生活的显现部分。中心,即生活区,是住房与庭院的结合,是片段的、普通的、不可进入的,成为住宅的参考。社区的空间是实践着的空间,其表达的含义是隐藏的生活含义,地块的重新划分表现出混合、碎化与墙化的特点(表8-4)。

表8-4 单位大院边缘和中心的关系

边　缘	中　心
沿街立面	住房内部立面与庭院
连续与组合	片段而普通
可进入	不可进入
城市的参考	住宅的参考
再现、显现	实践、隐藏
加密、加厚	混合、碎化(墙化)

8.5 从单位大院到城市街区

为了理解中国城市的空间转型,本章回归到中国城市转型的根本特点,分析了产权关系的变化,并据此理解去单位化、空间组织与空间产权实践等内容,从而透视去单位化的空间过程与表现,重点讨论了单位大院在去单位化作用下的产权变化与空间响应。本章的核心观点是,去单位化的产权关系及制度实践在时间上与空间上的阶段性与多样性带来了去单位化方向、路径、速度与效果的多样化与复杂性。换言之,单位大院的解体是在大的体制调整、产权关系变化带来具体使用安排上的产权组合及其空间秩序的演变结果,是产权构成与空间利用日常实践的结果。单位大院在多重实践的作用下,逐渐演化成为城市街区。以居民日常生活实践为中心的去单位化,加快了原来单位化空间的演化,生成着一种新的结构与秩序,表现为优势空间的再继承与再复制、地块的破碎化等,也促使了社会关系的变化。

9　去单位化的社会表现

从城市空间的紧凑和混合到城市空间的分散和区划,城市空间重构促使中国城市空间的整体结构和社会形态趋于不平衡和异质性(柴彦威等,2011)。伴随着去单位化与市场化转型,单位制度逐渐从资源获取的正式渠道转变为以单位情结和区位惯性为特征的隐形机制,从单位到社区、从大院到小区成为城市基础空间单元变化的基调;单位本身物质空间和社会空间的剧烈变化引发了单位内部空间结构和土地利用的深刻变革,原有单位住房与新的社会设施的共存塑造了单位大院内部的新空间;"单位人"到"社会人"的变化开启了单位的居民组成结构和生活方式的转变。本章围绕去单位化的社会表现,从社会结构、社区构成、日常生活与社会心理等层面分析单位社会在生活方式实践上的转变过程,结合具体案例阐述去单位化对单位居民的居住模式、心理特征、行为表现及社区层面的影响。

9.1　社会分层与居住空间重构

中国城市的制度、经济与社会从传统的计划经济向现代市场经济转型是渐进式的体制转型,逐步推进的、从底层驱动的、带有摸索性质的改革带动了城市各领域的逐步开放。在渐进式改革的推动下,除了空间重构外,经济结构、社会结构和政府职能也发生了很大的转变,还直接改变了城市的生产方式和居民的生活方式,集中表现为城市不同时空尺度的动态性增强,原有的、固化的城市社会开始向开放的、流动的社会空间转变。

9.1.1　社会流动与社会分层

在去单位化阶段,中国社会由过去组织性及社会连带性极强的社会,转变为更多带有局部性、碎片化特征的社会(孙立平,2004)。随着单位制的解体和社会经济的转型,个人对组织的依附性相对降低,社会成员获取外部资源和机会的渠道增多、能力增强,由于能力、教育水平、社会地位、社会资本等要素的差异,社会成员的收入和社会地位逐渐分化,由单位所固化和僵化的社会结构逐渐被打破,社会分化和社会流动开始出现(李路路等,2009)。社会个体化的趋势明显,公有的单位利益让渡为个人的利益。个人成为市场经济中竞争的个体,收入成为社会分化和分层的主因素。经济分层取代政治分层,社会中心群体和社会边缘群体的差异扩大化(李强,2008),利益分配和贫富差距扩大,社会冲突与断裂趋势显著。

9.1.2　居住空间重构

在社会经济转型过程中,在独特的文化与制度背景下,收入的分化转换成为阶层分化,并在城市中的不同区域出现聚集,社会分层与居住分化互相促进,社会流动与空间流动相互影响,形成了空间分化的阶层分布。原有的以单位为主的社会空间向多元、异质的社会空间转型,初步形成了居住阶层化的现象。单体均质而整体异质的社区空间正成为中国城市的典型特征(李志刚等,2009)。中国大城市的居住空间总体上呈现出三个地带:位于老城区的旧居住地带、以单位社区为主要特征的混合居住地带、郊区的新居住地带(柴彦威,2000),反映出不同时期的住房制度以及城市空间扩张与重构背景下城市内部居住空间的分化过程(张艳等,2009)。

特别是20世纪90年代以来,随着经济体制改革的深化,社会贫富分化明显加剧,阶层分化的空间化进程加速。不同的社会群体的居住偏好和住房有效需求产生差异,因而导致了他们在住房空间选择上的差异,表现为社会分化和空间分化逐步相匹配、城市社会空间分异逐渐显现,诸如老城衰退社区、单位社区、城中村、经济适用房和廉租房社区、门禁社区等社区类型林林总总,在城市中成马赛克似的分布方式,形成居住空间的隔离。

9.2 迁居与社区杂化及过滤

随着转型期社会流动性的增加、居民收入的分化以及住房建设分配与管理体制的放松,居民住房选择和迁居决策的自由度逐渐增强,市场力量在城镇居民迁居中扮演越来越重要的角色。与西方国家类似,生命周期、职业流动、收入增加等因素在单位居民迁居中的作用显著提高,表现出家庭生命周期与代际需求驱动、职业流动与改善可达性、收入分化与改善居住环境、二套住房等多种迁居类型(陈零极,2007)。

特别是,单位社区居住标准较低以及单位社区的社会氛围形成了单位居民迁居独有的驱动因素。单位一个人的身份隶属关系向契约性关系转变,越来越多的单位居民开始追求独立的生活空间,将工作生活、社会生活、私密生活分离,摆脱由工作和生活高度混合带来的角色紧张和由熟人社会而带来的约束和不自由。另一方面,单位居民日趋频繁地向外迁居,在形成了新的居住空间的同时,也对单位社区的居住构成结构与社会空间产生重要影响,形成了新的住房市场过滤。

9.2.1 社区杂化

单位居民迁居的直接影响就是单位社区人口构成的变化。传统的单位大院里,居住者全部是单位成员及其家属。随着单位社区中的人员流动,社区的家庭与人口构成开始杂化。这种单位社区家庭"非单位化"的力量来自于社区内部和外部两个方面。

首先,伴随着特定地域中家庭生命周期推移而发生的人口自然更替,在更长时间尺度引发社区人口结构的变化。单位职工年老死亡,其住房由子女继承往往会割断了与原单位的纽带。并且,随着就业制度的改革,职业变化开始经常发生,居住在单位社区中的居民由于离职等原因已经不再隶属于原先的单位。其次,单位中高收入居民有能力改善自身的居住环境,又由于他们对于社区环境和住房质量的忍耐度低,因而不断地通过单位内部房源的优先获取或者商品房市场的购买来更换更好的住房和社区。再次,非本单位职工的迁入形成来自社区外部的"侵入"力量。单位制时期,"单位办社会"的形式导致很多优质的公共服务设施仍分布在这些单位社区周边,成为单位居民"隐形"的福利。同时由于较好的区位,目前的单位社区附近普遍集聚了很多的高端教育、医疗、消费、娱乐等设施。由于市场机制的作用,这些地区对于城市特定群体形成了极大吸引力。交通便利、就业就学优势、价格优势、安全保障等因素都是非单位居民迁入单位社区的原因。例如,北京大学周边的燕东园社区,由于处于北大附小的学区范围内,在交通便利和丰富教学资源的吸引下,大量城市核心家庭通过租住的方式进入该社区,单位住户出租房屋为非单位居民的进驻提供了可能。以同仁堂社区为例,社区所有住户中将近四分之一的家庭与该单位没有任何关系(表9-1)。

表 9-1　同仁堂社区中非单位家庭户数和比例

住房分期	楼号	总户数(户)	非单位家庭(户)	非单位家庭比例(%)
第一期	12 号楼、14 号楼	300	135	45
第二期	16 号楼、18 号楼、20 号楼	1 000	320	32
第三期	10 号楼、11 号楼	300	42	14
第四期	3 号楼、6 号楼、7 号楼	470	19	4
总体	—	2 070	516	25

注:"非单位家庭"指家庭成员中没有任何人就职于该单位。

　　住房私有化过程导致单位作为一种资源获取方式的地位逐步下降,单位社区的社会变化以单位居民迁居为动力,引发了单位社区住房权与居民构成的杂化。所谓杂化,从狭义上理解,就是原有单位社区的成员构成发生了改变,由同质性走向异质性,单位社区的稳定性和固定性也随之降低。具体来说,住房产权与居民构成的杂化可分为四个阶段(柴彦威等,2007)。(1)房—人—权对应阶段。房屋的所有权完全属于单位,居民家庭中至少有一位成员是此单位职工,单位事务(选举、党员活动)渗透到基层居民组织中,人际社交网络主要靠工作关系联结。(2)居民构成杂化阶段。居民家庭自身成员变动(子女成家搬走,或父母让出,或调换单位),单位批准的所属系统内部"调房",居民私下"换房"和出租,使居民构成复杂化。房屋所有权还掌控在同一单位中,但使用权很分散,居民家庭不一定与此单位有关。此阶段,非本单位的居民数量相对较少。(3)房屋权属杂化阶段。当社区中的大部分居民与此单位无关时,单位放弃对产权的掌控。居民可以通过"一次性买断"折价将单位房私有化,一些产权不清的房屋收归房产局,另一些房屋在国家指令下由其他单位接管,使房屋权属杂化。此阶段,单位放弃对所有房屋的照顾,居民构成进一步混杂,居委会的基层管理职能得到加强;(4)房—人—权混合阶段。社区居民、房屋权属都不在原单位直接控制范围内,原社区居民迁出、家庭结构变动以及房屋的公开交易与转租,原单位在社区中的影响完全消退,社区变成"混合式综合社区"(图9-1)。

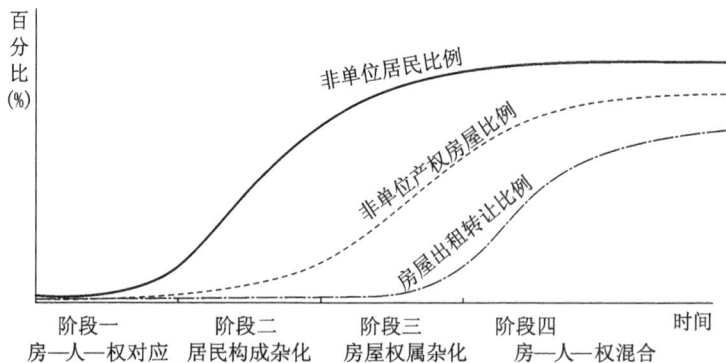

图 9-1　单位社区杂化过程的四个阶段

9.2.2　社区过滤

单位社区杂化的结果是社区的滤下(图9-2)。杂化过程中,单位居民的迁出是主要动力,大量居民迁出为住房周转和非单位居民迁入提供了空间,特别是在单位中具有重要地位和权力的关键人物的率先迁出,导致社区居民在单位中话语权的降低;非单位居民的迁入也使得单位对于社区的控制力减弱,个人自主性增强,社区归属感降低。同时,单位社区的年代久远使得房屋、设施的质量降低,单位养护成本提高,固定资产价值降低。当非单位居民占到一定比例时,单位出资维修、改善社区软硬环境的激励机制减弱,房屋质量恶化加速,对原单位居民的吸引力进一步降低。单位逐渐放弃所有权的控制,房屋产权的调换流动开始加速,在单位指令下或者私下的交易日益增加,社区住房与硬件福利水平急速下降。单位职能的剥离、资源来源与分配主体的多样化等都是驱动单位社区杂化的动力。

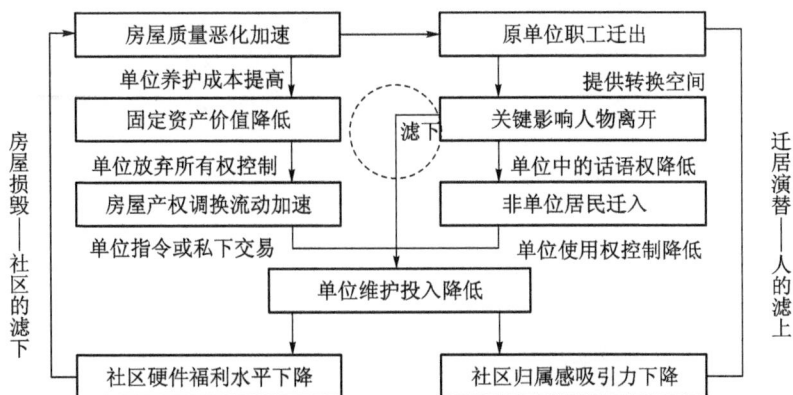

图9-2　单位社区杂化过程中的社区滤下

杂化与过滤两个过程相互作用使得单位要素在主动或被动的情况下逐渐撤出,非单位的要素逐渐渗透到原有的单位社区中。杂化的程度和速度与单位实力、房屋质量和居民属性等因素相关。一般来说,控制力强的事业单位或大型国有企业杂化过程较慢,而其他企业单位社区,特别是经历了较大的制度变革、规模较小或者效益较差的企业单位杂化显著。这一过程中,居民由于主动的搬迁经历了"滤上",社区和留下的居民却"滤下"了。很多居民因为收入较低无择居能力,或者由于对单位社区和熟人环境有较大的眷恋,没有搬出社区;当其原来的邻居相继迁出和社区的住房逐渐老化时,他们与社区一起经历了被动的滤下过程。

9.3　多维的日常生活变迁

由于收入差别的形成,社会流动与社会分层改变着中国城市长期以来受单位制度作用而形成的均质化的社会空间结构。随着城市物质空间与社会空间的变化,居民的日常生活环境也发生显著变化,突出表现在行为空间的外向化、时空利用的破碎化以及个体差异的扩大化等方面。居民日常生活的变化折射出单位制度变化对个体生活的影响,成为城市生活方式变迁最重要的特征。

9.3.1 行为空间的外向化

从整体上看,单位制度的解体带来了单位居民日常行为空间的外向扩张和行为模式的多元化。以北京大学时空行为研究组 2007 年在北京市燕东园、三里河、同仁园、和平里四个单位社区进行的居民活动日志调查显示为例,虽然在转型期有一部分的单位居民日常活动仍旧集中在社区附近,但已开始出现明显的职住分离和生活圈扩散。从四个社区居民工作日的时空路径可以看到,大学事业单位燕东园和机关事业单位三里河是传统单位社区[①],单位的控制力最强,居民的职住接近特征最明显,只有少量的远距离活动。企业单位同仁园作为转型单位社区,社区杂化明显,居民的活动空间向外扩散,活动模式更加多样。同样,企事业单位混合的和平里作为转型单位社区,居民活动空间的外向化虽然不显著,但是其居民的时空路径模式更加多样和复杂(图 9-3)。

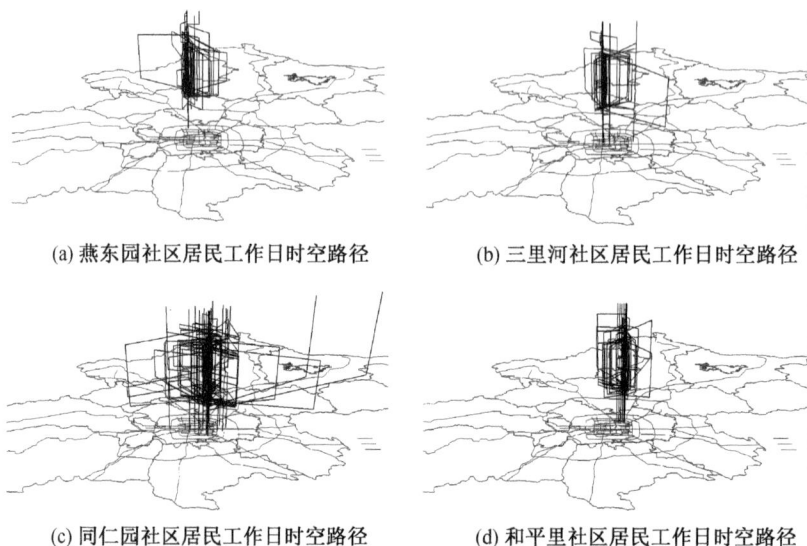

(a) 燕东园社区居民工作日时空路径   (b) 三里河社区居民工作日时空路径

(c) 同仁园社区居民工作日时空路径   (d) 和平里社区居民工作日时空路径

图 9-3 北京市部分单位社区居民工作日时空路径

调查数据显示,转型期单位社区居民的通勤距离有明显的增加趋势。转型单位社区的工作空间扩散特征明显,通勤距离扩展到 10 km 以外,工作活动距离家的平均距离是 6 km。但是,单位职住接近的空间布局和一体化的设施配套,决定了单位居民的家附近集中了居民日常生活所必需的生活设施,大部分的休闲活动集中在距离家 1 km 范围内,大部分的购物活动集中在距离家 0.5 km 范围内,大部分的非工作活动集中在距离家 0.5 km 范围内,说明社区尺度上就可以满足单位居民大部分的生活需求。以家为中心形成了居民的基础生活圈,家和工作单位之间的空间是居民生活的低级生活圈,其他城市空间是居民生活的扩展生活圈。

9.3.2 时间利用的破碎化

计划经济时期,单位通过工作制度安排和生活设施供给实现了对单位职工日常时

---

① 根据不同社区去单位化的程度,将程度较低的称为传统单位社区,将程度较高和处于快速向城市社区转型的社区称为转型单位社区。

间利用安排的整合。单位化的空间安排、工作时间和劳动保障制度形成了单位居民规律性的生活模式,代表了一套标准化的生活时间表,塑造了以固定活动和基础生活需求制约为特征的单位居民生活节奏。转型期,去单位化导致了社区居民原生活节奏的失衡,时间利用破碎化程度逐渐加深,并在不同类型社区之间形成分异(图 9-4)。

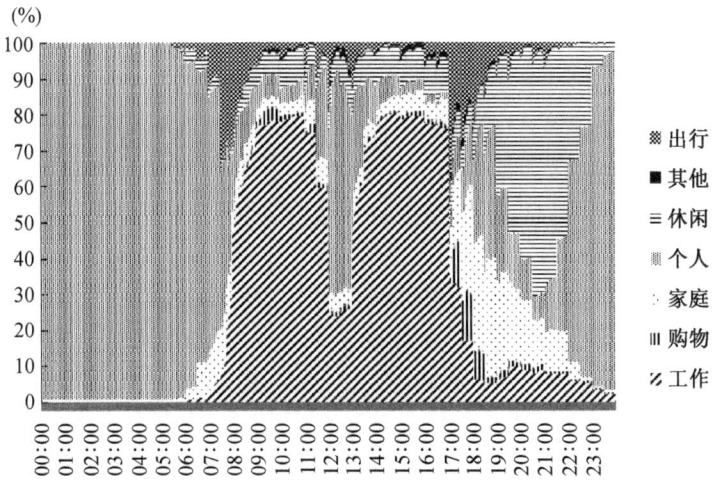

（a）传统单位居民工作日时间节奏

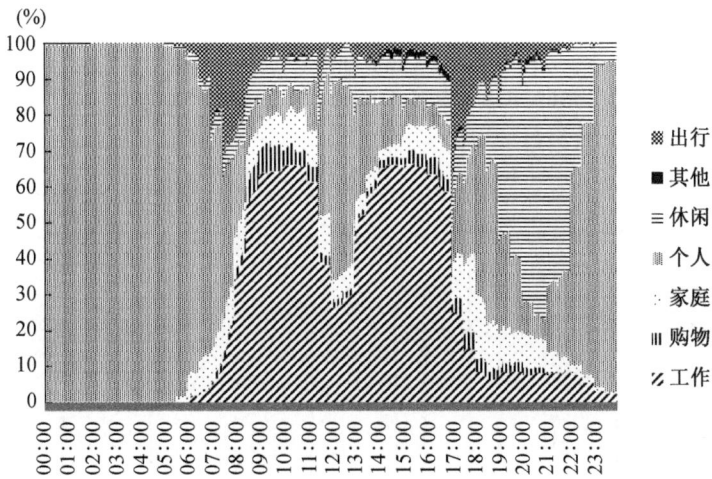

（b）转型单位居民工作日时间节奏

图 9-4　北京市不同类型单位社区居民工作日时间节奏

传统单位社区居民依旧较好地保持着原有的生活模式,表现为上下午两个显著的工作活动高峰期,第一次大概是上午 8 点到 12 点,第二次是 13 点到 17 点。18 点之后大部分传统单位居民完成工作活动,其他活动显著地集中在晚间,并以休闲活动为主,表明了传统单位居民以睡眠和工作等为主的时间利用结构,工作对于居民的生活表现出支配特征,居民活动的时空固定性明显(柴彦威,1999)。

相较之下,转型单位社区居民的生活节奏更加多元化和破碎化。50%以上的单位居民中午有外出就餐活动,从一个侧面说明单位提供食堂的情况减少。同时在白天的其他类型活动多于传统单位社区,尤其是购物活动的比例更加显著,可能是由于转型单位社区中退休和无业的居民比例更高。出行的分布更加平均,说明去单位化使得居民出行行为增加,验证了去单位化后生活圈的扩展。总体而言,单位社区依旧保持着以工作为制约的时间利用安排,空间的临近性使得生活时间相对完整,但是去单位化带来了居民日常活动空间与时间的改变,加班、出行增加等都使个体的时间安排愈加灵活和破碎。

9.3.3 个体差异的扩大化

随着社会转型的深入,单位居民的生活空间扩展到整个城市,与原有的单位生活产生了明显的对比。居民的日常生活不再封闭于单位空间内,呈现出开放化的特征。不同社区的居民之间、社区内部的居民之间、新居民与原社区居民之间的差异也越来越明显,不仅表现在移动性的差异上,也表现在时空间利用的结构与质量等各方面,成为社会公正研究的重要维度。

以第6章中分析的清河毛纺厂单位职工样本1和样本2为例,可以看出单位转型对个体作用的差异。单位转制被买断工龄后,样本1进入街道爱心服务站,工作时间为9点至17点。职住距离的增加延长了她上班的通勤距离,而且工作性质使得她的时间安排更加灵活。她能够用中午休息的时间完成一些家务和个人活动的安排,活动时空秩序的安排能动性得到了显著的提高。受职住距离扩大的影响以及城市交通发展所带来的个体移动能力的提升,样本1的日常活动空间得到了很大的扩展[图9-5(a)]。除了在家养病的丈夫外,女儿等家庭成员的生活活动空间都得到了扩展,尤其是女儿每天下班以后都会有丰富的社交与娱乐生活[图9-5(b)]。

下班后有时去农贸市场买点菜,那儿菜便宜……有时去超市逛逛,看看有什么可买的……看情况吧,自己想逛就多逛一会儿[1]。

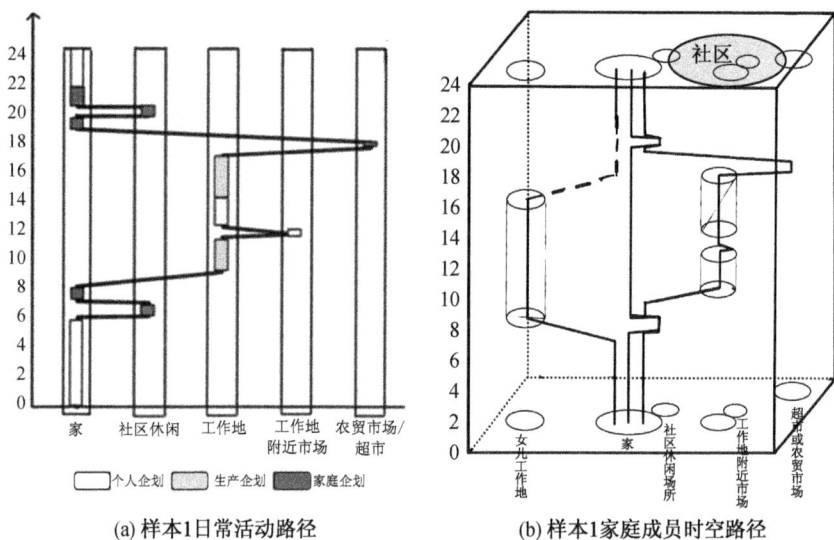

(a) 样本1日常活动路径   (b) 样本1家庭成员时空路径

图9-5　工作日原清河毛纺厂某职工的日常活动路径和家庭成员时空路径

注:虚线表示时空路径具有变化性。

对于样本2,日常生活中没有了强制性的工作要求,孩子迁出、丈夫早出晚归工

---

① 北京市清河毛纺厂单位职工访谈资料。

作,家务活动所要求的任务也相对较少。因此,她的日常生活以实现自身的休闲愉悦为主要目标,对于自己的日常生活安排有很高的自由度,以个体的生存与发展、实现愉悦身心为目标的个人照料的活动存在很多的选择,或决定出远门活动,或在社区附近活动,或者在社区内部活动。

早上起来洗点衣服剥点花生就出来买菜了,如果我今天打算出来就早点出发到北海玩儿,坐公交去,现在公交多方便啊!

九点吧,我们俩(朋友)爱唱戏……公园里这边先是跳交谊舞的人,完了我们就开始唱,玩到下午一两点钟再回来,一周可能去三四次,也可能不去,不一定。

我有时候,就一天都上网,我上聊天室,听他们聊侃,也挺有意思,听他们吹牛。晚上也是上网,有时候偷菜、拖拉机、斗地主、唱歌、看衣服,让孩子帮着买衣服,下载歌曲[①]。

另一方面,迁入社区的新居民给单位社区带来了新的城市生活方式,生活空间范围扩展到整个城市,进一步促进了单位生活空间的转变,与原有的单位生活产生了明显的对比。以北京大学燕东园为例,大量年轻的核心家庭因就学就业等原因迁入社区,但是这些家庭的家长工作和主要的社会交往都在社区之外,同时这些家庭往往有第二套住房,周末、假日的休闲时间往往离开社区。

9.4 复杂的社会心理响应

9.4.1 社会交往的分化

随着单位制度的消失和单位管理的退出,居民和单位之间的联系逐步减少,以单位情结为基础的社区认同开始发生改变。而新搬入社区的居民由于非单位的背景、暂时性的居住方式、外向化的生活空间和社会网络导致了对于单位社区认同和情感的缺失,转型期单位社区的社区感正在逐步转变。城市开始出现"原子化"的倾向,表现为单位制度变迁过程中单位人社会联结状态发生的变化,包括个人之间联系的弱化、个人与公共世界的疏离以及由此而衍生的个人与国家距离变远(田毅鹏,2007)。原来以单位社区为中心的高度重合、简单的社会网络关系逐步外向化,居民的交往范围和网络大大扩展,交往目的、方式和内容日趋多样化,社会关系复杂化。

虽然转型期单位居民的流动性日益增强,活动范围日益扩大,但是他们依旧存在着对于单位社区的依赖性,家、社区空间仍然是日常生活和社会交往的重要领地。一方面,对于已经逐步步入中老年期的单位居民来说,虽然受到能力制约的程度不同,对城市空间中资源的利用程度与利用范围也有所不同,但社区对他们日常生活中的社会交往和生活质量保障的作用仍十分明显。另一方面,单位作为一种隐形化的人力资本,最重要的体现就是为单位居民提供了日常交往的空间,因此单位成为居民生活中重要的情感依托。总体上,社会交往的群体从当初因为同期进入单位或因同车间关系而结识的工作资历相当的同事群体,逐渐向以生活境况相仿为前提的群体交往转移。老年单位居民的社会网络与社会交往的发生更多基于多年前的同事感情和同等的居

---

① 北京市清河毛纺厂单位职工访谈资料。偷菜、拖拉机、斗地主都是网上娱乐活动。

住经历,同时主要是依靠社区内部的社会交往满足其情感需求。

"文化大革命"时期搬来的,平房是新盖的,串联的时候住过来的……老人们经常就在这儿聊聊天,一般下午都上这儿来,两点半到三点半出来聊会儿天①。

毕竟这里人都熟悉,我出门没带钱,随便找人可以借到,有什么事儿啊,都有人,毕竟在这里生活几十年②。

随着单位制度的解体、单位大院的外向化以及单位居民的迁居,单位社区内的社会交往开始发生了显著的分化。一方面,早期建立在生产生活重叠基础上的社交网络,随着工作维系的消失逐渐瓦解,旧有成员的关系逐渐疏离。特别是对于一些转制的企业单位来说,职工买断、下岗以及企业搬迁、破产等都造成了群体共享空间记忆的消失和个体社会网络的解体。而且,由于原有部分单位居民的迁出和新居民的非单位背景,单位社区的社会网络出现扩大化和外向化的趋势,原有的"孤岛"式的单位人际关系开始转变。以京棉二厂为例,集团重组后,原来单位职工以工作为基础的社会网络解体(叶昱,2010)。

"各奔东西了""现在都不一个班了谁都找不着谁啦""基本上没有联系了,现在厂子也没有了,不经常活动"③。

以非单位新居民为代表的亚文化群体进入单位社区后,社区居民之间出现了文化隔离与生活方式冲突等新的现象。这些现象是现实社区中单位力量与非单位力量作用的必然结果,并且会随着单位社区的转型而逐步增强。文化与生活方式的差异性导致了不同群体之间的交流减少,单位的亲密首属关系逐渐淡化,次级社会关系越来越占主导地位。非单位居民的侵入,更使社区居民的熟识度降低、社区邻里之间的关系淡化。由于缺少共同的生命经历,单位居民往往对于新的社区成员缺少了解与关心的愿望;新搬入社区的居民也由于高流动性和生活时间的冲突,难以融入社区的社会关系之中,新的社区文化的生成也就越发困难。

我们也不知道谁是外面来的,谁是自己的,也不太关心……(交流)邻居很少,基本和在外面住一样④。

北京市同仁堂社区的研究发现,只有1/3的居民遇到同单元的邻居时会打招呼,而不到1/6的居民遇到同楼的邻居时会打招呼,知道自己对门家中任一成员全名的不足1/8(陈零极,2007)。

我2003年搬来的,和对门的——也是搬来的,到去年停电才第一次说话——原先都关上门各干各的,三年了才有来往⑤。

从社会交往的维度看,业缘和地缘共存的社会关系构成方式改变了单位社区相对单一的社会网络模式,次级社会关系的重要性不断加强,人际关系逐步疏离,不同群体间表现出社会网络的分异隔离特征,邻里相处也越来越趋于理性。当然,人际网络的转变也改变了单位社区原有的人情压力,社区对于居民行为的包容性和宽容度开始增加。

---

① 北京大学燕东园社区居民访谈资料。
② 北京市清河毛纺厂单位职工访谈资料。
③ 北京京棉二厂单位职工访谈资料。
④ 北京大学燕东园社区居民访谈资料。
⑤ 北京市同仁堂社区居民访谈资料。

9.4.2　身份认同的断裂

在计划经济体制时期,工人阶级的群体认同是一种对他们的特殊身份的认同和对单位的认同;而转型期这种认同越来越转变为对传统身份和权利的认同以及对国家政策赋予的权利和利益的认同,是在国家意识形态、法律制度以及社会政策的共同促使下逐渐形成的(吴清军,2008)。以京棉二厂为例,单位职工身份认同的转变不仅体现在体制内外的差异,也表现为体制内部的分异与对立(叶昱,2010)。

首先,改革推进了体制内外的社会流动,单位内部开始出现不同群体之间的相互渗透,高度流动的临时工进入企业内部,单位职工开始以各种方式离开单位,单位社区内部的身份属性越来越多样化。其次,企业劳动用工和住房分配制度的改革是造成京棉二厂单位职工对立的主要因素。一方面,在用工制度改革中得以留下、重组后新集团工作的人能多享有原有单位体制留存和市场经济体制引入的双重利益;另一方面,原有单位体制中的住房作为基本福利品被再分配,掌握资源分配权的人进一步强化了自身的资源优势。在体制内部形成了工人与干部的阶层对立,而以往以工作场所为核心的单位意识逐渐减弱。京棉二厂的研究发现,阶层之间在居住条件、收入分配等方面的差别越来越显著(叶昱,2010)。

这种社会分层在社区空间中主要以居住空间分异的形式表现出来。干部等权力阶层居于顶层位置,底层工人大多禁锢于建厂初期的老旧住房。身份分异及其空间表征强化了单位职工的被剥夺感,不利于促成居住空间社会网络的形成和健康发展。

9.4.3　单位情结的延续

长期以来,单位作为一种制度和统治手段,对其内部的单位人进行着全面的社会化过程。人们在进入单位的第一天起,就在不断地适应着资源单位所有和个人所求之间的矛盾关系。衣食住行、生老病死等一切生活问题都在单位组织中得以解决,小而全的包办社会使得单位人在制度框架内不断调整和重塑着自我的行为方式、价值取向,尽可能符合单位制度的规定以取得更多的资源,以保障和提高自己的地位。去单位化以来,有形的单位社会虽已逐步走向解体,但无形的单位仍在影响着居民的生活方式,在人们的心理、生活和行为中仍然保留着挥之不去的单位社会的影子。以前生活和工作过的单位远不只具有职场意义,更意味着一个从摇篮到终老的生命历程,一个嵌入扎根的社会网络,意味着一种割舍不断的观念和意识,一个制度化的社会结构。单位居民长期的单位生活经历和对于单位的依赖,形成了强烈的主人意识,他们追求相对同质、封闭的单位社区环境,具有强烈的社区责任感、身份认同和单位情结。

单位居民依旧存在严重的单位依赖。单位提供场地、组织活动、维护居住环境、全面管理个人生活依旧是居民对于其单位的期盼。在北京市燕东园的访谈中,居民多次提到"单位管理""单位提供""单位应该""我们单位"这样的词汇。而京棉二厂的研究更加验证了这一事实。虽然社会交往和身份认同开始发生转变,但是单位居民依靠共同的基本生活空间、集体记忆依旧存续着单位情结(叶昱,2010)。单位成员长期以来的日常生活都集中于相对单一和封闭的单位大院之内,产生了强烈的地域归属感,单位空间特征作为一种生活场景的记忆载体,依旧能够激起单位职工的共鸣。单位所提供的社会职能投射到个人对于成长记忆的点点滴滴,表现为对于社会空间模式和建筑形态的怀念,成为单位职工的集体记忆。京棉二厂的几位职工在回忆他们的生活经历中反复提到："到处都没有那样的楼，这是先进的，这是前苏联引进过来的……历史上是挺好的""有时候做梦还梦见在车间干活""童年的记忆，没啦，什么礼堂什么也没了""我们单身宿舍也是双上下铺……慢慢都结婚啦"。

9.5 去单位化与城市性的再生

转型期，单位社会空间发生了剧烈的变革，"单位人"到"社会人"的变化开启了单位的居民组成结构和住房产权的杂化，"单位性"向"城市性"的演变促进了单位居民生活方式的动态性转变。传统单位社区与杂化的单位社区之间在居民构成、社会交往、社区认同、日常行为等维度都表现出了生活方式的差异性（表9-2）。在转型期，单位社区逐渐由单一纯粹的单位社会杂化为以流动性为特征的城市性社会。单位成为城市社会转型与空间重构的缩影，集中体现了中国城市社会空间转型与生活方式的现代化进程。

表9-2 单位社区杂化与居民生活方式变化

杂化维度		传统的单位社区	杂化的单位社区
居民构成	构成方式	单位职工及其家属，同质性	复杂化与异质化
	社区流动性	成员组成稳定性	迁居增加，流动性增强
	住房产权	单位公房、房改房	产权多样化
社会交往	社会关系构成方式	业缘为基础	业缘、地缘共存
	社会关系亲密度	首属社会关系，亲密	次级社会关系增加，人情疏离
	社会网络	工作关系延伸、熟人社区	分异隔离、外向化
	邻里关系相处方式	人情感情为主	理性人格
	社会压力	人际压力大	包容性
日常行为	行为模式	同质化	多样化
	生活空间	单位为中心的生活空间	生活空间城市化
	空间利用	单位居民的半公共空间	开放化与社会化
社区认同	社区感	单位情结	缺少社区联系
社区性	社区生活特征	准乡土性	城市性

去单位化以来，单位成为城市社会转型与空间重构过程社会问题和矛盾无法绕开的主体。住房市场化转型增加了个体依靠自身能力和偏好进行择居、迁居的可能，有条件的单位居民开始迁出单位社区寻找更好的住房，提升自身的居住条件，同时也带来了整个单位社区和残留的单位居民的滤下。过滤、杂化、残留等一系列的社会过程在增加住房市场的流动性、改善迁居居民居住条件的同时，也导致了单位内部贫困和老龄人口的集聚。特别是一些工厂企业周边单位社区，由于周边环境恶劣、大量下岗失业人员残留，形成了新城市贫困人口聚居区（Wu，2007）。较低的收入水平和住房私有化的固化作用将这些低收入居民限制在了单位社区内部，其生活质量堪忧。单位

内部的集聚隔离和不同单位社区的分化进一步加剧了城市空间的分异与隔离。

　　单位制度的退出与非单位居民的涌入，导致单位社区内部人际关系的疏离和社区感的下降，曾经以"熟人社区和首属关系"为特点的"单位社会"逐渐消失，取而代之的是高度流动性、不稳定性、不确定性社会网络带来的表面性、短暂性、片面性和匿名性的人际交往，人们的生活质量下降，社区感和地方感逐渐弱化并趋于消失。如何将自由开放的城市生活方式与社区固有的亲密稳定的单位情结和首属关系结合，营造良好的社区感，为不同类型居民提供安全、稳定、和谐的居住环境和社区生活，是未来单位社区转型的重要命题。

9.6　从熟人社区到现代住区

　　为了理解中国城市的社会转型，本章从城市、社区、居民个体等层次分析了单位制度变化引发的多维社会转型过程，分析了居民生活方式的变化，并据此理解去单位化在社会心理与日常行为层面的响应，从而透视去单位化的社会过程与表现。

　　本章的核心观点是，去单位化导致了社区人口构成的复杂化，人们的生活方式在日常行为与心理等多个层面发生剧烈的变化。换言之，单位社区的杂化与转型是在体制调整背景下，居民个体与群体的组成结构转变与生活方式变化共同作用的结果，是社区城市性再生的结果。随着市场化转型与单位社区的逐渐老化，单位社区必将退出历史的舞台，但是其职住平衡、土地利用混合、人性化尺度和深厚的地方感等优势特性却是单位居住区留给中国城市的不可忽视的财富，对中国城市发展建设、改进社区治理具有指引意义。

10　去单位化与治理转型

　　去单位化的制度实践与城市社会和空间秩序的变迁相互交织,突出表现在城市社会调控与管理基础从单位制转向社区制,社区逐渐成为城市治理的基础。这一转变改变了单位长期作为城市治理基本单元的角色,逐渐分解着"国家—单位—个人"的依附与控制关系,以单位为基础、集体性、组织性与政治化的"单位社会"随之逐渐退出历史舞台。尽管社区在中国城市治理中有着更强的行政角色与意义,并与西方城市有着截然不同的演变路径,但是社区逐渐成为中国城市社会主要的组织形态和生活领域(Bjorklund,1986;胡伟等,2003;田毅鹏等,2005;李汉林,2007)。

　　针对单位向社区的演变,包含地理学与规划学者在内的多个学科从制度设计、空间实践与社会生活等多个方面对此进行了充分研究(见本书第7—9章)。但是,针对社会治理,现有研究主要集中于单位社区的组织模式(田毅鹏,2004;Bray,2005;乔良,2009)、社区公共品提供方式的转变(田毅鹏等,2005;乔良,2009)等,并且研究主要集中社会学、管理学、政治学等学科,缺少空间的视角与地理学者的参与。事实上,空间是理解权力问题的关键,这不仅仅是因为治理发生在空间中,更因为空间的形成影响了治理本身的可能性(Lefebvre,1991;Soja,1989;Allen,2003)。本章将结合前述章节的论述,从去单位化的视角透视中国城市治理的转型;采用对比性的案例研究方法,刻画传统单位空间治理社区化的转型过程;阐述现代城市社区的治理设计,探讨中国城市治理空间单元与基本策略由单位向社区的转变。

10.1　城市治理的去单位化

10.1.1　城市治理基础的变化

　　如前面章节所述,改革开放以来中国城市在去单位化的过程中形成了多种结构性的变化,例如城市与地方政府自主权增加、经济发展中私人部门的重要性提高、非政府部门及其活动急剧扩张、大规模城市开发与城市经济重构下居民迁居与流动加速、空间与社会极化加剧等(Shen et al,2004)。这些变化不断冲击着以单位为基础的城市治理体系,具体表现在治理对象的复杂化与治理主体的多元化等方面。

　　1) 治理对象的复杂化

　　单位体系内部国有部门就业衰落,出现大量下岗者及与日俱增的离退休人员,职业流动的加快,住房、就业与再分配之间的联系被有意图地切断(吴缚龙,2002),进一步推动"单位人"向"社会人"转变;单位体系外,私人部门的兴起和农民工流动的加速使城市社会群体中出现了新的社会经济团体,企业家、私人企业的工人和农民工全然独立于原有国家体系(Friedmann,2005)。在失去"单位人"的身份标识后,收入和贫富差异成为社会阶层划分的首要决定因子,职业和教育文化背景是阶层分异的重要因素(闫小培,1999;郑杭生,2002)。在单位体系内与单位体系外,社会个体跨单位、跨地域、跨阶层的流动增加了社会的复杂性与多变性,社会从有规则、蜂窝状的团体型社会向不规则、原子化的个体型社会转型(彭勃,2006)。面对阶层快速分化与社会个体需求的多样化,城市公共事务也日益复杂,超出了以往单位体制的控制范围。

2) 治理主体的多元化

随着资源配置结构的日趋复杂、多元与动态,政府与单位不再是唯一的资源配置主体,其他利益相关者开始出现。一方面,在国家与政府内部,基层政府的行政权力不断强化,政府权力重心下移的幅度远远超过其水平放权的程度,逐步形成"两级政府、三级管理"结构,经济、行政、人力等大量资源向街道与居委会流动(Wu,2002a;马卫红等,2008)。另一方面,市场开始取代行政权力成为一种新的资源配置手段,打破了中国原有社会"再分配体制"下的分配格局,社会各阶层与组织获得资源、利益和社会地位的途径日趋多样,获得了自身行为的自主权和较大的自由度(李汉林,2007;鲁哲,2008),从而有可能参与到治理过程中,促使治理重心由单位制下的垂直移动向扁平方向转移。尽管由于计划经济时期强政府的惯性延续、寻租行为以及不完全和渐进改革造成的体制框架不断发生变动等原因,学术界很难就地方政府的角色达成共识(罗小龙,2009);但学界以及社会工作者不断呼吁加强对不同主体角色及它们间相互作用的认识,反映出多元化的城市治理日趋成为城市发展的重要诉求。

10.1.2 城市治理单元的调整

改革开放以后,中国城市的重建引致了城市物质空间与社会结构的巨大重组,治理基础的变化也引发治理策略的重新调整。随着新的经济、社会和文化模式的逐渐形成,新的空间结构开始显现。特别是,单位体制的削弱导致了工作场所和生活场所的远距离分离。同时,社会主义和前社会主义的大批建筑被推倒,取而代之的是新的高层公寓、多层百货商场和现代化的办公大楼。面对越来越复杂的城市治理环境,学界越来越清晰地认识到空间秩序才是治理的核心组成部分,先前针对单位的做法已经不再适合用以处理迅速变迁的城市环境及其人口流动等次生问题。

面对社会的快速变化,20世纪90年代中期启动了社区建设计划,旨在以基于人口居住地的"社区"重新组织城市人口与社会生活,实现基层社会的治理整合(Bray,2006)。因此,"社区"逐渐被重新界定为一种生活地域和组织形态。虽然社区的概念部分来源于改革开放前的居民委员会[①],但是新的社区在规模上更大并由专业人员管理,负有更多的职能诸如福利、教育、卫生、公共健康、计划生育、公共秩序等(马学理等,2001)。新的组织比旧有的居民委员会在设施配置上更为全面,对其所管辖的地区和人口具有更大的影响力。2000年以后,社区建设在全国范围内全面推进,城市被重组为相互临近的社区矩阵。每个社区都由根据科层体制程序选

[①] "居民委员会"是1954年是根据法律而建立的,但并不是以单位的名义工作,只是负责关于城市人口的一小部分工作,本文用带引号的居民委员会指代计划经济时期的城市基层管理组织,以便与新时期的居委会区分。

拔出的工作人员组成标准化的干部委员会管理。这种城市空间的划分与界定往往参考了房地产商开发小区的边界，小区的围墙所定义的空间也同时成为居委会管理的范围，受到街道办事处的管辖。这样，空间单元和政治单元相互融合，新的空间和权力关系得以形成，新的治理单元得以确立与再造。

对于这种转变，一种观点强调"沿袭论"。彭勃（2006）认为这事实上是沿袭了传统的空间战略，仍然以单元化的模式来治理社会，在此种空间战略中，社区成为漏斗效应中社会职能转移的对象，成为各种社会问题的容器；陶希东（2010）、韩兴雨等（2012）也认为，对于城市政府而言，社区的治理策略实现了对单位制解体、单位社会瓦解后国家治理空间的改造，模糊的、复杂的城市空间被改造为标准化和清晰化的治理单元，反映出了治理思维中存着的路径依赖。另一种观点则认为从单位制到社区制不是简单的要素替代，而是基层微观社会结构的整体性变迁，是一种全新的社会整合机制（马卫红等，2008），强调社会转型为城市基层社会带来独立于国家社会空间的可能，同时特别关注社区的内生力量（林流，1997；李培林，2001）。

但是，去单位化的治理转型过程并非一蹴而就。因为单位长期以来对社会资源的高度控制和封闭式分配形成影响根深蒂固，甚至在市场转型的背景下还出现了某种程度上单位作用再强化与"逆非单位化"①（雷洁琼，2001；田毅鹏，2004；卢汉龙等，2005）。另外，不仅是在单位社区建立新的社会整合机制经历了众多波折反复，新建小区的社区治理设计在某些方面也有较强的再单位化色彩。

10.2　单位社区治理模式的演变

尽管在城市治理去单位化的转型变革中单位社区首当其冲，但是单位地位与组织系统的差异对单位社区的转型路径有着显著影响。相较于事业型单位，企业单位特别是非垄断行业国有企业受国有企业改革与社会福利制度改革的影响最为明显。大量国有企业面临破产、转制等变革，主动或被动地向社会转移其治理职能，国有企业型单位社区的转型动力与压力就更为突出。

这里以北京市毛纺南社区为例来说明去单位化引发的社区治理模式的转变。该社区位于北京市海淀区东部，是北京毛纺厂（简称北毛）、清河毛纺厂（简称清毛）、清河制呢厂（简称制呢）的居住区之一，与工厂仅一条马路之隔（图10-1）。原平房区建设于1958年，1979年开始在原平房居住区的基础上分批开发，逐步推倒平房新建楼房，1995年完成社区住房建设。2007年，企业完成重组成立北京市三羊毛纺集团并搬迁至平谷，原生产区域开发建设为商品房小区，居住区则保留下来。作为"企业衰退型"单位社区，社区居民原来基本为工厂职工及家属；但经过30多年的变迁，单位企业的衰退、社区住房的私有化与社区滤下、社区人口老龄化与杂化等使社区在空间、社会等方面都展现出了较深的转型，同时也面临着复杂的治理问题。我们的分析主要基于2011年7月至2013年4月间对毛纺南社区居民、退休职工（干部）、毛纺南社区治理

---

① 逆非单位化，是指改革开放以来，企事业单位向社区释放责任，社区组织在接受这些任务的同时仍不放松让企事业单位承担一定的责任，即拉住企事业单位，让它们承担社会服务的责任。这种促使企事业单位继续承担它要放弃的社会服务责任的现象，被称为逆非单位化，在田毅鹏以及漆思等关于东北老工业基地单位社区建设的研究中进行了较多的探讨。

中涉及的相关工作人员的访谈资料,主要内容包括单位组织发展的口述史、空间及设施变化、社区生活、对社区治理的参与,等等。

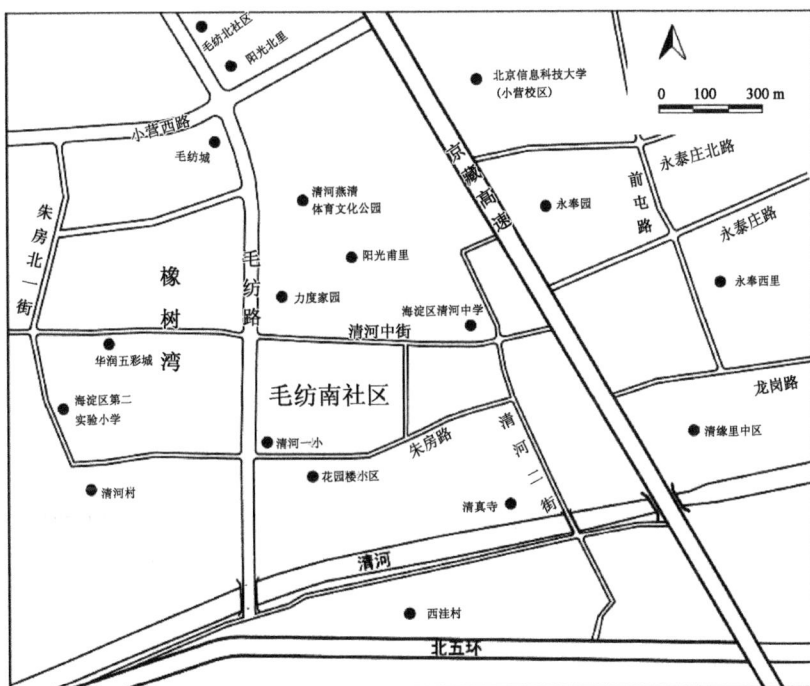

图 10-1　北京市毛纺南社区概况

10.2.1　社区单位化与单一主体治理的延续

1978 年至 20 世纪 80 年代中期,经过基建科的规划安排,毛纺南居住区开始了第一批楼房建设,并沿袭了平房时期的空间划分。单位内部建设的食堂、礼堂、澡堂、幼儿园、小学、职工学校、卫生所、运动场、游泳池等服务设施为单位职工提供了各类生活服务,而工厂车间、工会组织的各项学习、休闲活动,丰富了工人们的精神生活。根据厂区的划分,整个单位居住区由制呢、清毛、北毛所辖的三个次区域构成(图 10-2)。

社区居民事务的治理主体由三家工厂的后勤部门及职工家属委员会(以下简称家委会)构成。其中,工厂设立的后勤系统又有层级划分,制呢、清毛及北毛三厂分别设后勤(生活)副厂长,领导基建科、总务科、行政科、劳动科、计生办、保卫科、房管处等部门,对单位职工的人事档案、计划生育、住房分配、养老医疗、配套设施等事务进行管理。在单位组织内等级森严的科层制下,社会事务的管理同样体现出管理的层次性。以计划生育为例,在访谈对象所回忆的一起职工意外怀孕事件中,涉及了生产班组、生产车间、工厂计生办直至海淀区的层层管理与逐级汇报。

由于职工家属委员会同样基于单位组织设立,在毛纺南居住区里,实际只有制呢家委会,而清毛与北毛的家委会分别位于另外的单位居住区。家委会成员主要由退休职工组成,即所谓"小脚突击队",企业支付一定的酬劳"拿差补"。由于单位社区的人口调配建立在知识技能筛选、分房制度安排的基础上,这一时期毛纺南社区居民以正值壮年的职工为主,职工子女的照顾是社区生活主要问题;因此,家委会成员作为"课外辅导员"提供看护服务;利用工厂提供的资源,协助反映、协调、解决职工日常生活中

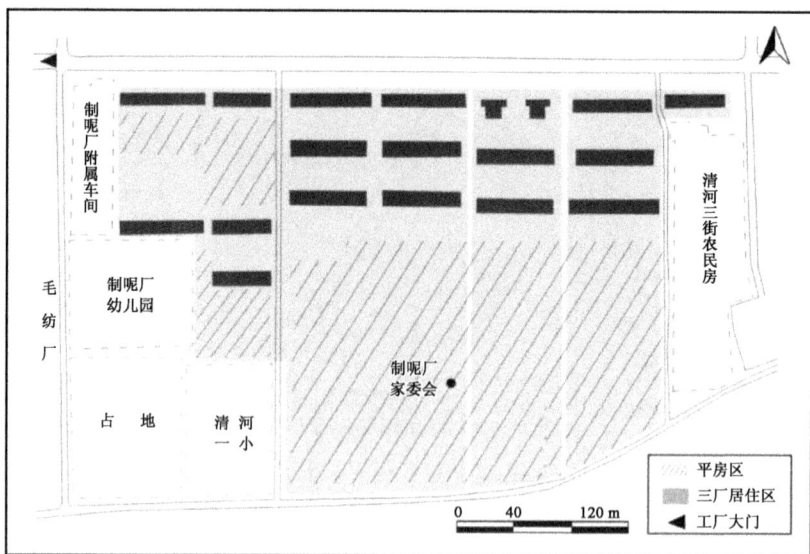

图 10-2　20世纪七八十年代中期北京市毛纺南社区的治理空间

的问题并配合工厂的安排。

通过上述记载可以看出,单位社区居民所使用的各项公共资源并不是基于社区进行配置,社区本身也没有独立的治理组织,社区的治理实践内嵌于单位空间与单位组织之中。单位时期的生活实践和教育实践被认为是为专业(生产)实践而存在的(刘天宝等,2012b),治理实践同样如此。尽管涉及不同组织提供的服务设施,但参与社区治理的各部门实际都由单位组织领导。单位是各项活动资源的提供者和占有者,单位职工是其使用者,这种生产与生活居民被界定为"单位的成员"(Bray,2005)。

10.2.2　社区转型与治理主体调整初现

随着去单位化的深入,城市治理活动由政府独揽向各种社会力量共同参与转化。尽管在1988年前,单位仍是影响城市空间演化因素中最为重要的部分,在城市中仍然承担着治理基本单元的重要责任(易晋,2009)。但20世纪80年代末至90年代末,城市改革已经不断推进,城市社会重新组织的必要性愈发强烈,城市治理向基层政府放权、向市场与社会放权的两大趋势愈发明显。尤其是随着国企改革、住房等制度改革的推进,单位空间作为治理单元的物质资源、权力来源等基础也开始发生变化,治理主体也开始进行调整。

在毛纺南社区,住房私有化与职工优惠政策使社区内的居民相继获得业主身份,住房逐渐成为私人物品。作为单位社区的物质基础,住房产权变化推动了单位社区的转型。同时,与住房私有化相伴出现的是对大量社区公共物品的强烈需求,不同于之前内嵌于单位空间的治理策略,单位组织开始基于社区对资源进行配置。1988年,在三厂的上级单位——纺织公司的统一协调下,三厂各自抽取了基建、总务、财务等部门的人员,共同建立了"统一建房指挥部",1992年演化为毛纺南小区管理委员会(以下简称管委会),统一规划、建设、分配社区内的住房。管委会成为这一时期社区治理中最重要的主体,对社区的开发建设与治理产生了重要影响。

管委会利用手头资金建设了围栏,将毛纺南社区建设成为封闭社区,同时,将原来分属设立的物业维修服务统一到管委会,由管委会统一对围合的居住区进行管理。此外,在管委会的规划下,建成了供销社与小花园,为居民提供了商业与休闲设施,供销社由北京市副食商品公司负责经营,分设粮店、菜站等以满足居民日常生活需求。伴随着住房建设、分配与管理服务的整合,原来分割明显的治理空间开始融合并朝向一体化的方向发展(图10-3)。

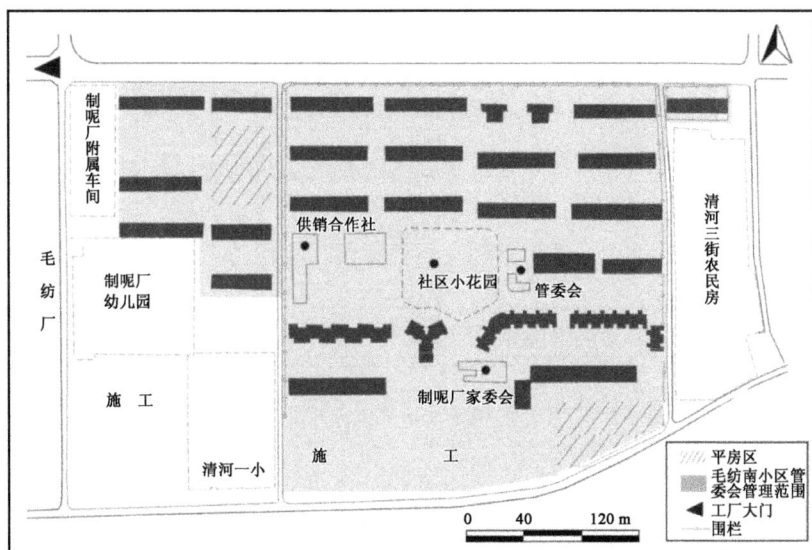

图10-3 20世纪90年代中期北京市毛纺南社区的治理空间

20世纪80年代末,北京市推动所有居(家)委会正规化工作。"北京市东城、西城、宣武、崇文、朝阳、海淀等10个区的居民委员会进行了一次换届选举"[①],这其中就包括了毛纺工厂的家委会。1988年,"正规化"了的制呢厂家委会开始接受清河街道的领导,形成计生、民政、卫生、妇女、制保、文教、民调等"八大委员",对本社区中非本单位的居民进行管理,用居委会工作人员的话来说,即"开始给街道干活"。但是,家委会成员仍由工厂委派,资金仍由工厂划拨,大部分居民事务仍然由单位负责。

尽管单位组织仍然是这一时期住房建设、维护、居民公共事务管理和服务的主要提供者,但随着整个城市转型中分权的推行、单位制的瓦解,单位社区的转型逐渐开始,基于社区进行治理、治理主体多元化的趋势已经开始显化。

10.2.3 城市社区建设与治理主体缺位

随着各项制度改革的不断加速,特别是作为单位社区物质基础的福利分房的完结,单位社会加速瓦解,单位体制在整个城市生活中的地位大为下降(华伟,2000;马卫红等,2008)。在改革初期实施的城市土地有偿使用政策下,土地使用者(如开发商)通过协议定价从现在的土地使用者那里获得土地的使用权,通过搬迁调整,以建设城市小区的形式开发建设。开发的居民小区被纳入城市社区单元进行管理。根据2001年北京市《关于推进城市社区建设的意见》,"在调整社区规模、建立社区居委会的过程中,家委会要转制为社区居委会或纳入社区居委会管理",向城市社区转型过程中的单

---

① 北京市地方志编纂委员会.2003.北京志·民政志[M].北京:北京出版社.

位社区也被纳入城市治理体系中(图10-4)。

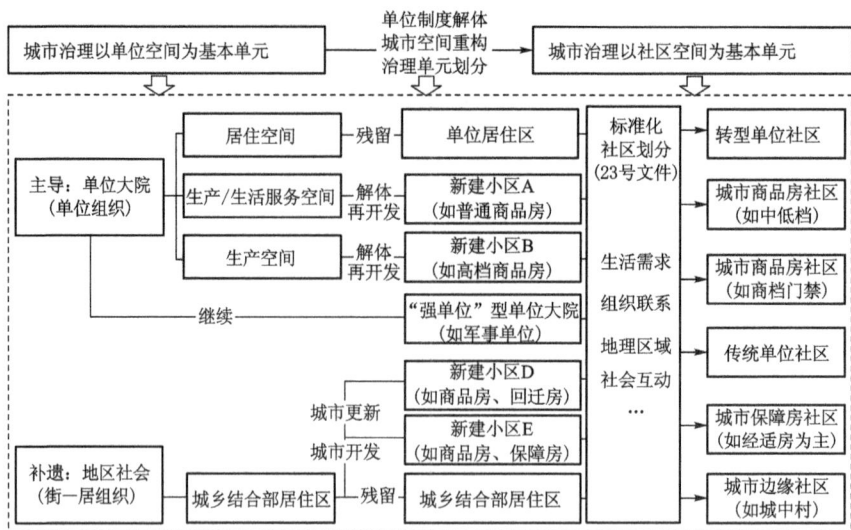

图10-4 城市治理单元由单位向社区的转变路径

以毛纺南社区为例,20世纪90年代中期以来,企业无力对社区建设投资,社区的基础设施开始老化,社区物质环境的更新基本停滞;与此同时,毛纺南社区内的居民构成迅速杂化,产权构成也更加复杂。在此背景下,原有单位的改组导致了社区治理主体的更迭。首先,在企业专业化、减轻社会职能的思路下,单位组织逐步从各项服务与管理中退出①。食堂、卫生所等各项生活服务设施逐步关闭,运动场、托儿所等也随着土地出让而转换用途;其次,管委会社区管理与服务的职能开始削减,并最终于2010年解散;此外,单位负责的各项公共事务开始向社会、社区转移。

传统单位社区"家(委)会改居(委)会"逐渐被纳入城市社区管理体系。2003年,以制呢家委会为基础,从其他两厂家委会中抽调人员,组建了毛纺南社区居委会。2007年企业搬迁后,居委会人员正式编入街道办事处,并将新建小区清河文苑纳入社区管辖范围。社区居民委员会既作为漏斗出口,从街道办承担了大量行政性、公共管理的工作,又因为单位组织的退出和物业公司的空缺而成为居民反映诉求的主要通道,实际上成为社区治理中最重要的主体(图10-5)。

更为重要的是,企业重组搬迁后,大量社区居民以"内退"、下岗等方式失去工作,回到社区,增加了社区服务需求。2012年"六普"调查显示,该社区7 115名居民中60岁以上人口达1 770人,占近25%,非户籍人口占居民总数的14%。人口构成上的老龄化、杂化、贫困化等意味着社区公共产品、公共服务需求的压力。社区的卫生、安全环境也不断恶化。特别是供销社停止经营后,商业设施被租出,各类摊贩占据道路等公共空间开展经营活动,在给居民提供便利的同时,也破坏了社区的秩序。尽管社区尝试引入市场化公司提供物业服务,但由于需要居民支付的物业服务费用过高而以失败告终。

———————————

① 《毛纺集团"十一五"后两年的发展规划》中即提出当前面临的主要矛盾之一是毛纺集团非经营性费用支出的负担仍然较重。后两年的发展方向和目标之一就是完成毛纺集团非经营性资产的移交和退休人员的社会化管理。

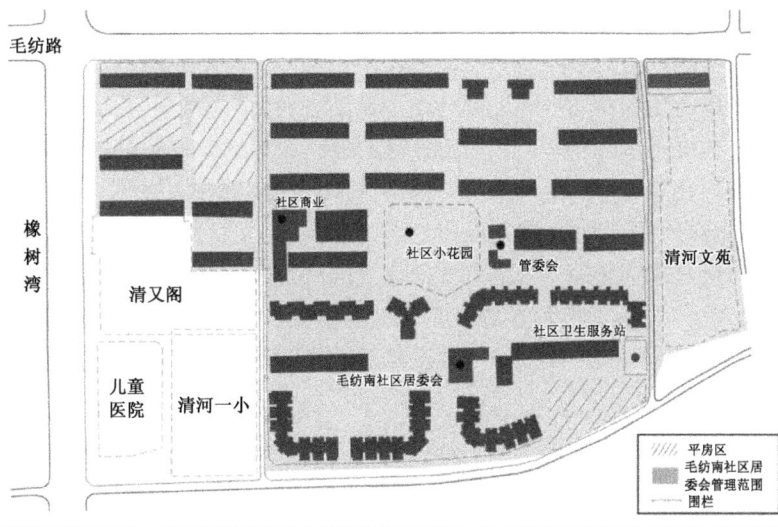

图 10-5　2010 年至今北京市毛纺南社区的治理空间

注:依据毛纺南社区 2010 年测绘图及实地调研绘制。

毛纺南社区在单位转制与社区治理体系发生变化后,社会环境恶化很大程度上是因为单位组织退出社区治理之后,城市与社会无法提供相应的治理服务,造成了治理主体的缺失,而社区居民自我治理也没有发展起来,于是导致了社区物质环境与社会环境的双重恶化。单位组织从社区治理中的退出似乎已成定局,而目前这种"欲退不能"的境况很大程度上反映了迫切需要重新进行社区治理机制的设计。

10.2.4　转型社区的多元治理模式构建

2011 年毛纺南社区被纳入老旧小区改造的计划中。北京市政府投资 3 100 万元对楼房外立面、管线、社区道路、绿化带等进行改造,拆除居民违章建筑并对游商进行了整治,社区物质环境得到了较大改善。以此为契机,针对社区居民无力承担物业服务的困境,在街道办、企业、居委会等的共同努力下,引进收费较低的物业公司;通过协商,企业将原管委会所在的办公楼等作为社区资产,通过出租办公楼的费用弥补物业费的方式来降低物业收费,进而维持社区物业服务的供给。物业公司进驻以后承担起社区治安、社区环境等维护工作,解决了社区治理市场化主体长期缺失的问题。但在参与主体多元化的同时,需要注意到的是,多元治理的运行依赖于政府、公民、企业、社会组织之间的相互信任与积极合作的态度,这些要素构成了治理过程中资源共享、组织间协调、有效沟通和伙伴关系的道德基础,也是治理的手段和目的。在治理主体的培育过程中,社区物质资源的调整与配置相对容易,但社会资本的积累及信任的培育则困难得多;要构建多元治理主体的合作模式,还需要从居民的需求出发,寻求提高居民社区认同感与社区治理参与意愿的方案。

基于毛纺南社区的个案研究,单位社区尤其是衰退型单位社区治理演变的一般路径可以总结如下(图 10-6)。去单位化的制度变革促使单位从社区公共服务与公共事务中退出,各项公共事务开始向社区转移,单位社区正式纳入街道办的管辖,治理空间重新整合,建立以社区为基本单元的城市治理。尽管改革后的政府—市场关系得到改变,但除非市场中的行动者,无论个人还是集体,都能自由、安全地获得资源,否则市场无法有效运作。然而企业在转制过程中,忽略了社区转型所需要的支持,不仅造成了社区建设中的资源缺失,旧资产的陈旧和事务的繁多反而造成转型单位社区负担较普通单位社区的压力更为沉重(乔良,2009)。既有组织无力承担又无法通过购买市场服务实现社区公共服务的供给,单位社区的退出路径深刻地影响到社区的资源供给与治理模式的重建。在多元主体特别是市场组织与社会组织缺失、科层治理模式惯性的作用下,多主体协作式的治理模式难以迅速建立,单位社区转型容易出现治理的失败。在社区内生力量难以为继时,需要外部力量(政府、企业、社会组织等)协助完成新治理模式的构建。毛纺南社区转型的案例说明传统单位社区向城市社区的转型并不能一蹴而就,城市治理的去单位化是一个逐步推进、不断遇到新挑战的过程。

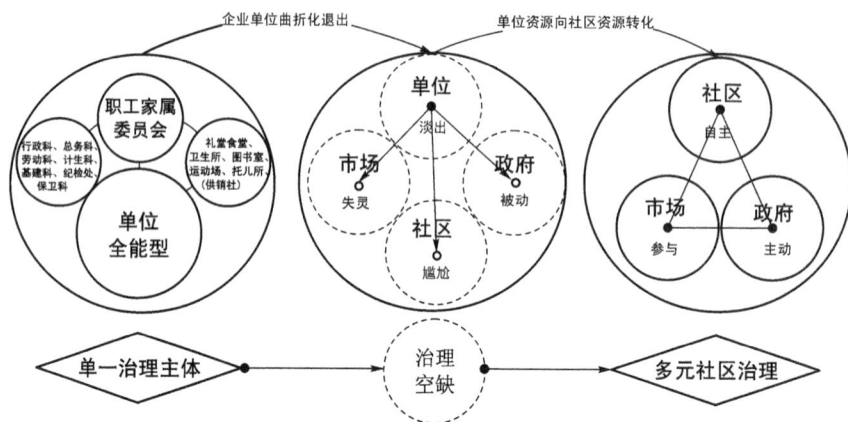

图 10-6 北京市毛纺南社区治理模式的演变路径

10.3 新建城市社区的治理设计

2003 年"非典"危机席卷中国之际,整个国家的居民委员会都被动员起来开始执行严格措施以鉴别疑似患者和防止疾病的进一步扩散。与全国其他的类似组织一样,武汉市 SCG 小区住宅区第三区的居委会按照政府要求迅速行动起来抗击"非典"[①]。首先,居委会成立了负责总体协调的"防范非典领导小组",首要任务是在社区内所有的告示栏(牌)上张贴解释"非典"危机和有关预防措施的紧急通知;随后,居委会动员了社区内 40 多名党员以社区的名义挨家挨户地访问了 1 863 户家庭。访问有双重目的,其一是告诉居民有关预防"非典"的信息;其二是确认任何可能的"非典"疑似病人。虽然最初的检查没有发现一例这样的病人,但是这些党员志愿者们继续每隔两天或三天拜访每个家庭,要求每个家庭做到防范"非典"的"四勤三好"[②]。另外,"领导小组"针对从其他地方进入社区的人——既包括外地来访者也包括返回本社区的人——还实施了一个健康登记和监控机制。这些人登记之后即被直接送往就近医院进行身体检查。而且,任何去过"疾病高危险区"或者出现了任何可能的感染迹象(比如身体高

---

① 本叙述基于"非典"时期该居委会相关活动的文件和对其工作人员的访谈。
② 即勤洗手、勤洗脸、勤饮水、勤通风和口罩戴得好、心态调整好、身体锻炼好。

温、咳嗽或者呼吸困难)的人都需要立即接受隔离。隔离由居委会在每个楼的门栋长的帮助下执行。最后,"领导小组"在社区的每个门前设立"观察哨",以做到除了社区内的永久居民和基本服务人员外,其他人等一概不准进入。"领导小组"对所有进入社区的人测量体温,温度高的人会被记录下来然后送至当地指定的医院进一步观察。从2003年4月底到5月底长达一个月的危机时期内,共登记了35名进入社区的人员——这些人都没有任何患"非典"的迹象,社区内也没有出现一例感染者。

2003年中国的"非典"危机为我们提供了一个观察基层社区权力的绝好窗口,它显示了迄今一直被外界认为处于羸弱和边缘地位(Read,2003)的居委会如今俨然成为一个高度有效的基层治理机构。虽然,居委会在执行"非典"政策上有强制的表现——比如强制性的体检、规定的医疗隔离时间、控制外来者进入社区等;但是,居委会执行政策的过程也具有很高程度的社区成员自愿参与,也具有大众教育成分,比如促使社区成员自我和相互管制的卫生条例。另一方面,"非典"期间,大部分居民仍然一如往常地工作。就社会生活而言,调查表明人们在相互拜访、上街购物和外出进餐次数上明显减少;但这并不是政府的法令所致,而是居民在认识到社会接触的可能健康风险后的个人选择(陆晓文等,2004)。

因此,防范"非典"措施的执行不是向单位制时期权威控制的社会复归,而是在强调和放权于基层自我治理和个体规制的新自由策略背景下,在社区空间层次建构的新型治理模式。其中,空间在这种治理关系中发挥着中心作用:界定和区域化社会空间的政治策略使基层政府广泛而又复杂的介入得以透明,保证了"非典"期间应急措施的有效。封闭小区的物质环境提供了一个有效的社会空间用以实施基层治理策略,例如居委会限制社区人员进出,严格监控人口流动和传送有关"非典"的重要信息。在这种居住环境中,空间和权力相互交织,提高了基层治理的能力。本节将基于空间和权力二者相辅相成影响的论点,探讨新型的城市居住空间如何促进了地方社区治理特定形式的发展;通过对武汉两个居住社区社会—空间的田野调查,展示了城市设计和基层权力运作之间紧密的内在联系,刻画了中国城市新建社区的治理型设计。

10.3.1 空间、权力与新自由主义

关于"非典"的讨论无疑是非常时期的情况,那么,它是否展示了我们极有可能会忽略的权力的形式和现今制度运作的可能,以及又在多大程度上告诉我们日常生活中地方权力更为平常的表现呢?"非典"的例子与福柯(Foucault,1979)在《规训与惩罚》中所说的"全景式监视"颇为相似[①]。福柯使用"全景式监视"阐释了西方社会现代性启蒙时期的一种弥漫性权力,即不从外部去控制个体,而通过动员个体自身去自我控制的权力。这种向内转向的权力不仅在监狱里可以找到,也可以在学校、工厂、医院、收容所甚至在家庭里发现。在这些场域中,现代性导致了一种纪律的复合场景,达到培养和训练个体自我反省和自我管理的目的。"全景式监视"亦揭示了现代权力运作的另一面,即空间通过技术性设计可以被动员以增强另一种形式的权力。在福柯的例

---

① 在这本著作中,福柯向我们展示了杰里米·边沁(Jeremy Bentham)如何苦心设计一个圆形监狱以使一种新型的纪律性权力的实施得以成为可能:(通过)空间安排——(圆形监狱)通过隔离每个囚犯,使他们可以在任何时间里都可以被观察,但他们自己却看不到观察者——促使罪犯通过不断的监察、控制和管理自己的行为以避免可能的惩罚而达到一个严格的自我反省和规训的目的。

子中,监狱的空间被重新设计以达到一个明确的纪律效果:隔离罪犯并让罪犯自省。"全景式监视"是生产自我反省主观性的空间机器。从这个角度看,中国城市的住宅区也发挥着这样的功能:现代小区的设计在很大程度上创造了可以促使社区自我治理的特定空间形式。现代城市设计者致力于寻找可以增进社区凝聚力、改进邻里关系、培养安全感和营造社区归属感的空间形式。藉此,居委会自我治理的功能得到大大提高。空间是理解权力问题的关键,权力无法超于空间;权力和空间互相映照,相辅相成;建筑环境的设计对于其中权力的运作具有不可绕离的关键意涵。城市的空间绝不是静态的;相反,它反映了不断变化的经济和政治运作的规则。已有的城市历史研究表明,19世纪和20世纪之际资本主义的兴起导致了城市空间形式的彻底转型,尤其在建筑风格上,已从晦涩难解的"艺术"风格转型为服务于空间的大众生产的技术工具以及为系统化和规制城市发展而规划的新学科(Choay,1969;Hall,1988)。

近年来,如布雷纳(Brenner,2004)所言,西欧社会从凯恩斯体制到新自由经济政策的转型给政治环境和空间重组都带来了深远影响。凯恩斯体制主张消除空间不平等,提倡全民就业,并在全国所有的地方建立统一的管理体系;新自由主义却看到了国家之下地区和地方空间不断上升的分化和竞争(Brenner,2004)。为了提高竞争力,地方政府竞相减少在社会福利和公共服务上的开支,把很多地方设施私有化并一直以折扣的价格为企业家提供公共资源(包括土地),以鼓励其开展市场活动(Brenner et al,2002)。这些政策旨在打破凯恩斯体制的"枷锁",以动员城市空间为"脱缰"的市场竞争和财富供给提供竞技的舞台。但是,由于国家削弱了再分配功能和福利服务功能,导致了社会秩序的危机(Harvey,2005)。为了回应犯罪案件和各种其他反社会行为不可避免的增加,城市主管部门部署了一系列措施以"收回街道"和保卫城市企业活动和再发展空间。这些手段包括惩罚性的,比如提高罚款额度、监禁、制定专门针对个人的具体法令和诉诸警察力量;技术型的,比如提高监控力度,尤其是监控城市空间和鉴别罪犯的闭路电视监控系统(CCTV)网络[①];以及合作型的,动员商业或者社区的"伙伴"去恢复社会秩序(Coleman,2004)。

因此,西方社会新自由主义的兴起已经给城市空间秩序带来一系列重要的影响。首先,由于主管部门不断促进企业的再发展和城市地带的贵族化,它导致了空间的高度商品化;其次,由于警力有限,主管部门越来越借助视频监控闭路电视系统和新兴的保安设施,它导致了城市空间警力的去管制化和私人化;最后,它动员社区去增强并且有时代替国家在基层城市环境执行维持社会秩序的权力。随着城市空间迅速的市场化和私人化,加上政府对商业和社区组织的不断放权,上述三点都可以在中国当下的城市发展中看到端倪。但对于这些端倪在多大程度上被视为"新自由的",需要进行探讨。

10.3.2 去单位化阶段的新建社区

新自由主义带来的权利重塑与空间重构,也一定程度上发生在中国的城市治理上。随着去单位化与去管制化的加速推进,中国城市新建了很多的新住宅区,社区的作用重新得到了发现与利用,成为重建中国城市社会治理的重要媒介。这些住宅区都

---

① 这种新出现的保安业表明了两种主导性的新自由城市政策取向:首先是依靠市场去解决各种问题的取向,其次是"社会脱臼或错位"(Social Dislocation)导致人们对有关安全问题的不断介入。

由专业人员和建筑师规划设计,并与其他社区设施(比如幼儿园、诊所、饭店、俱乐部、便利店、运动场和通讯设施)等都由专门的物业管理公司控制(Lü et al,2001)。小区的界限由某种障碍物——比如围墙或者栅栏构筑起来,大多有保安管理小区人员进出。这些无处不在的特征表明城市居住空间不仅可以被转换为一种可以买卖的商品,同时也可以被私人"管理",从而"解除"了住宅区内国家的保安、管辖和其他服务供应的责任。

一些学者(Tomba,2005;Webster et al,2006)把中国的小区等同于在美国或者其他国家广泛记载的门禁社区。但是,这种看法与其说阐明了,不如说模糊了中国的实际情况。在北美和南美,有关门禁社区(Caldeira,1996;Luymes,2002)的记述是典型的基于阶级的分析。这种分析把财富精英置于内部,而把穷人和被边缘化的人置于外部。尽管中国城市中的社会分层不断通过空间分化得到体现,富人、中产阶级和工人阶级根据各自负担能力在城市的不同地方获得住所,阶级分析对于理解当下的中国越来越重要(Wu,2002b);但是,这种"内—外"二分法的应用性很有限,因为绝大部分的中国城市人口——不管阶级和地位如何——都住在有墙的社区内。在单位制时代,几乎所有的中国城市居民都居住在单位的深墙之中。在中国,"门"或者"墙"本身不具有理解社会分层的辨别意义,而是内部空间——它如何组合、管辖、保安、服务,最关键的是其价格定位——揭示了社区的社会经济地位。

其他学者(Giroir,2003;Wu,2005)的目光集中于消费问题,把小区视为某种"俱乐部",即拥有同样爱好和经济资源的消费者在俱乐部里集体享受安全和放松的生活方式。考虑到住房的私人化和商品化,消费就其定义而言是理解新型住宅区的关键因素。尤其在那些富足的人群中,他们把消费从家庭延伸到团体精英的高尔夫球场、乡村俱乐部和奢侈品商店。但是,消费只是描述了城市特征的一个侧面,不能解释小区在城市人口的组织和治理中发挥各种关键作用的方式。相反,一个由居委会治理同时被定义为社区政治单元的小区揭示了当代中国城市环境中空间和权力紧密的相互作用。

随着去单位化的深入推进,单位人转换成为社会人,原来以单位为核心的社会治理亟须转型,需要重新定义空间与权力的关系。原来被单位制所抑制的社区制度重新浮现,成为社区重建运动的核心。以武汉为例,2002年武汉市政府颁布了一个关于全面发展居委会制度的三年计划文件。这一文件拟将政府的一些关键职能转移给社区:包括社会保障制度、城市管理、公共治安的综合管理和社会服务等。居委会的工作人员和基础设施必须以此为指导进行相应安排。每个居委会有一个负责领导工作的党支部,其中特别重要的任务是招募合适的支部书记。居委会所有的工作人员须经过高效管理技能的培训并具有高度的道德责任感。为了方便工作,每个居委会都有专门的办公室和电脑设备,可以进入到最新的"信息网络"。新组织享有的其他设施还有活动中心、服务台、医疗诊所和向社区人口传达信息的告示栏(牌)。

社区重建运动不仅仅针对"新富"阶层住宅区——它们具有的地理优势和良好的保安状况(Giroir,2003;Webster et al,2006),也适合于解释很多其他的社会经济团体。想要理解小区带来的全部社会和政治影响,除了高收入者的居住小区,我们也需要理解中低收入者的小区。本节关注的两个在武汉的小区,虽然在居住收入上不高,但是在人口学上更具有重要性:一个是由私人开发商承建的为公众提供经济适用房的小区;另一个是由武汉钢铁公司承建的、部分作为福利性质,为在岗和退休人员提供的住宅区。考虑到中国城市的传统,从某种意义上看,这两个小区也是后单位制时期,新的"单位"社区形式。为了便于地方政府的管理,这两个封闭小区都被定位为"社区",并由选举的居委会负责管理。对这两个案例社区中权力与空间关系的运作模式的分析,将为我们提供中国城市新的空间/权力形态对基层治理如何产生影响的丰富材料。

10.3.3 城市社区空间治理的个案分析

本节所研究的两个住宅区都位于武汉,建于21世纪初并作为社区建设的模板和住宅生活方式的地方样板。坐落在汉口江岸区的百步亭是由一个私人房地产开发商建设和管理的大型居住区,其成品房在公开市场上销售,购买对象主要是中产阶级。HPG小区因有高层政府领导人的来访而引人注目,其标识自己为"居住管理的新品牌",其产权管理和社区治理的紧密整合支持了其集团风格。在武昌青山区的SCG小区与武汉钢铁厂毗连,由钢铁厂承建并主要为厂内的工作人员提供住房服务。从组织结构上看,SCG小区的产权和社区治理界限更为清晰。这两个花园住宅区都是大型的城市发展项目:HPG小区约有12 000名居民(3 400户),继续开发有望让社区人口达到6万人,因之形成的卫星城市人口可达到3万人。SCG小区有居民6 400人(1 863户),是预计可以承载5万人的更大的SCG小区总体发展项目中8个小区中的一个。虽然这两个住宅区都隶属城市规划项目,但它们都被称之为"小区"——它们有封闭的居住空间,每个小区为了便于地方治理都冠以"社区"的名称。

在两个案例社区中,最明显的管辖方式是检查和管理小区的入口。两个小区都有铁栅栏作为围墙,其中HPG小区有两个入口,SCG小区有三个入口。在过去,单位和居住地都有砖墙围绕,现在取而代之的是坚固的铁栅栏。这样的转变有两个原因:一是栅栏比砖墙从美学上更为美观得体①;二是出于保安的考虑:铁栅栏与砖墙不同,它是透明的,可以里外进行监控。小区入口有物业公司的工作人员24小时看守。通常情况下,进入小区的人很少被要求出示个人身份证明,但是当门卫感觉到进入者是外来者,尤其是看起来像小商小贩和农民工的时候,他们会立即查问。比如在"非典"期间,他们会关掉大门,对进入小区的人进行更为严格的身份鉴别。或者,当小区内发生犯罪案件的时候,有门卫把守大门,嫌疑犯很难轻易逃脱。毫无疑问,有门卫把守的大门提高了小区住户的安全感觉,但是区内人员也住在一个高度被观察的居住空间里。

小区内建筑因素形成的正式的、经过调整的对称风格产生了一种可见性,这种可见性使对社区空间的管辖得以成为可能。一个典型的小区有20—50幢分开的公寓,这样的公寓通常被集中起来以共享一段公共草坪或者道路(韩秀琦等,2003)。这些楼群之间常由林荫道联结,通过进入小区后的大道可以迅速而简单地到达小区的各个地方。HPG小区有4个这样的楼群,SCG小区有6个。这些空间安排使小区的公共空间变得异常透明。这种设计保障了有效的区内安全工作,但它同时也使每位居民变成了永久的、非官方的保安人员。这样的空间安排让每一个经过公共空间的人都可以被观察到,而且因为每个区内道路都不可避免地有正常的行人往来,居民可以立即发现不寻常的情况。反过来说,每个经过公共空间的居民都意识到自己的行为与区内其他人一样透明。这样,福柯的"全景式监视"在这里找到了它的另一个版本:这种空间设

---

① 在很多地方,原有实心的砖墙被改造为镂空的墙或铁栅栏,使得墙内的绿化透露出来,称为破墙透绿。

计让居民可以学习通过治理自身来遵守统一的公共行为规则(图10-7)。

图10-7　小区内部空间

小区内"不端公共行为"一旦出现将会被很快发现,居委会就会随之制定出对策进行管制。比较有名的有HPG小区的"三不":不准乱扔烟蒂、不准乱扔纸屑、不准乱扔果皮。为了实施这一措施,一批志愿者经常检查区内的卫生状况。在SCG小区,养狗的行为和养狗的居民成为社区介入的关键事件。几轮协商会议以后,居委会决定限制狗在小区内的活动范围——狗的主人只能在小区内专门指派的场所和每天特定的时间遛狗,也有一批志愿者负责实施这一措施并对违规者进行罚款。

小区内的保安同时借助人力和技术资源进行监控。借助安置的闭路电视监控系统,有一位保安人员在小区主入口旁的监控室里负责监视。几乎所有的小区都有专业的保安人员查岗和周期性巡逻。有些小区还有社区委员会组织的志愿巡逻队接受社区巡警的指导。小区保安的另一个措施是在居民楼群入口处安装沉重的防盗门。SCG小区的巡警表示,这些保安措施的主要目的是防范罪犯。但是,考虑到所有的防范措施,居民志愿者巡逻与其说是满足区内安全的实际需要,不如说是在居民中建立社区的凝聚力和培养责任感。

作为社区建设主要组成部分的志愿者积极参与实行。从20世纪50年代以来,中国城市住房青睐的风格是只有一个入口的加长的多层公寓街区组成(Bray,2005)。每个入口称为一个单元,入口联结楼梯,可以通到每个楼层的两三户住家。不同单元的楼梯与楼梯之间没有内部通道,所以通常一幢公寓只有一个入口。HPG小区和SCG小区都是这样的建筑风格,社区志愿网络在此之上建立。原则上讲,社区从每个单元里招募志愿积极分子作为社区内的门栋长。门栋长每月与社区委员会有一次例行会,也可以随时与社区干部联系,其角色是在社区和居民之间建立联系。虽然采用单元模式一开始是由于经济而不是政治的原因,但它是一种把社区人口分割成可以治理的微型管理单元的有效方式。

社区建设的一个最为明显的表现是传达大量的信息。从社区委员会的结构和人员、最新的政府政策、节假日安排、"好公民"的责任到为居民提供各种服务等一系列问题都需要告知居民。本研究的两个社区主要是通过在小区内的醒目地点竖立告示牌来通知区内住户的。小区主入口旁也有一些告示牌，还有一些告示牌被放在小区内主要道路旁或者每个楼群的中央公共地带。紧急通知也被贴在每个单元的入口大门上。因为小区的空间设计使行人经过一些相对较少的主要通道，所以需要传播的信息可以较为简单地到达大多数居民。同样，由于小区空间的整合性，社区开展的活动具有高度可见性，整个区内居民都可以清晰地获知其活动内容。

10.3.4　新建城市社区的治理设计

通过研究中国城市中的新建小区可以理解在新自由主义背景下有序的城市生活模式。它是城市发展战略的产品，在这个战略中，城市土地从公共资源转型为一片由迅速膨胀的房地产业竞相角逐的热土。在此之下，随着城市基础设施和管辖不断为专业公司收费服务所主导，城市空间不断被私有化。随着空间的私有化和服务的去管制化，政府机构在很大程度上已经退出了作为地方服务供给者的角色，并不再成为直接的城市土地和人口管理者。政府主动"腾出"位置后，社区组织网络应运而生，它们进行自我治理并与"相关管理公司"，如物业管理公司或类似机构共同合作，为新城市的社会秩序管辖提供节约成本的服务。

在操作层面，居委会具有新自由政府中"通过社区去治理"的意涵。居委会通过动员社区内居民，尤其是党员和其他积极分子来监控、管辖、管制和规训他们自己和邻居的行为。由于对城市居民道德教育、自我改进和提高素质的强调，居委会被委托培养出一代新的具有自我意识和道德责任感的公民，这些公民将会影响那些不符合社会规范的人。如个案研究所显示，小区的空间设计支持了居委会为创造有序的社区而制定的规范性章程。这个社区空间生产和再生产了一批品德优良、遵守法律和具有公德心的公民。城市设计者因为熟知如何驾驭人们日常生活空间中展现出来的权力而特别关注小区空间的组织问题。进一步讲，一个有序的、安全的、可以信赖的和良好维护的环境是居民购买的总体产权中的一个重要特征。当持币者购买一个经过"精心设计"的小区时也在购买一种愿景，即期待自己成为一位在繁荣的、现代化的和良好秩序的社会中具有良好修养和自我克制品德的公民。

10.4　从单位到社区的城市基层治理转变

本章展示了单位制度瓦解、城市转型背景下，微观层面上社区如何被构建为替代单位的新城市治理单元，这既包括传统单位社区向城市社区治理模式的演变，更包括新的城市社区的治理型设计。当代城市作为"复杂性系统"内共存的多元化的空间、多元化的时代背景和多元化的关系网络（Amin et al，1999），迫切需要国家将各种要素联系整合为可治理的社会。而以《民政部关于在全国推进城市社区建设的意见》（中办发〔2000〕23 号）为基准，标准化的社区同时兼具了城市社会功能、政治功能与经济功能的载体身份，社区在一定的地域空间范围内所开展的综合治理活动，契合了现代城市社会、经济现象的混合复杂性。如果社区可以帮助国家履行道德规范，帮助解决一系列的经济、社会和政治问题，那么一个有效的自治社区就可以减少国家直接干预的需要。随着地方主管部门从直接的服务提供者转变成为社区自我治理的协调者，政府的运作成本也将得到显著的降低。

但是治理单元调整并非一蹴而就。对于单位社区而言，从嵌入单位空间之中、受到单位制的禁锢到去单位化过程中逐渐被规划、演变成城市社会治理的基本单元。虽然传统的单位社区已逐步与其所附属的单位组织剥离并向城市社区转型，但其还面临着对旧有制度和空间进行调整与适应新的经济社会环境的双重挑战，多元治理模式的发育往往滞后于社会中新建的城市社区，易于遭遇"治理失败"的困境。对于城市新建社区而言，治理型设计保证了社区自我治理特定形式的出现，但与此同时必须承认高度有秩序的空间可以随时被权力的强制模式所吞噬，空间和权力的关系高度复杂而且经常受其他因素的影响，特别是当代中国城市的社区更多地与政府划分的基层行政区域相关，并不完全等同于社会生活的共同体。在这种情形下，无论是传统单位社区转型还是新城市社区建设，如何重塑城市生活的共同体并在此基础上实现社区的自我治理及"通过社区的治理"需要进一步思考。

11 新单位主义的提出

变迁中的单位制度与新中国成立后 60 多年的中国城市化与城市发展相互交织，中国城市发展进程中的波折起伏都与单位制度相互关联。单位化的积累方式为新中国的工业化提供了基础，形成了以计划经济与单位体制为背景的城市化调控机制与城市发展体制，但是也因为各方面因素导致单位制度的失效与城市的失败。去单位化与市场转型为中国城市发展注入了新的动力。以经济建设为中心，工业化、市场化与城市化互为推进，资本动力、市场原则渗入社会经济的各个方面，成为驱动社会经济发展结构演变的主要动力，以摧枯拉朽的姿态瓦解着中国城市改革开放前 30 年期间形成的社会经济与城市发展的微观基础与宏观结构，带来了城市发展模式的整体变迁。中国城市整体经历着去单位化的进程，单位大院解体，单位社区杂化，基层治理与居民生活去单位化，市场转型的力量带来了新的发展。但也需要注意到，部分领域单位政策的调整矫枉过正，市场力量的广度与深度过度扩张，部分领域单位作用至今存在，越发显示出单位制度与市场经济交错混合的特征，严重导致或加剧了诸如城市蔓延、空间隔离、生活压抑与社会差距等问题。

如何正面直视中国城市发展的问题，应对去单位化与市场转型的挑战，实现空间与社会政策的调整与设计，成为重大的科学命题。在长期开展的单位研究的基础之上，结合西方近年城市思潮的转向，我们主张"借鉴单位制度的合理因素，指导中国城市社会发展"，提出了"新单位主义"的构想。本章将重点阐述"新单位主义"提出的背景与提出的过程。

11.1 新单位主义的背景

11.1.1 西方城市思潮的转向

1）应对城市蔓延与社会割裂

西方世界在"二战"后的黄金年代期间，伴随着工业化进程，受到军人返乡、生育高峰与人口增长的刺激，各国各城市开展了大规模基础设施建设及郊区开发，带来了城市的机动化。另外，以土地市场的投机和分区、分散的城市规划模式，西方特别是美国的城市经历了快速的郊区化与城市扩张。在战后重建、技术乐观主义盛行的时代，功能至上的现代主义思想占主导地位，不同功能的用地被分割开来，把私人汽车看成自由、流动和选择的载体。郊区成为保护私人家庭生活领域免遭威胁、享受新的现代生活方式的城市形式。

大规模的机动化与郊区化带来了始料未及的大面积城市蔓延与汽车社会，引发了各方面的批评(雅各布斯,2006;芒福德,2004)。概括起来,以低密度、同质性的住宅和购物中心为主导的郊区发展带来了种种问题,诸如通勤过远、交通拥挤、房价高涨、食品荒漠、生活单调、犯罪率上升、景观混乱、传统泯灭、地方感丧失、人情淡薄、社会隔离、场所虚空、老无所依、土地浪费、污染加重、生境破坏、环境恶化等(Arendt,1996;Bookout,1992),逐渐让郊区成为生活梦魇,带来城市空间与社会的割裂。

究其原因,众说纷纭。不过,众多研究都指向了城市规划的失误,集中批评了现代城市主义下功能分区将居民住宅搬到郊区、将人塞在汽车里每日往返来回通勤的发展模式。唐斯(Downs,1994)指出,"二战"后城市增长政策的不当,即试图通过法律的方式,采用严格的规范和分区规划的增长管理政策导致了城市蔓延及各种社会问题。因此,就整个 20 世纪后半叶及 21 世纪,西方城市理论界与规划界一直在努力应对城市蔓延,应对城市蔓延所带来的空间与社会问题,追求环境与社会的可持续发展。

2)传统城市生活模式的回归

尽管社会往前发展,但是越来越严重的城市问题促使那些城市思考的先驱们选择向回看,从过去的生活世界探寻理论源泉,发现传统价值观念的新意义,并据此号召规划改革,采用新的城市规划方式,重新恢复城市空间与社会的秩序。人们普遍相信,好的规划能够在空间上产生积极的效果,具有一定的社会意义,并在空间上产生积极的社会互动。

雅各布斯(2006)围绕"城市如何综合不同的用途产生多样性"的问题,集中阐述了城市人口与土地使用用途的混合、容易有转角的小街区、保留一定老建筑的建筑风格以及相对较高的人口密度对于创造多样化城市生活的重要性。雅各布斯尖锐地批评道,以邻里单位为基础的街区开发将给城市造成痛苦,单调、缺乏活力的城市只能是孕育自我毁灭。那些处于半郊区和郊区地带的混乱状态最终会被居住者所抛弃,分布稀疏、相隔甚远的居住区缺乏足够的内在活力、持久力和固有的可用性,最终会成为城市的"灰色地带"。雅各布斯认为,城市的活力、多样性和土地用途混合带来城市的自我再生,提倡那种小尺度、亲切宜人,具有安全性、多样性,利于交往的城镇生活模式。

在欧洲,克里尔(Kier,1981)利用其建筑师的背景与欧洲城市生活的经验,从传统城市主义的当代诠释的角度,将雅各布斯的"中世纪城镇"的原型做了进一步的阐发。克里尔批评道,现代主义的观念将城市划分为不同的功能区域——居住、工作、文化、消费和交通等,将城市化解为一种抽象系统,功能分区的城市规划甚至导致了功能上的分崩离析。克里尔指出,城市设计在现代建筑运动和技术乐观主义中逐渐迷失了方向。那种带有地域色彩、壮观而又惊人、多样复杂的建筑语言消失在以技术表达为目的的形式语言体系中。现代城市已经没有了同地域文化和空间文脉的关联,缺乏传统城市赖以存在的街道—广场的空间体系。新传统主义试图从中世纪的城镇空间和生活模式中发现组织城市日常生活的类型学常量。克里尔等学者,试图寻求抛弃当代资本主义的理性主义,重新利用启蒙时代的合理主义,重新返回传统的建筑实践中去,组织公共空间与城市的公共生活,寻找以欧洲城市的传统原则为基础的真实的城市规划,将工作、文化、休闲和居住整合进入一个有密度的城市街区之中,进入一个城中之城。

雅各布斯与克里尔的观点,后来经过杜安伊夫妇、卡尔索普等人的实践,成为新传统规划的思想基础。从应对城市蔓延与社会割裂出发,围绕着"如何建造我们的城市"这一问题,他们主张古为今用、相互借鉴,从古典的欧洲城市、美国 20 世纪早期的特色街区特别是饶有趣味的小城镇中吸取经验,获得灵感,主张传统美学与日常生活的回归,寻求更加美好的城市形态,在世界范围内引领了当代传统主义的发展潮流。

3)新城市主义与紧凑城市

新城市主义是新传统发展思潮中最广为人知的规划思想。新城市主义以20世纪70年代以来发展的紧凑型城市形式、历史建筑更新、城市复苏和混合分区等为基础,在应对城市和郊区发展中的错误与批判中,逐步发展出来的有关城市发展模式的实践性理论。其代表人物有克里尔兄弟、杜安伊夫妇、彼得·卡尔索普、库洛特等人,其代表性思想可以分为传统社区开发(Traditional Neighborhood Development,TND)、公共交通导向型开发(Transit-Oriented Development,TOD)、城市村庄(Urban Village)等。

(1)传统社区开发模式(图 11-1)。杜安伊夫妇因为提出新传统城镇规划或者传统街区设计的理念而著名,并在世界范围内开启了新城市主义的序幕。他们认为,理想的新传统城镇应该是自给自足、紧凑集聚、适合步行,类似"二战"以前美国小镇的模式。19 世纪那些具有多样化建筑类型和土地利用的邻里,如今成为最活跃、最吸引人、最受欢迎的街区。新城市主义者将区域小城镇或村庄的地方化的建筑语汇与古典建筑的观念结合起来,强调小尺度开发、土地混合利用、较高的开发强度、城镇生活中心的设计、狭窄的街道、住宅类型的混合、步行化的公共空间设计、住宅前廊、车库后置、创造共同的邻里空间、地方化建筑景观与便捷的交通体系等方面,用以抑制汽车出行,鼓励本地步行,加强邻里人际交流,加强社区感,推动街区生活(Audirac et al,1994;Leccese et al,2000)。

(a)鲍尔温朗(Baldwin's Run)社区   (b)艾格里托比亚(Agritopia)社区

图 11-1 传统社区发展模式

(2)公共交通导向型开发模式(图 11-2)。TOD 模式是彼得·卡尔索普提出的开发模式,主张围绕着公交枢纽进行开发,要求土地混合使用、住宅类型混合、布局紧凑、适宜步行的街道、沿交通走廊布置的商业中心、功能齐备的公交系统、开放空间网络和有吸引力的公共空间,从而鼓励使用公共交通系统,创造可步行化的街区以及可持续发展的城市区域模式。

(3)城市村庄。最早出现于 20 世

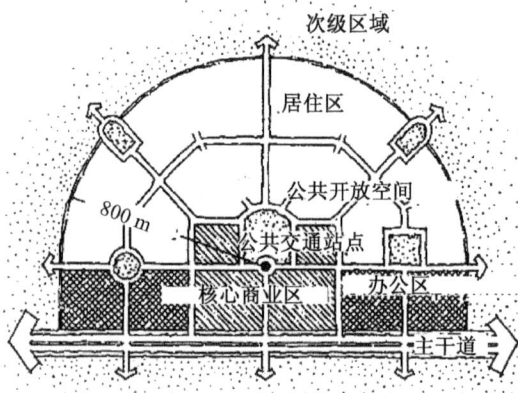

图 11-2 公共交通引导的模式

中国城市的单位透视

纪80年代早期的美国和80年代末期的英国,城市村庄试图把城市特征(如接近公共交通特征)与村庄特征(在步行环境条件下就可以满足工作活动与日常生活需要)融合起来。一般而言,城市村庄是建设在绿地、废弃的工商业用地或现有开发用地之外的定居地,规模上以3 000—5 000人为宜,其特点包括高密度、土地混合利用,不同的种类、年限和不同阶层的居住混合,高生活质量,适合步行。因此,城市村庄的目的在于,减少交通污染,降低基础设施成本,改善社区生活的空虚感,真正满足人们对便利、效率、美观以及与更多人建立往来联系的需求,提高生活质量(Kenworthy,1991)。

(4) 紧凑城市(Compact City)。紧凑城市这一概念在1990年欧洲社区委员会(CEC)发布的布鲁塞尔绿皮书中首次公开出现,最初以欧洲历史城镇为原型,推崇紧凑、高密度的城市形态,试图通过紧凑发展减缓或阻止城市蔓延。高密度的住宅和就业、土地混合使用、多元交通模式以及较好的街道连通性是紧凑城市的内容。紧凑城市强调集聚的城市空间结构,形态上注重高密度、功能混合及密集化。城市高密度包括人口和建筑的相对高密度,功能混合即为城市功能的紧凑和复合,而密集化即为城市各项活动的密集化,是紧凑城市的发展过程。

总的来看,虽同为新传统开发模式,新城市主义主要以美国为主,紧凑城市和城市村庄则反映了英国和欧洲大陆的城市传统。两者有所差别,但源出同处,经常被统称为新城市主义。随着实践的深入发展,新城市主义逐渐扩展为涵盖小尺度(建筑地块、街道)、中等尺度(走廊、街区、区)、大尺度(区域基础设施和生态环境)可持续的城市开发理论,但精髓还在于倡导传统城市形态、邻里与社区,控制郊区蔓延和内城衰落,实现城市空间的再组织与再平衡,重建城市生活。

4) 西方城市规划思潮的启示

尽管新城市主义和紧凑城市在理论建设与实施操作中,有关其是否扭转了城市蔓延的趋势,是否真实、民主并且多样、可持续,是否实现了其政策主张等,还饱受争议。但是,作为西方城市思想与规划探索的方向,还是与其他城市思想如日常城市主义(Everyday Urbanism)、绿色城市主义(Green Urbanism)等以及近年的弹性城市(Resistance City),共同彰显了西方城市思潮的转变趋势。

(1) 生活质量导向。生活质量导向是整个西方城市规划学界的转向(杨东峰等,2013)。生活质量运动也是社会发展的必然结果,生活质量需要经济条件(Economy)、环境质量(Environment)和社会公平(Equity)等要素的平衡(Yaro et al,1996)。生活质量规划也是全球空间规划致力于平衡和协调的方向所在(图11-3)。新城市主义和紧凑城市旗帜鲜明地提倡功能紧凑、住宅混合、步行出行、创造本地就业机会等,其目的在于改善郊区的居住环境与地方感,结合物质空间与社会经济政策提升社区规划与生活质量。

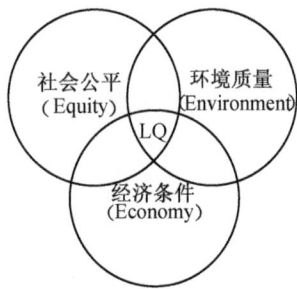

图 11-3　生活质量与"3E"模型

注:LQ=Life Quality(生活质量)。

(2) 传统城市经验。"回到传统中去"是新城市主义与紧凑城市的理论旗帜。新传统主义所倡导的"好的城市"的原型都来自于古典城市生活的因素以及汽车时代以前的传统城市模式——工作、居住、娱乐大体在步行距离内,街道生活丰富,人们交流互动活跃,富有社区感。事实上,对传统城市经验的关注已经超过卡米诺·西特

(1990)等所强调的古典美学与构图原则,而是致力于创造一种新的城市生活。新理性主义就是要再现汽车时代以前的城市生活景观与建筑景观,以此规范城市开发的基本单元,创造真正适合也真正属于居民的日常生活空间。

(3) 日常生活视角。自胡塞尔主张回归日常生活世界,在海德格尔、列斐伏尔、哈贝马斯等人的发展下,日常生活的观点成为重要的哲学思潮和研究方法,对城市研究产生了重要影响(Madani-Pour,1996)。雅各布斯以女性化的生活经验为例,展示了对生活在城市中的普通人的日常生活空间的关心(张杰等,2003)。受此影响,以哈佛大学的克劳福德(Margaret Crawford)为首的研究群体提出了日常城市主义,主张通过基于日常城市生活经验、持续微调与生活化的策略实现城市空间的再熟悉化(Re-Familiarization)(Kaliski,1999)。尽管日常城市主义批评新城市主义有着比较强的乌托邦色彩(Kelbaugh,2000),但是新城市主义与紧凑城市显然也比较关注日常生活的安排,如何实现居住与就业的接近,把各类活动和人们聚集在一起,从而创造日常交流,增强社会互动,加强社区意识,分享空间重新建立起社区。

(4) 行为组织规划。新的规划思潮更加注重面向人,面向人的日常生活活动,设法通过物质空间设计以及社会政策调节等,实现活动的再调整(Rescheduling),引导形成新的城市生活方式(赵守谅等,2011)。新城市主义与紧凑城市在时间维度上参考诸如慢行生活的传统生活经验,在空间维度上通过传统、混合、多样、小尺度的空间设计,在日常时间上增强居民的时空可达性,提供某种空间行为组织方案,重塑居民日常生活空间(柴彦威等,2011)。日常城市主义则主张采用城市日志、时间表等规划手段,增强设计表达(Mehrotra,2005)。从某种意义上说,这些新的思想探索更加注重基于活动分析的思路,采取时空间结合的手段实现行为活动的调整,从而实现生活空间的调整,体现着生活方式规划的新范式。

因此,综合来看,生活质量导向是新形势下规划转型的价值导向,体现了规划目标的转变与共识;而传统城市经验、日常生活视角、时空整合观念、活动分析方法与行为组织方案等则体现了实现规划转型的手段,代表着规划的知识与逻辑更新以及方法的转型,是实现生活质量的规划目标与生活方式的规划形态的支撑基础。西方城市规划理论与实践中的思考,对于审视中国城市发展的问题及推动中国城市规划的转变有着很大的作用。

11.1.2 中国城市发展的挑战

1) 问题丛生的快速郊区化与社会化转型的挑战

与西方特别是美国的大城市类似,中国城市在去单位化与市场转型等力量的驱动下,在取得举世瞩目的城市化与城市建设成就的同时,由于理论准备、制度建设与实践经验不足,也产生积累以及加重了某些问题,突出表现在城市空间与建成环境日趋高碳化、社会公正受到严重挑战以及生活质量提升有限等方面。我们同时也注意到,这些现象都与单位制度的变迁紧密交织。

(1) 城市空间日趋高碳化

中国城市碳排放的时空进程与单位制解体和快速郊区化所形成的城市空间重构的微观机制与推进格局等高度耦合(图11-4)。不同于西方城市郊区化带来的市中心衰败,中国城市的郊区化没有导致市中心的空心化。市中心进行着高强度的改造更新和填充式开发,建筑强度密实,就业和公共设施集中,活动密度大,空间拥挤,城市热岛效应加剧。郊区开发从早期的人口疏散开始,始终受到行政力量的强力推动,和土地财政捆绑在一起,通过居住区、开发区、产业园区、高教园区以及新城等生长方式进行土地出让和开发建设。这种开发方式一方面支持了中心区的更新改造;另一方面形成了低密度的城市蔓延,导致了郊区各类建筑、停车、道路等快速增加,扩大了建筑碳排放与能耗需求。与此同时,绿地等生态服务设施锐减,基础碳汇减少,生态基质破损剧烈。缺乏密度管控和非紧凑的土地利用是对未来空间资源利用的透支贴现,存在更新和重造之必要,势必形成二次消耗。

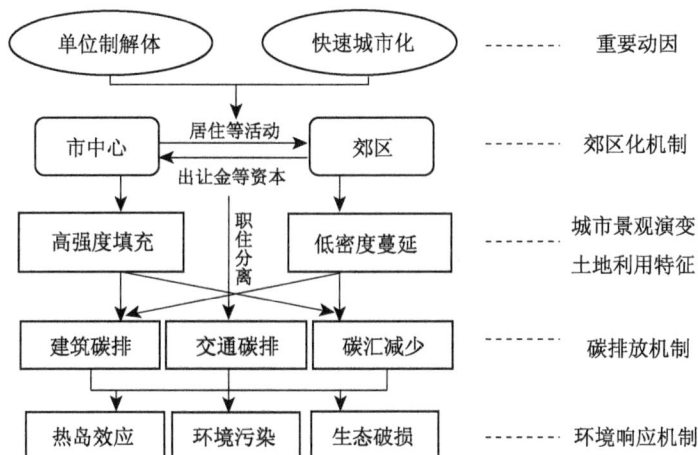

图 11-4 中国城市空间重构与碳排放机制

居住郊区化单一突进,而就业、商业郊区化并没有明显趋势,郊区就业与各项生活设施配套的不足,使城市功能空间不断错位。居民职住空间不断分离,引发"单摆式、大范围、大尺度、大流量、多频次"的组团间的通勤联系。居民出行尺度与量值需求放大,城市活动范围突破原有空间尺度,私人交通成为主要的通勤方式,造就了更加频繁的空间流动和更具机动性的城市外拓蔓延。私人交通占用了大量道路资源,公共交通发展滞后,交通拥堵,公交出行时耗、距离、便捷性和舒适性大受影响,反向刺激私人交通进一步增加(柴彦威等,2011)。

因此,特殊的制度起点与城市背景形成了特殊的郊区化动因与机制,导致城市景观与土地利用特征呈现中心与边缘并进的高强度转化,形成了高碳排放与环境响应机制。单位制的解体,严格的土地利用管制被奉为圭臬,市场化的力量驱动快速郊区化和空间错位,突出表现在城市空间结构的机动化与流动性方面。因此,单位制度的解体为郊区化和高碳化提供了初速度,而郊区化和城市化为高碳化提供了加速度,造成了城市空间组织重构的高碳化。

(2)社会公正受到严重挑战

随着社会经济市场化转型,单位制逐渐解体,城市社会从原来以单位为中心的均质化集聚转化成为异质化的社区分散结构,阶层分化转化为居住分化,社会极化、空间贫困和居住隔离等空间化进程加速,并在空间转移过程中带来过程公正的问题。城市空间重构实质上是社会与空间资源的再分配,很难做到帕累托最优改进(图 11-5)。空间资本化不可避免地导致资产价格快速上涨、保障性住房供给不足和分配漏洞,造成低收入家庭住房困难。持续多年的"低价征地、高价售房""高收入家庭住房接受保障"等乱象,是拉开居民收入差距、剥夺并转移社会财富、恶化社会贫富格局的主要原因之一。

城市空间重构、城市郊区化及再城市化对个体作用的效果不一。城市空间转型,社会空间亦重新构成,形成多元化的社会群体。在郊区,早期迁居外围的市民、在地城市化的新市民、新迁入居民、保障性安置户、外来务工人员、新就业者与富裕阶层共存。由于居住郊区化单一推进,郊区化质量不高,设施供给

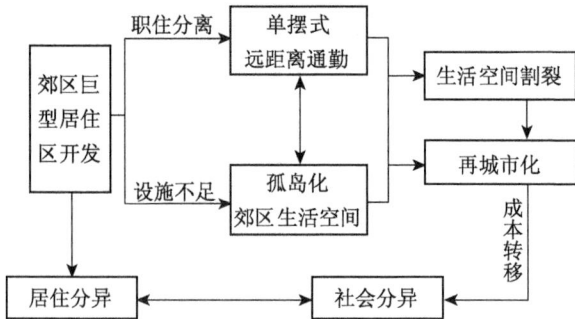

图 11-5　城市空间重构与社会公正

不足,面临再城市化。再城市化的成本及代价主要由新就业者、新迁入居民来承担,他们忍受职住分离所带来的负外部性——长距离拥挤不堪的通勤交通及城市配套设施的可达性障碍。由于各方面的时空制约与机动能力限制,生活空间割裂,家庭成员之间日常活动的时空间极容易错位,导致家庭成员之间的冷漠和疏远,离婚率和青少年犯罪率增长(柴彦威等,2010)。与此同时,拥有第二套房的高端收入者和多套置业的投资客移动能力较强,在承担较小成本的同时,完全享受着由成本付出者带来物业成熟并价值上涨的正外部性,事实上是低收入者在补贴高收入者。

随着城市空间组织中的土地泛利化和社会财富分配的空间不平衡,社会分异与居住分异互为推动,在"居住隔离、社会互动、邻里交往"等方面出现了不平等,延伸为"空间剥夺、二次贫困、向下流动、贫困代际传递"等社会退化现象。中国城市化过程中整体上出现成本—收益的结构性与过程性的不平衡和不公正,财富逆向转移。空间不仅是社会失衡的重要方面,亦是促成社会不公正的重要动因,不平等的空间促成空间的不平等。

(3)生活质量提升有限

转型中,单位制解体后,中国城市分散扩张受到行政力量的强烈推动,为了撬动郊区开发与旧城改造,巨型城市功能区成为城市空间外向扩张的基本模块。中国城市空间重构和城市地域非农化的进行交织在一起,表现出碎片化、运动式、盲目跃进的特点。

其一,存在大量撤县设市(区)、撤乡设街道、撤村改居、撤村改社区等现象。这种开发模式的背后仅仅是做土地权属的变更和城乡人口的简单转移,没有完成社会空间及生活方式的城市化,是半城市化、伪城市化,亦是当前城市空间组织超前跃进的突出矛盾和困难。其二,过度建设各类新城及巨型功能区,推动居住郊区化单一突进,就地非农化,设施、就业无法同步跟进,"居住—就业—设施"失配,产生了大量黑灯社区、空城等次生现象,导致了"单一用地、设施供给不足"的孤岛的形成,亟须进行再城市化。其三,城市空间扩张形成的城中村、棚户区、城乡交错带(边缘区),正成为城市空间组织及规划调控的灰色地带。由于进入门槛较低,这些区域正成为进城务工人员、低收入群体、大学毕业生等弱势群体的依附地。这些区域的社会空间构成多样、环境复杂,亦是低环境品质、高犯罪率滋生的场所。

因此,城市化与城市发展盲目追求"量"的导向,使得城市化与城市建设的发展质量不高,居民生活质量提升有限。中国城市郊区难以成为居民日常生活的中心。

去单位化与市场转型驱动中国城市社会经济空间的生产机制发生显著变化。空间、资本与权力渗透带来了人与自然、人与人的关系日趋尖锐,引发空间紧张与社会紧张。郊区快速低密度蔓延、交通大范围长时段拥挤、城市空间组织高碳化、住房等资产价格上涨、个人风险与社会救济不足、社会网络弱化与社会资本下降、阶层贫富差距与社会分化冲突、公共产品供给不足与社会公共性萎缩、公共精神生活丧失与物质主义蔓延、地方感与身份认同感下降等环境恶化与社会失范现象层出不穷。面向社会化转型和可持续发展,亟须追求低碳、社会公正与生活质量,追求环境与社会可持续发展;亟须反思市场化以及推动社会化转型,加快实现社会、生活方式的城市性转化;亟须从增量型城市化到存量型城市化,从空间的城市化到社会的城市化,从土地的城市化到人的城市化,建构可持续的城市社会发展模式。

2) 日常生活单元的重建与社区规划

实现社会重建,关键在于城市的制度创新和理念调整,通过空间组织模式和社会调控体系的重构,实现城市空间与社会的再平衡,提高居民生活质量,创造美好城市生活。

根本上说,居民生活质量是居民日常生活对时空间利用的质量和满意程度(柴彦威等,2011)。我国大城市的环境、交通、住房、贫困、社会公平和公共健康等城市问题交错,显示了城市发展依靠空间组织结构、土地利用等现有空间政策对生活质量改善不足,对居民时空间利用调整优化不足,对居民生活服务不足。目前的空间规划擅长宏大叙事以及建构主义,但尚未建立起对日常生活的关注,因而对小尺度问题束手无策。在社区和邻里尺度对于运用土地政策、交通政策、时间政策以及社会行为政策等以实现居民基本生活空间和活动—移动系统的优化更加奏效。这也是为什么需要区别区域可达性和地方可达性、空间可达性与时间可达性的真正含义,亦是城市研究需要从物质功能空间中分辨并强调行为空间的目的之一。

因循上述思路,社区不仅仅只是居住型的小区以及行政管理意义上的社区,而是落脚在居民日常行为层次、功能空间层次上。社区形塑了居民日常活动时空范围,也即日常生活圈,进而在宏观上建构城市居民的活动体系。去单位化与市场转型瓦解了以单位大院为基础的日常生活单元结构体系,从原来的职住合一走向职住分离,从社会紧密联结走向分散,从平衡紧凑走向松散失衡,城市各方面的问题由此产生。面向社会重建,需要实现城市社会的再组织与城市日常生活单元的重建,实现社区的平衡、多样、联结、安全、稳定并且富有活力;需要以社区为依托载体,构建以每一位普通市民的日常行为空间为对象的生活服务规划和政策框架,引导转变生活方式,提高生活质量。

11.1.3　中国单位制度再思考

中国城市碳排放足迹、社会公正以及生活质量等问题的发生轨迹与单位制度的变化几乎同步,城市社会化与可持续转型的关键挑战都与市场转型紧密相连,这也引起了有关单位制度的争议以及单位制度的再思考。

1) 单位制度的争议

学术界对待单位制度有迥然不同的观点。一种说法是坚定的市场化,应该铲除单位化的根基,进一步扩大市场化与社会化。例如,路风(1989)就点明了单位制度的封闭性与僵化。这个观点几乎成为后来研究的共识(揭爱花,2000;田毅鹏,2004)。刘建军(2000a)认为单位制度到后期对社会资源总量的边际扩张已经作用甚微。叶麒麟(2008)认为单位制度长期来看是一种自我削弱的制度。任学丽(2010)归纳了单位制度的各种意外后果。规划学者郭湛(1998)认为,单位阻碍了城市功能的正常运转,导致了城市的政治化、乡村化、家族化。范炜(2002)着重分析了单位制度造成了城市用地的割据。诸如这种观点不计其数,也是非常主流的观点。所谓的去单位化,就是否定"单位办社会""吃大锅饭"等问题,认为单位制度缺乏经济组织效率,单位大院自成一个封闭独立的社会组织单位,广泛的平均主义造成普遍贫穷、社会的僵化固定以及过度组织化等问题。

另一种说法认为,单位制度仍有积极的面向,具有保留发展的价值,并且存在着自我演进的趋势。卢汉龙(1999)认为,如果工作单位摒弃其单一依赖于行政力量的组织机制,完全可以继续保留并发挥其积极的社会功能。刘建军(2000a)认为市场化改革的最终目的并不是否定单位体制,而在于通过其内在逻辑更新,使得单位体制成为一种适合超大型社会调控的制度形式。刘平等(2008)以限制介入型国企为例,认为随着企业管理的内部化、资源的单位化以及员工依赖对象的企业化等,出现了别于以往的单位制,简称新单位制。当然,这种观点也是有争议的,其主要是从组织形态学的角度讨论传统单位的变化与新型组织形态的出现,并未触及单位作为社会基层整合结构的命题。李路路(2009)也提出,在社区建设的大潮下,需要思考"单位""新单位"或"(非单位)组织"的社会整合效应是否已经彻底消失。在规划界,何重达等(2007)分析了传统单位制度的社会功能,认为单位制度的影响仍然存在,改革应该借鉴传统的单位制度,提供各类信息,举办各类活动,促进社区交流,规范居民行为,完善福利保障,寻找新的途径来改进中国城市社会管理。因此,从长周期的视野来看(田毅鹏等,2010),单位制度深层次的作用与内在的合理性,正在被越来越多的学者所认识、理解和运用,他们也提出了多种多样的理论主张。

2) 单位制度的合理性及其新形态的建构

周建国(2009)在反思以往学术界对中国单位现象研究成果的基础上,认为后单位制时代的社区是居民之间彼此陌生而又没有使之熟悉起来的纽带,而"单位制"在共同体及其精神的培育方面却有着特殊的意义,应该建构"单位—生活"融为一体的社会组织形式,把职业场所(单位)的熟悉带到生活世界中,努力发展出"共同体"的精神。

谭文勇(2006)观察到,在后单位社会出现了一种以传统单位为核心,在其外围形成单位服务的后勤圈,并且在新兴城市区域也能围绕企业在周边形成"泛单位圈"的现象。主张因势利导,以新城市主义理论为基础,吸取传统单位社区人文思想、结构特征的思想精华,以单位(或称之为企事业机构)为核心,在其周边配置必要的居住、商业、餐饮娱乐与文教卫生等设施,形成新的泛单位圈,让多数人在其内部生产、生活,形成"半熟悉"的、类似传统单位社区的社会结构,构建城市结构的细胞,构建充满人情味的社区,保持社区的多样性,构建内循环交通系统,建立"泛单位圈城市"。

于文波等(2007)对单位制作为社会组织方式与社区空间单位做了区分,认为单位制社区有利于社区精神培育,缓解城市交通拥堵,降低交通能耗和减少空气污染,有利于以土地混合使用形成社区自支持和自我管理,整合城市时间与空间,节约社会资源,提高生活质量,并认为传统的"单位"社区几乎具有(且在某些方面甚至优于)TND和TOD等模式所提倡的各项优点。其观点并非主张要回归单位制,而是认为不宜全盘否定"单位制"社区,可以将之作为地域社区回归的社区原型之一,促进新的地域社区空间的形成。

李洋(2008)对西安市大院型住区与现代社区进行了比较研究,认为不应该全盘否定大院型住区,其在空间组织模式上将生产生活布置在一起,整合了城市的时间与空间,保障了城市弱势群体的利益,形成了良好的邻里关系,应该探索将大院型住区的优势应用于现代社区的建设,如提倡社区土地复合使用、发展社区就业、维护传统邻里关系以及促进居住混合,实现社区中物质、空间与社会秩序的统一。

李克欣则提出了"单元城市"的概念。单元城市,是以当地自然环境为生态依托,契合当地人文经济的历史脉络,顺应环境调和、环境应用、环境保护的发展顺序,分布式地有机组合若干"功能单元"的智慧低碳城市。其基本构成单元是,有不同使用功能的高密度、大院式的城市社区——"功能单元"。多数居民可在本单元内进行工作、居住、教育、医疗、健身等要素活动,使单元城市内的交通量大幅减少,能源、水务、垃圾、信息等城市生命线基本实现属地化。"功能单元"按照"分布式、多中心、双核结构"的原则建构"单元城市",实现城市智慧化与低碳化[1]。

3)单位制度再思考的视角

本章之所以不厌其烦地在这里介绍来自社会学与规划学科有关单位制度再利用与新的概念主张,主要是想突出各种主张深层次的共性逻辑:如何分析利用单位制度内在的合理性? 如果存在合理性,那其不合理性应该如何理解? 是否因为其特殊的政治经济环境以及制度实践的逻辑而产生其不合理性和自我削弱的制度属性?

首先,需要从多个侧面理解单位制度。经济学与社会学着重将单位制度作为生产组织制度和社会组织模式来理解。在计划经济全民公有制、整个社会单位化的条件下,单位作用对中国城市经济及其居民生活的控制作用非常深,以致将现有研究单位制度视为计划经济的残留。去单位化也在搞活市场经济、改善城市环境、推动社会开放等方面获得广泛的合理性。然而,将单位制度作为社会整合机制与城市空间组织模式来看,越来越多的研究已经重视发掘其内在合理性。特别是近些年,经历了大规模的郊区化,城市空间结构与日常生活经历了大规模变化,在交通缓堵、老年社区建设、低碳发展与生活质量等方面,学界和民间都有一波反思见诸报纸杂志、学术期刊和研讨会,讨论单位制度与当前中国城市建设模式的思潮。

其次,正如本书第4章讨论单位制度的原型所言,单位制度本质上是一种企业主导的公共产品的组织化供给形式与社会组织方式,在不同的时期与地区都存在类似的制度安排。其内在的逻辑合理性介于市场机制与政府组织资源分配之间。中国的单位制度经过长期的运行实践,已经完全附属于计划经济与再分配体制,并且渗透着家族观念与政党文化,成为社会统合与资源调控的唯一工具,这是其不合理性的根本所在。卢汉龙(1999)指出,近年来在地区社会的发展中已开始强调发挥社区本身的作用,尤其是居民和属地单位的力量来参与共建,也是这种原型思想的体现。因此,我们需要剥离覆盖在单位制度之上的政治经济制度外衣,防止将单位制度妖魔化、将市场神圣化、将单位制度与市场制度简单对立。

再次,单位制度未必一无是处,去单位化与市场转型作为中国城市转型的先锋是不是有点矫枉过正? 去单位化的资本、效率与市场导向的原则是不是忽视了以人为本的原则? 例如,田毅鹏等(2009)指出单位制度的变革导致社会公共性萎缩以及公共精

---

[1] 李克欣.2012.防治"城市病",从单元城市入题[N].人民日报,2012-03-28.

神生活的衰落。事实上,近年来出现单位制度的回潮以及单位制度的隐形化,在一定程度上就是对这种观念的回应。

11.1.4　单位制度的隐形化

单位制度隐形化是说单位制度作为一种正式制度已经逐步弱化退出,但是作为一种非正式的制度在中国城市社会中发挥着重要的作用,并且以更加隐蔽、依附性的方式发生作用。例如,人们依然倾向于在体制内的单位就业,单位在社会资源再分配、社会再组织中仍然发挥重要作用,单位大院社区依然是单位居民甚至组织日常生活的主要空间形式,单位意识、单位情结仍将长期存在于中国的城市社会之中。因此,单位制度隐形化,是在去单位化和市场转型条件下对单位作用存在并将长期存在的判断,是从制度变迁的角度对变化中的单位制度的作用特征的概括。

1)单位制度隐形化的特点

去单位化和市场转型也是逐步推进的过程,部分甚至是众多领域仍然存在单位依赖的现象。这种依赖现象具有隐蔽性,依附于其他正式制度。单位作为一种组织化、集体化的生活方式,通过影响人们深层次的文化观念与社会网络关系等发生作用,覆盖了择业就业、住房选择、公共服务、日常生活、行为模式、思想意识、社区情结等多个方面。以住房领域为例,单位制度依附于经济适用房、公租房、组织团购、参与后期管理等政策,不断利用并创造各种正式的制度机会加强单位的自我作用,并逐步表现为体制的复归。

单位制度的隐形化与延续性还表现为一些体制外的组织也逐渐具有了一些原来单位组织的特点。法兰西斯(Francis,1996)研究发现,北京海淀区高科技行业,在企业福利、人际关系以及对企业依赖等方面"再生"了中国单位制度的体制。在天津大邱庄、河南刘庄等农村集体经济活跃的村庄,单位组织的特性得以充分体现,单位管理方式也得到了充分发育(李汉林,1993;李培林,2004;包路芳,2010)。

2)单位制度隐形化的原因

单位制度的隐形化具有很多复杂的特点,与现有制度紧密结合,其原因根植于单位制度的历史惯性与转型过程的制度设计,包括单位制度本身以及市场化模式推进过程中的问题。

(1)单位的历史作用与文化基础

单位体制作为一种组织制度,并没有随着经济市场化的进行而完全消失。在城市社会的诸多方面,单位体制仍然存在并且在某些领域还发挥着基础性的作用。人们曾经在这种制度的结构中生活,根据这种行为规范社会化,从而加深了人们的行为惯性(武中哲等,2009)。如此循环往复,使单位制度在其深层结构上具有了一种抗拒变迁的能力,其变迁的滞后性具有深刻的制度基础。李汉林认为,中国单位现象的形成和发育有着极其深刻的社会、政治、经济和文化背景,绝不完全是某一个政权的产物,更多的是中国文化的产物(李汉林,1993)。因此,单位体制具有深厚的历史渊源,是不会轻易消失的。

(2)市场化推进的程度与模式特征

市场转型在不同层次推进的结构与层次,如市场化不彻底或者过度市场化都会影响单位制度隐性化的方式与强度。以住房领域为例,改革初期,单位对住房这一短缺资源的拥有仍然具有明显的再分配型社会的特征,离完全市场化差距很大,工作单位作为社会再分配中的重要机制在住房的拥有结构中发挥不容忽视的作用,担当着难以推卸的责任(边燕杰等,1996)。前些年,政府加速退出住房保障,商品房市场发展过快,房价居高不下,居民购房再度困难,单位作用再度呼之欲出,单位自建房、单位配建公租房等措施推动单位制度再度从后台走向前台。特别是,由于医院、教育等事业单位改革,公共产品供给的过度市场化,成为单位回潮的主要诱因(汤明磊,2012)。

以上之分析,试图说明的是,从不同的理论角度来看,单位制度有其内在合理性;从实践过程中来看,单位制度存在隐形化特征,并且深层次地嵌入在社会经济文化的结构体系中,单位制度可以有新的制度形态与实践安排。

11.1.5 单位思想的新运用

面向中国城市建设的挑战,基于单位视角,我们进一步萃取出中国城市关键议题的出现缘由和变化轨迹。概括来说,单位制度逐渐解体,催生快速城市化与大规模郊区化,中国城市在经济效益、社会效益与环境效益顾此失彼,最终影响到城市化与城市空间重构整体质量的提升。因此,中国城市发展的社会化转型是站在城市空间组织模式的"去单位化"的历史起点上,需要面向"低碳、公正和生活质量"的未来挑战。借此,城市空间组织和规划亟须转型,亟须回归和创新。城市政策的调整应以"空间、经济与社会"的平衡发展为出发点,赋予环境保护政策、社会公共政策和生活服务政策的价值内涵。通过城市空间组织和规划的多重转型,着眼于城市—社区的层次系统,突出低碳空间、社会空间和日常生活行为空间的组织重建与规划,实现城市空间结构的尺度矫正,重塑"以人为本"的城市空间。

参考国外城市规划应对城市蔓延与社会割裂的经验,着眼于生活质量导向、传统城市经验、日常生活视角等启示,结合学术界对单位制度合理性的客观再思考以及单位制度隐形化的事实存在,我们归纳了"单位思想新运用"的理论命题,并进一步从中国城市化进程中的"单位化""去单位化"引申出"新单位化"的命题:需要以宽广的视野思考单位制度与中国城市问题出现演变的关系,借鉴单位制度及单位化的实践经验,指导中国城市社会化转型(图11-6)。

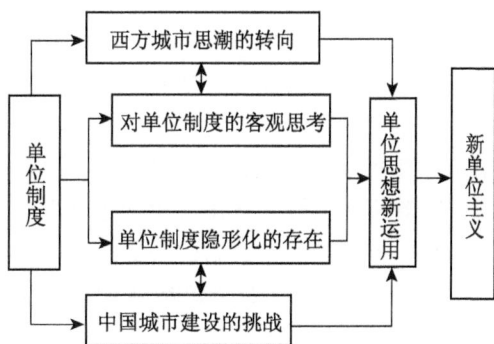

图 11-6　新单位主义提出的背景

11.2　新单位主义的提出

单位思想的新运用以及新单位主义的命题提出的实践需求是中国城市发展的社会化转型,思想渊源则是根据世界各国不同时期的单位化实践所进行的有关单位制度原型的思考,思想背景是西方城市思潮的转向,历史经验是中国改革开放前30年的单位化实践的社会与空间经验,研究基础是单位制度的客观反思,事实基础是单位制度的隐形化。这个命题的提出,从萌芽到完整阐述也经历了各方面的积累与突破,是长期研究的结果。

11. 2. 1 新单位主义的提出过程

1）20 世纪 90 年代的研究

早在 20 世纪 90 年代，柴彦威等以兰州为案例，考察单位制度与城市土地利用结构、市民生活与时空间结构的关系。（柴彦威，1991；1993；1994；1997；1996）。这些研究的核心观点是，单位制度影响乃至决定了社会主义计划经济体制下中国城市内部土地的利用和社会空间结构，形成了以单位为中心的基础生活圈和以同质单位为主形成的低级生活圈。单位制度仍将在组织城市居民的生产与生活、形成中国城市社会地域结构等方面起到重要作用。

2）2000—2009 年的相关研究

2003 年，柴彦威等进一步从单位制度变化的角度重新梳理认识了中国城市生活活动空间与城市空间结构的影响（柴彦威等，2003）。

随后，柴彦威等（2006）从生命历程与迁居的角度研究了北京市老年人的居住残留与分异现象，研究认为，长期的单位作用形成的单位情结和单位社会网络使得单位老年人表现出较低的迁居意愿，建议健全养老设施和服务体系，将单位大院改造成为西方发达国家的"退休者社区"。2007 年，柴彦威等比较系统地阐述了单位制度变迁视角下中国城市的社会分层、空间演化以及社区演化，提出了单位制度隐形化等概念（柴彦威等，2006）。2008 年又概括了单位制度研究框架，分析了单位制度的变化对居民生活空间的影响，包括就业制度与居民通勤、住房分配与居民迁居、福利制度与日常生活等，探讨了单位制度的转变对城市空间与社会结构的影响（柴彦威，2008）。

此后有关单位的研究，主要围绕着单位社区开展。相关研究以"中国城市单位转型"专辑的形式，集中发表于《国际城市规划》2009 第 3 期。研究内容包括单位居民的迁居与残留、单位大院的空间性与演化演替等，认为单位制度是透视中国城市转型的钥匙。研究主张围绕"单位居民—单位社区—单位空间"三者的互动关系，展示中国城市单位在转型期的积极作用，理解单位作用的长期性与深刻性，在充分解读刻画转型期中国城市单位社区变化机制的基础上，制定更为有效的城市规划政策。

3）2009 年至今的研究

2009 年，在中国城市规划学会国外城市规划学术委员会年会上，柴彦威等发表了"应对气候变化，重新反思中国的单位社区"的主题发言（柴彦威等，2010）。文章从经济效益与社会效益的角度，对单位制度和分区制度做了比较全面的比较，概要性地提出了新单位制的组织模式。2010 年末，柴彦威等在国外城市规划学术委员会年会上发表了"中国城市空间结构的高碳特征与低碳调控"的主题发言，进一步阐述了新单位制及其规划应用。

2011 年，柴彦威等在参加美国地理学年会期间，先后在波特兰、西雅图发表了有关中国城市去单位化与新单位主义的研究成果。这些研究纵贯改革开放前后 60 年的时间尺度，结合制度变迁与城市空间重构，提纲挈领地阐述了单位化与去单位化的过程与内容。同年，基于多次学术发表的内容，柴彦威等（2011）比较系统地阐述了从单位主义到新单位主义的思考过程与内容设想。

2011 年，北京大学研究团队在开展国家自然科学基金项目"转型期中国城市的单位空间形变与社区杂化的过程、机理与优化研究"的同时，成功地申请了国家社会科学基金重点项目"单位制度的演变及其空间与社会响应研究"。项目围绕着单位制度及其演变的制度性、空间性、社会性以及实践性,加大了案例研究的分量,旨在构建单位制度研究的新思路与新框架。相关科研项目有效地支撑了我们在地理学与规划学界进一步开展单位研究。刘天宝等(2012)深入分析了单位制度的形成与实践的逻辑,扩大了单位制度的研究框架。

此后,柴彦威等(Chai,2014)在中国地理学会、中日韩地理学年会、中国城市规划学会等学术会议上,多次应邀阐述了有关"新单位主义"的新观点与新认识。

11.2.2 新单位主义的理论基础

从以上概述的提出过程来看,我们提出的新单位主义是基于人文地理与城市规划的研究基础,试图表达一种新的城市思想,应用于引导城市社会转型与发展。与其他背景学者基于自身学科的理论基础来理解探索"单位思想的新运用"的命题一样,我们提出的新单位主义始终以日常生活为中心,基于结构分析、城市治理理论与时间地理学方法,从单位制度对城市与地方生活的创造以及对人的活动—移动系统的企划等视角理解其制度与实践的合理性,结合当前中国城市发展的问题和挑战以及国外城市发展的趋势,试图进一步发挥单位制度的合理性优势,以服务于城市社会的建设。

1) 时间地理学

产生于 20 世纪 60 年代的时间地理学是"二战"后人文地理学研究范式转型的重要里程碑。创始人哈格斯特朗(Hägerstrand)以区域中的人与人类活动为分析对象,创造性地提出了个体行为研究的理论体系和方法系统,在地理学的框架下实现了时间与空间整合,成为从微观视角研究城市交通政策与制定交通规划、研究区域规划中的社会资源与福利的公平配置等问题的新方法,适应了"二战"后诸如瑞典等高福利国家中社会发展目标由经济增长转向生活质量提高的理论与实践需要(柴彦威,2000)。

(1) 面向日常生活的时间地理学

20 世纪 80 年代以来,时间地理学及其时空行为研究逐步转向对人类内心世界的意义、观点、情感、感受的关注,转向对人类生活的关联性以及社会生活现状本身的思考,强调日常生活的时空情境性,捕捉特定环境与社会背景中的人与事物的地方性,成为社会学研究重要的方法论基础。例如,吉登斯的结构化理论就吸收了时间地理学的个体论、时空观以及个体行为者日常实践的思考,吸收了时间地理学关于日常生活时空情境的核心思想,建构了社会结构二重性的理论。普雷德主张时间地理学应该成为社会理论的研究不仅运用其方法分析日常生活方式的变化过程,而且还分析城市整体的变化以及生产方式的长期变化过程,并在不同时间尺度上把社会经济制度与个人的日常生活结合起来(柴彦威,1999)。

时间地理学试图对真实的人、真实的生活世界进行全面的理解,提供了一种思考我们身边的世界与我们日常生活的方式,提供了日常生活的细节,从而创造性地为社会理论的更新及融合作出贡献(Giddens,1979;Pred,1981b)。作为一门日常生活的地理学,它契合了西方城市研究中有关日常生活、生活方式与生活质量的话语转向。

(2) 企划、日常生活与单位制度

空间与时间的形成需求、安排与组织企划,是时间地理学的中心主题(Scholten et al,2012)。个体的、组织性的企划之间的互动,形成不同的时间与空间秩序,是家庭等社会主体以及社会整体运作的基础。换言之,社会整体的基本结构是宏观的组织运行和个体成员的活动参与的时空分布的结果(Ellegård et al,1999)。

无论个体还是组织的企划,都受到外部情境的限制。物质环境与制度等社会环境对企划特别是重复性、惯常化的企划存在多方面的制约,正如时间地理学所反复强调的能力制约、组合制约与权威制约(Hägerstr ent al, 1982;Ellegård et al, 2004)。因此,如何在有限的时空实现需要进行的企划,是家庭等个体的问题,也是整个社会面临的问题。

企划的实现需要有能力获得并使用各种资源(Thrift, 1977;Hägerstrand, 1982;Lenntorp, 2004)。社会组织结构、资源的位置和可获得性、真实世界中地点的距离等都会影响到组织和个体企划的参与和执行。社会发生变化,意味着这些组织和架构、时空资源的分布发生了转变,个体日常生活参与和执行企划过程中对资源的获得与使用发生了变化,进而又影响到个人的日常生活(图 11-7)。

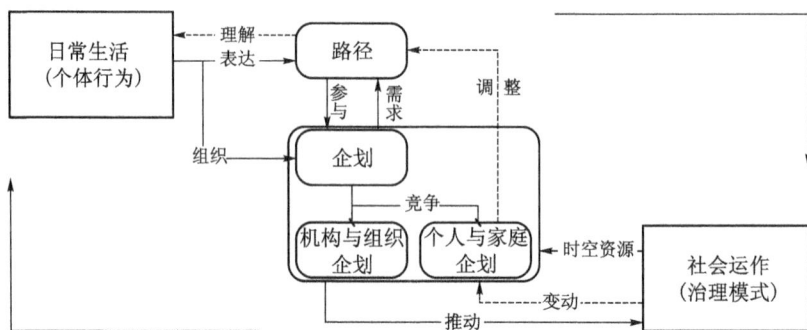

图 11-7　企划、日常生活与社会结构的关系

基于时间地理学的视角,单位制度为中国的城市提供了组织化的时空间企划方案,通过社会组织结构与资源分配的单位化形成了惯常性、例行化的活动配置与设计,在个体的时空活动路径中通过时间与空间相互关联起来形成集体性社会,形成了以单位为基础的生活结构,实现了日常生活实践与宏观的社会再生产,建构了城市整体的时空间结构。随着单位制度的变化,社会的物质空间与社会环境发生激烈的转型,个体的日常生活模式显著变化,变化中的时空结构带来严重的环境与社会问题。面向新的发展需求,我们提出新单位主义也就旨在调整城市时空组织方案,实现日常生活的平衡,塑造居民的活动空间结构,实现低碳、公正与可持续发展。

因此,围绕日常生活的研究立场,我们试图采用"企划"的视角,在前端与制度变迁挂钩,在后端分析其空间与社会后果,将这条线索贯穿于"单位化—去单位化—新单位主义"分析的整个过程与多个方面,致力于探索城市活动移动系统的结构性变化与调整,实现日常生活的再企划,增强城市活动移动系统的柔性、弹性与适应性。

2) 社会企业理论

社会企业最早源于法国经济学家蒂埃里·让泰提出的社会经济的概念。经济合作与发展组织(OECD)归纳其定义为:社会企业是指任何可以产生公共利益的私人活动,具有企业经营策略,以达成特定经济或社会目标,而非以利润最大化为主要追求,且有助于解决社会排斥及失业问题的组织。其核心论点在于其组织发展的目标不是追求利益最大化,而是把社会效果和间接的经济效益结合在一起。

(1) 面向社区发展的社会企业

事实上,研究发现社会企业的出现也与西方国家福利制度改革相互联系。随着西方国家高福利制度带来较为严重的财政赤字,西方国家先后进行了新公共管理改革,改革政府部门,推进社会与社区自治,发展社会经济,同时企业部门也积极介入社会事业,逐渐产生了具有社会部门性质与非盈利机构特征以及企业组织特征的混合组织。

在欧洲,社会企业发挥的作用越来越大,主要形态包括员工拥有的企业、储蓄互助会、合作社、社会合作社、社会公司、中型劳工市场组织、小区企业以及慈善的贸易部门等。社会企业作为介于公与私的中间组织,以公民为服务对象,通过企业家的经营活动以提供公共产品、实现社会责任、服务社区发展,通过建立可持续的商业模式追求实现利润、社会与环境等多重目标,成为西方社会建设的亮点。例如,在英国,社会企业有自己独特的法律形式,即"社区利益公司",通过企业活动为社区成员谋福利。在英国,社会企业的发展还与金融结合起来,设立了社会影响债券的投资项目。在法国,普通的投资基金如将5%—10%的资产投入社会投资,会得到税收优惠政策及其他鼓励措施。奥巴马政府2012年联邦预算中的一亿美金是专门用于社会影响债券。巴西和新加坡也建立了社会企业股票交易所等。社会企业正在蓬勃发展,积极探索创新模式来解决问题,改造和维护社会。

(2) 地方营造、日常生活与单位制度

从日常生活的角度来说,社会企业作为一种社区服务组织,通过建立可持续的商业经营模式为社区提供公共服务,能够创造就业机会,充实了社区建设管理和发展的力量,参与了地方的建构与社区的营造,在社区发展中发挥了重要作用。

就单位制度而言,基于第4章的分析,其最大的特点在于"企业办社会",类似的这种安排存在于世界各国不同地区与不同时期,其实质是"社会企业"的性质。当然,单位制度区别与社会企业的特点在于,单位制度与计划经济体制紧密结合,单位组织实际上是国家组织的代言人,位于"国家—单位—个人"的社会调控体系的中间环节。其制度安排造成的实际后果是,就业单位在专业职能之外,几乎无限量地承担了社会职能,具有封闭、僵化的特点,从而导致单位制度的失败。

但是,我们仍不能忽视其应运而生的合理性,因为单位制度弥补了政府部门公共产品服务能力体系的不足,在组织社区生活、建立地方情感上存在很多可值得借鉴的地方。特别是,在今天政府公共服务供给不足的情况下,发挥企业对社区营造的支持作用,扭转政府主导下的社区建设,仍然有着积极的作用。事实上,卢汉龙(1999)早就指出行政化组织方式的不足,认为依靠政府的街道办事处来指挥居民委员会的工作不适应市场化转变的社会生活;社会管理的改革不是简单放权,不是政府职能从单位这个部门转移到另外一个部门。他还指出,近年来某些地方的社区建设的发展已经注重吸收居民和属地单位参与共建。

根据时间地理学方法与社会治理理论,我们将单位化、去单位化与新单位主义的结构关系展示如图11-8所示。单位制度对社会组织与个人的企划具有明显的作用,这种作用进一步反映在城市活动移动系统之上,构成了制度与居民行为的互动逻辑。在单位化时期,单位控制了资源分配,影响到了地方营造与社会空间结构等。随着单位制的解体,居民与社会组织的企划不断调整,形成了远距离的通勤行为与个人生活空间的割裂与社会空间结构的分层。新单位组织试图融合社会企业的行为,从生活空间入手,改进城市与居民的活动移动系统,形成人本、开放、可持续的城市社会。

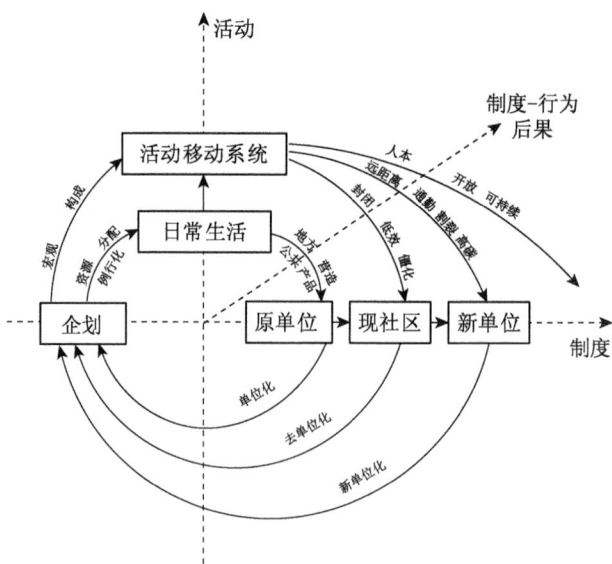

图 11-8 单位化、去单位化与新单位主义的结构关系

11.3 新的单位制度实践:新单位主义

随着中国城市化进程的快速推进与城市社会的初现,日常生活将成为城市政策的关键词。如何改进城市日常生活空间的质量,提高城市居民日常生活质量,形成精致的城市空间组织与建设路径,将成为中国城市发展的重要任务与现实挑战。围绕日常生活的话题,国外城市思潮形成了"传统转向",如新传统主义与新理性主义等。在中国,类似呼声亦层出不穷,并且也正当其时,具有很深刻的现实需求和研究基础。我们基于单位制度的客观思考、单位制度的隐形化等事实存在,思考单位制度的合理性乃至其原型以及分析单位制度实践的成功与失败,在单位化、去单位化的框架下,提出了新单位主义的概念。

概括地讲,新单位主义是指在开放的市场经济条件下,借鉴中国城市单位制度及其实践经验,以日常生活为中心,重新塑造居民日常生活空间单元与城市活动空间结构。新单位主义主张,吸收企业参与社区建设,综合时间、空间、行为与社会政策等,调整居民的日常生活空间,实现城市紧凑、平衡与可持续发展。

12　新单位主义的概念框架

为应对西方城市思想转型以及中国城市发展的问题,新单位主义试图根据中国城市化的历史过程与阶段特点,提炼单位思想在空间组织、社会建设等方面的有益元素,指引中国城市发展的未来面向。我们认为,城市单位化实践的最大特点在于基于单位与国家的合作,通过公共产品的组织供给以及日常生活单元的地方性建构,对居民日常活动形成规定。基于单位制度的原型,立足于日常生活的转向,建立了以单位为基础的城市活动移动体系。面对中国城市社会发展需求,新单位主义主张吸收企业参与社区建设,采取时空整合、社会政策与行为政策相结合的手段实现日常生活的企划与地方营造,重新构筑混合、多样的日常生活圈,以相对独立、有机构成的基本生活单元重新塑造城市的日常活动体系,推动城市的生活规划或者说社会规划,最终实现城市空间再组织的平衡与紧凑,这是新单位主义的概念策略框架。本章将重点阐述新单位主义的基本内容与目标,并在此基础上总结新单位主义的价值观与原则,进而阐述新单位主义的实施方向与策略。

12.1　新单位主义的基本内容与目标

12.1.1　重新构筑城市居民日常生活圈

1) 地理背景单元、日常生活圈与社区

日常生活圈是指居民以家为中心,包括购物、休闲、通勤(学)、社会交往、医疗等各种活动所形成的空间范围或者说行为空间。其实质是从居民生活空间的角度,刻画作为地理背景单元的城市空间与居民真实实际生活的互动关系,描述地域中资源配置、设施供给与居民需求的动态关系,进而折射出城市生活方式与生活质量、空间公平与社会排斥等内涵,因此成为时空间行为研究、地理学乃至城市规划学科应该重视的科学概念。

从个体的角度来说,每位居民都会以家和工作地为中心开展各项活动,在利用周边设施与地理空间的时候形成自己主要的日常活动空间,并且因为道路路网可达性以及设施利用的偏好及其位置的关系,形成个人化的日常生活圈。因此,传统的活动空间通常采用标准椭圆、三角形、活动扇面等方法进行测度[图 12-1(a)],但是现在越来越多地采用基于路径的测度方法,试图更加全面地反映居民在特定的时空环境中与城市各项各类设施形成的机会空间以及实际的行为空间。

尽管个人日常生活圈是非常个性化的,但是受到外部设施的供给或制约,居住在相同位置的居民的日常生活圈会有很大的交集,成为居民共同的生活活动空间

[图 12-1(c)]，也是周边各类设施与居住小区的共同作用企划的结果。例如，在设施配套与城市功能相对比较丰富的地区，人们的日常生活圈仅仅集中在家庭周边区域，就能满足人们的购物、休闲、娱乐等各种维持性活动的开展乃至发展性活动的需求，因此，活动空间相对收敛，活动半径相对较小，人们亦能够享受到周边配套的便利与较高的生活质量[图 12-1(a)]。因为居民活动空间的重叠以及频繁的日常社会互动，这个时候的居住小区及其周边地区才有可能发展成为具有完整生活意义的社区概念（或者说住区），而不仅仅是居住或者行政管理意义上的社区概念。反之，日常生活空间则主要依据小区之外的城市空间，居民的日常生活圈相对发散，中心外移[图 12-1(b)]，难以使得家及其居住地附近成为真正的日常活动中心，也难以发展成为日常生活意义上的社区。

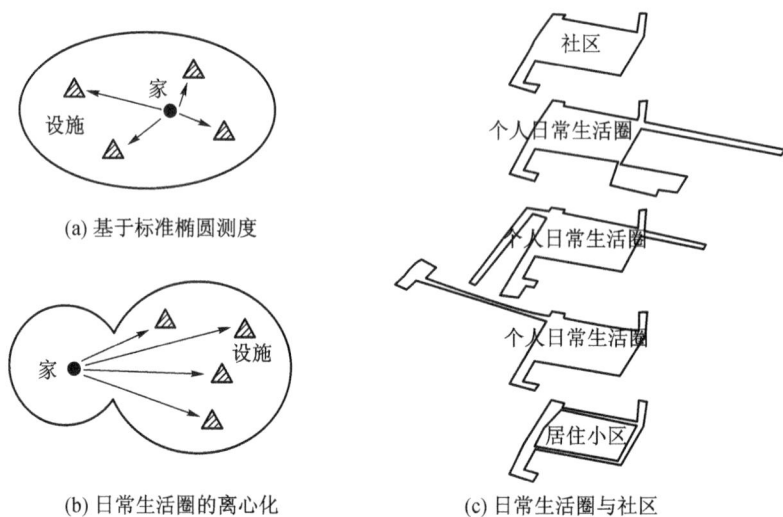

(a) 基于标准椭圆测度

(b) 日常生活圈的离心化

(c) 日常生活圈与社区

图 12-1　日常生活圈与社区

2）居民日常生活圈的单位化与去单位化

对照日常生活圈与社区的关系，以单位制度为例，空间的单位化实质上反映的是城市的行为空间组织，包括个体生活需求与城市空间供给的关系、个体行为空间的特征汇总以及居民以家为中心进行的社会经济互动及其社会联结。在以单位为中心的过程中，以就业关系形成社会互动，单位后勤部门加大社会福利力度，有效地将居民的工作、居住、休闲、社交等各种活动整合在一起，建构了共同的生活空间与时间，形成了职住匹配、设施相对完备的居民基本的日常生活圈。当然，单位制度下的空间结构也存在诸如缺乏自由度、高度的组织性、熟人社会等问题。

随着单位制的解体，城市空间转型摧毁了以单位大院为主体的空间构造方式，并以疏散旧城的名义进行空间开发，导致快速郊区化。如前面章节所叙述，在大规模的居住郊区化的背景下，土地利用方式与结构比较单一，郊区功能发展相对缓慢，本地的就业机会相对较少。郊区居民越来越多地依靠市中心的各项设施，实现日常活动（如通勤、购物、休闲、社交等），郊区的独立性与自立性发展不足，无法支持使其成为日常生活的中心。郊区普遍成为睡城，人们大部分选择在市中心购物、休闲、社交等（图12-2）。在日常活动空间上，表现为日常生活空间的双中心化。其次，郊区发展空间相对富足，用地条件约束小，功能单元面积大，郊区的生活空间从步行空间转变成为机动化空间,越发趋于高碳化,对环境冲击较大。再次,社区建设在单位制解体后,以居委会的形式开展社区建设,其实质是将企业与机关事业单位对本单位职工的剥离社会管理;但是实际上服务于社区的主要是街道等行政派出机构,行政化趋势比较明显,难以发展出有效的社区管理。日常生活空间缺乏足够互动以及相对的组织化,呈现原子化格局,社区共同体精神的培育越来越困难(田毅鹏,2012)。最后,由于单位制度、拆迁安置、城乡边缘带等因素的共同作用,郊区日常生活空间的构成非常复杂,隐藏着众多诱发社会冲突的因素。

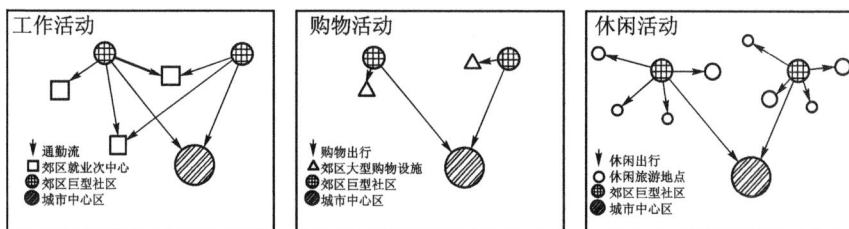

图 12-2 郊区巨型社区居民的活动空间结构

3) 新单位主义下的居民日常生活圈

单位制度的解体对居民生活以及城市时空间结构的冲击在于居民日常生活圈的去单位化,并且由于日常活动与行为无序性的再组织,逐渐产生了一系列的城市问题,如远距离通勤、生活空间割裂、空间分化严重等。因此,从城市空间日常化以及提高生活质量的角度来说,日常生活圈亟须再平衡,以缓解日常活动空间的过度紧张。

新单位主义主张借鉴单位大院的组织思想,重新定义中国城市居民日常生活的基本地域单元,着眼于生活空间与日常生活圈的组织,以追求低碳、体现公正、提高生活质量等为目标,最终实现经济—社会—环境的可持续发展。具体说来,居民日常生活空间单元的目标与策略可概括为"一体四面":一体即综合的日常生活(图 12-3),四面即"职住接近与功能平衡"的土地混合利用模式,"低排放、低冲击、微循环"的环境影响单元,"社区自治与空间公正"的社会组织治理模式和"居民日常生活活动在地化"的基本空间单元。

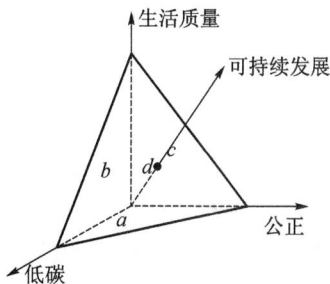

a:"职住接近与功能平衡"的土地混合利用模式;
b:"低排放、低冲击与微循环"的环境影响单元;
c:"社区自治与空间公正"的社会组织治理模式;
d:"居民日常生活活动在地化"的基本空间单元。

图 12-3 新单位主义下的日常生活空间单元

从技术手段上看,新单位主义下的日常生活空间建设试图通过空间规划推动土地混合以及住宅混合实现社会混合,动员政府、企业、非政府组织与居民等主体实现参与合作共同治理。换言之,结合空间规划与设计以及社会管理创新的底层技术,致力于实现职住接近与设施供给完备,实现环境方面的低排放与低冲击、行为方面的日常活动在地化与社会治理层面的平衡参与及民主公正,形成具有社会与环境可持续性的日常生活圈。值得注意的是,以上四者是相互影响、相互依存的。以社区的自我管理为例,土地的混合与住宅的混合刺激多方面主体的积极参与,社会构成更加多样化,能够增强社会管理的能力体系建设,居民行为在地化也为自我管理创造了参与的条件与管理的基础。

从大目标来看,土地利用混合与低冲击模式是实现低碳的必要条件,功能混合与社区自我管理是实现公正的有效支撑,低碳与公正是支撑生活质量的重要因素。低碳、公正与生活质量成为可持续发展的基础。因此,新单位主义下的日常生活空间单元试图形成多维混合及多方参与,建构自我包含、自我循环、自我平衡、自我管理的日常生活共同体,在行为与环境、行为与社会方面具有其规定性,其目标指向的是环境与社会的可持续发展。

因此,新单位主义的日常生活空间单元,立足于单位大院是中国语境下紧凑与平衡的空间组织策略的基本论断,以单位大院为空间原型,主要通过两项主要技术、四个方面的策略,实现低碳、公正与生活质量等三个向度,重新定义日常生活空间单元的内容与形式、政策与目标,以期调整城市居民的日常活动空间体系,指导日常生活空间规划(图12-4)。

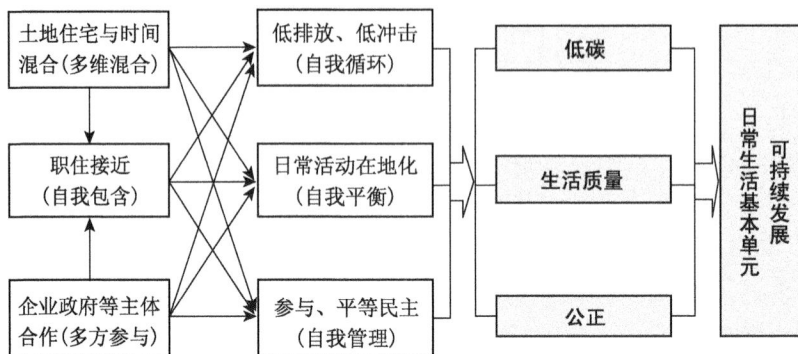

图 12-4　新单位主义下重建日常生活空间的目标与路径

12.1.2　重新塑造城市的活动移动体系

1) 居民的活动移动与城市的活动移动体系

居民的日常活动空间构成城市的活动移动体系。从内容来看,城市居民活动移动体系包括就业、居住、通勤、公务、休闲、社交、游憩等各项活动及其出行。虽然移动是因为活动参与,但是对于城市空间的组织来说,移动带来的空间要素流动相对更加难以处理。就移动方式来说,有公共交通出行方式,也有私人交通出行方式。城市的活动移动体系也是多层次的等级系统。克里斯泰勒曾经概括中心地理论,阐述了不同条件下的服务中心格局。事实上,中心地理论也是日本、韩国、中国台湾地区等开展区域性生活圈规划的理论基础(陈丽瑛,1989),城市规划学科也广泛地采用多等级的城市公共中心,进行公共设施的布置。

从居民的行为来看,城市活动空间体系反映的是城市居民活动与城市空间的互动关系,以及整体构成的活动移动景观,刻画城市内部的通勤、购物等活动的依存关系。通过城市活动空间的体系,能够进一步把握城市的时空间结构,掌握城市居民与城市空间的活动机理。良好的活动空间组织体系,是城市规划进行行为组织与空间规划的目的与手段,也是国外生活圈规划在区域层面主要的着力点。

2) 城市活动空间体系的单位化与去单位化

就中国而言,随着日常活动空间单元的解组与重构,城市活动空间体系也经历了普遍的单位化与去单位化的过程并引发了各种城市问题,如大规模的机动化、远距离的通勤等。计划经济时期,城市空间与社会普遍的单位化,形成了以单位为基础的城市活动空间体系,城市体系趋于扁平化,城市空间分散均质,城市中心发展较弱。事实上,商业中心的削弱成为计划经济城市空间结构的显著特点(薛凤旋,2002)。以北京为例,市中心西单、王府井等商业中心受到极大抑制,各类活动有效分散到单位社区等。

改革开放后,单位制度解体,在空间上完成了将城市的生产、生活活动的分隔,进而引发分散与分化。它直接解放了原来被单位制度桎梏的"人—活动—空间"的需求,空间释放后的要素面临着再组织的结构调整问题。城市空间重构首要解决的关键任务是,如何以"非单位"的形式重新组织城市的生产和生活体系,建立起"去计划指令、去模糊产权与公有制陷阱、尊重经济效益和经济规律"的新型组织体系。

城市空间转型,摧毁了以日常生活圈活动为基础的活动体系,个体职住不断分离,城市空间的内部结构不断趋向错位。其中,就业是经济因素自组织的、集中的、少数选择的,居住是带有市场与行政混合色彩的被组织的、分散的、多选择的,居住郊区化与就业郊区化的不同步、不完全与时空异位,严重导致了城市组织的空间错位错向与城市空间结构的混乱,产生了严重的城市问题,突出表现在城市交通及移动性格局上(图12-5)。

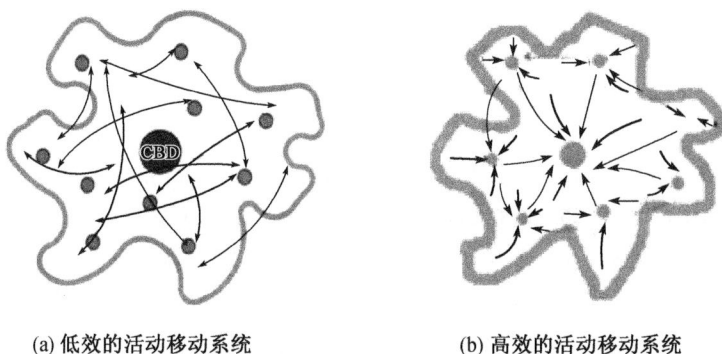

(a) 低效的活动移动系统　　　　　(b) 高效的活动移动系统

图 12-5　城市空间结构与活动移动系统

3) 新单位主义下的城市活动空间体系

在城市宏观层面,面向城市活动空间体系的组织,新单位主义主张在建设综合、平衡、尺度规范的日常生活单元的基础上,根据城市居民活动—移动的特征规律,形成"日常生活圈—通勤活动圈—城市生活圈"的层级体系,构筑以日常活动为视角、以个体生活模式为节奏的城市活动空间结构体系(表12-1,图12-6)。

表 12-1　城市活动调整与活动空间体系

类别	主要活动	时间尺度	空间尺度	特征
日常生活圈	居住、教育、购物、交往及其他生活性事务	1 日以下	居住地及其周边区域	日常重复、无固定、随时满足、家庭所需、步行可达
通勤活动圈	工作、较高等级的购物与社交娱乐等	1 日	城市片区	工作日重复、以维持性活动为主、以个人为主、公共交通
城市生活圈	公务等事务性活动及高等级休闲等享受性活动	周及周以上	城市范围	无显著规律、公共交通与私人交通为主

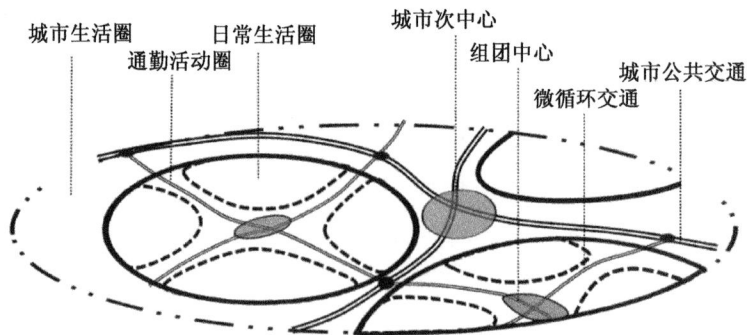

图 12-6　城市活动空间体系构成

　　其中,在日常生活圈主要完成居住活动、日常购物及社区交往、体育及其他生活性事务,其特点是相对无规律重复发生,需要随时满足,并且往往以家庭的形式开展。通勤活动圈主要是以通勤活动为主,包括较高等级的购物与社交娱乐活动。例如通勤等活动,一般以日为时间尺度,工作日重复,并且应该以个人出行及公共交通为主。因此,城市生活圈则主要以公务等事务性活动为主,以及高等级的休闲等享受型活动为主,发生频率一般在每周一次或者更长时间尺度一次,表现出长周期的无明显特征规律。

　　对于中国的大城市而言,新单位主义主张郊区开发利用现有的产业园区、居住社区等,通过功能混合以及导入城市设施与就业机会,形成新的单位空间与生活地域,特别是强化"开发一小片、配套一中心、成熟一组团"的分散紧凑的开发管控方式,在发展自我平衡与支持的居民日常生活圈的基础上,借鉴西方边缘城市等城市空间区域化的组织策略,建设郊区活动中心,并以紧凑型多中心带动组团紧凑,完善保障性设施等民生规划,发展组团内微循环交通,使郊区成为居民真正的日常生活空间,形成"多层级、相对独立、有机组织、网络联系"的中心体系,建构"新单位、小组团、多中心"的城市空间与社会形态,推动社区规划和城市空间结构调整,实现城市空间和社会的持续发展(图 12-7)。

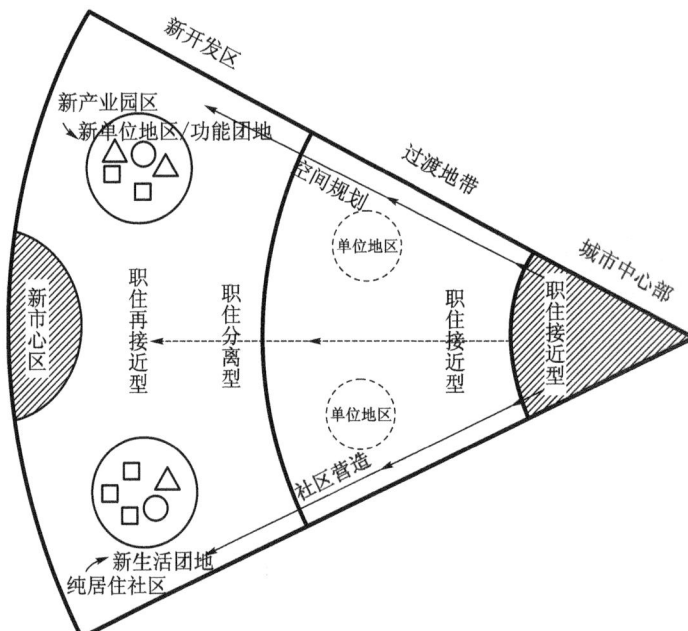

图 12-7　新单位主义的日常生活圈规划

对于中小城市来说,主要需要约束城市扩张跃进的冲动,防止盲目走向千城一面、碎片式、运动化的新城化,强调旧区的有机更新、在地性的空间生活化,形成集约高效、相对紧凑、混合利用、公交导向的城市活动空间,形成系统组织化、适度适速的城市空间扩张。

12.2 新单位主义的价值观与主张

重提单位主义,不是欲将单位制度复位,也不是重建单位大院,而是在单位化与市场化两方面的基础上,继承中国城市化进程中的合理因素,并将单位思想与时代要求、现实目标、发展理念挂钩,渗透新的理论与政策视角,建构其自身的价值观与主张。新单位主义之"新",主要是在开放的社会经济条件下利用单位思想的空间性和社会性积极因素,形成根植于中国文化背景的社会组织管理和空间调控模式(图 12-8)。

12.2.1 新单位主义的价值观

1)以日常生活为中心

人本主义思潮已经深入人心,城市空间的日常化逐渐成为制定城市规划与政策的思想基础。新单位主义正是基于这样的视角,审视中国改革开放前 30 余年的单位化实践,观察其发展社区生活的经验,而非强调生产模式的设计与生产空间的安排。新的单位主义就是要以日常生活为中心,总结凝练中国城市单位化实践中有关生活空间的组织经验并加以扬弃发展,更加注重日常因素的研究,关注人的日常化活动,弱化时空间的制约因素,更加考虑人的活动、交往、体验、情感与认知等因素,发展社区生活,培育社区互动与地方认同,实现空间的微调、生活意义的再现,消弭现代城市社区特别是郊区空间的单调乏味与人与人之间的疏离与冷漠。因此,新单位主义不是宏大的城市空间建构,而是以日常生活为中心的微调与矫正,实现地方的日常化、生活化建构。

2)时空因素的整合

日常生活是包括了生活的时间与空间两个维度的概念,日常活动是发生在城市的时空环境当中,后者也是地方认同的基础。在中国,长期以来,城市与社区的研究思路偏重于传统的土地利用、物质空间的建设。空间支配时间,在时空环境的张力中,忽视了家庭时间以及社会公共时间等,忽视了在时间的逻辑中真实的社会生活对空间的利用与建构。新单位主义,相对而言更加注重时间与空间的整合,挖掘单位制度与单位化实践中的时间性含义,在规划中更加注重时间的因素、时间的资源、时间的意义,注重行为政策与社会政策的结合,破解人与人之间的疏离感,消除空间的陌生感,强化地方认同感。因此,这个时候,从生活的含义出发,单位的意义已经从一种空间的概念,成为一种具有时间意义的概念,包括长时间尺度的历史时间,生活时间与日常时间、移动与活动的时间措施与政策,是一种有关城市与社区的时间与空间的企划。

3)市场条件的单位制度

通过单位的语义以及单位制度的原型分析,可以发现,"单位"本质上是机构与组织,市场与单位制度是不矛盾的,市场之下可以有单位化的组织,单位化的运行也是可以按照市场化的方式进行,在一定范围内与程度上单位制度是对市场作用的替代。新中国成立后的单位制度和国家计划经济与全能主义深度结合,宏观体制的变化带来微观组织的性质变化,因此,单位制度具有特定的内涵,单位等同于国家机关、企业与组织,成为计划经济的符号与堡垒,并带来去单位化的市场转型。随着改革的深入,这些单位剥离了行政管理职能以及繁重的社会责任包袱,与国家脱钩,而显示出新单位的特点(刘平等,2008)。推本溯源,事实上这不是单位的"新",而是单位本质的回归。因此,我们提出新单位主义,乃是市场单位,而不是国家单位。在市场条件下的制度组织与技术安排,特别是发展社会企业,服务于社区生活,在就业单位之外,形成组织生活的"第二单位",参与社区管理(图12-8)。

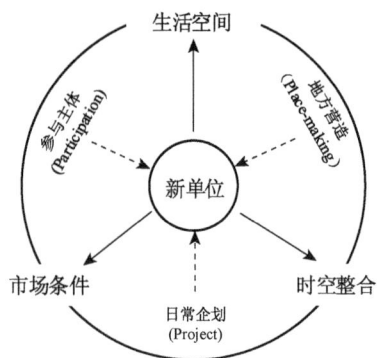

图 12-8　新单位主义的价值观

12.2.2　新单位主义的基本主张

以日常生活为中心,围绕着日常生活空间的组织,着重于地方营造、日常企划及社会参与等维度,以实现日常生活圈的再平衡以及调整城市活动体系的目标。在"目标—价值观"的理论架构下,有以下五个方面的主张。

1) 基本单元的调整

去单位化和市场转型带来的大规模郊区化与城市扩张,使城市活动空间体系发生重组,居民远距离通勤的比例正在上升,日常生活的尺度正在放大。新单位主义强调规范城市空间与社会基本单元的尺度,建构以人为本、综合、平衡、可持续的空间社会单元与活动空间体系。从某种意义上说,所谓的新单位,第一层意思落在"基本单元"之上,体现了基本生活单位时间与空间的思想。

在实际操作中,主张采集居民活动移动数据,分析居民实际的活动空间,分析居民活动空间的制约因素,并通过设施调整以及时间政策等解除日常活动的制约条件,增强活动的自由度,实现基本单元的尺度规范以及可持续性。因此,新单位主义从政策工具来说,着重于调整,可以采用类似的方法运用于现有空间类型的调整优化,如老旧社区的改造、新社区的优化、工业园区的改进、廉租社区的提质、高教园区的配套等方面。基本单元来源于实际活动空间,调整根据实际需求与可能性。

2) 职住的相对平衡

基于前面章节对于单位的原型分析来看,职住接近是单位空间形式的重要特征之一。世界各国工业化早期出现的工厂及作坊等,几乎都能实现职住平衡。随着土地利用的调整以及就业专业化等,职住平衡被打破,通勤进而成为世界性难题。经济社会转型赋予了居民就业的自由度,任何规划安排只能是追求职住相对平衡。

首先,新单位主义主张通过土地出让、就业引资、空间规划等各种手段,结合本地企业,导入就业机会,实现在地就业,在合理通勤范围内实现最大化的就近通勤,不追求就业与居住的绝对匹配;其次,试图通过土地混合开发,加强郊区基础设施建设,完善郊区生活空间,促进就业岗位的分散,实现职住的相对平衡;第三,在具体的土地利用与设施调整中,设计提供联合办公空间,适应家居办公的居住方式与远程办公等新兴趋势。

3) 公共产品的动员

公共产品与服务的供给是社会组织与空间规划的核心问题。广义地看,有市场化供给、非组织化供给,如按资排辈、定额配给等,在中间地带还有相对组织化的供给方式,如俱乐部式等。如前面章节的分析,在市场化提供公共产品与服务能力有限的情况下,(企业)单位制度提供了一种以是否是就业单位成员为标准的俱乐部式的集体消费模式。新中国成立后的单位制度通过就业组织(单位)实现社会资源的生产、分配与调控,扩大了公共产品的动员与组织能力。去单位化与市场转型,使国有性质的单位迅速退出了公共产品供给领域,政府而不是单位成为公共服务的提供者。在发展型政府的目标控制下,政府在公共服务上的投入相对较少,而市场化的供给方式在郊区开发上因为盈利有限等原因往往覆盖不到。这种政府与市场双重无效的局面,是影响空间质量的主要原因。

因此,新单位主义提倡多中心主义的公共产品组织方式,化解城市公共设施与产品供给的城市缺位与市场短缺的难题;整合企业、政府和业主等社会力量,建立可持续性的社区服务经营机制,强调社会建设主体的多样化,理顺制度、保障资金和人员,充实社区建设能力,培育社区资本,从根本上扭转目前社区建设虚弱、公共服务供给不足的状况。

4) 广泛的公众参与

随着去单位化的持续推进,单位作用与单位意识逐渐退出城市社会,公众参与的渠道一直没有很好的发育起来,邻里关系疏远,对政治等公共事务冷漠,没有归属感和凝聚力。另一方面,由于组织角色的退去、人口流动的频繁,城市人的组织化和公共组织能力都受到极大的削弱,也影响到了城市社会的发育与社会资本的积累。因此,作为日常组织的新单位将通过时空间政策、社会与行为政策等,促进社区参与以及日常生活的组织化,培育生活空间的公共性。

广泛的公众参与,着重突出服务性、开放性与多元化,否定旧单位制度绝对的集体主义和高度依附及人事控制。强调协作管理、柔性管理,把社区作为"单位"来建设,把社区居民、流动人口视为"单位人"来管理,强调自治、自下而上的服务职能,构建基层管理单位化、管理方式科学化、管理责任具体化的基层社会管理体制。

5) 流转机制的设计

在组织实施上,充分利用市场的力量,通过产权的合理设计与创新,比如产业合作基金、物业资产证券化、产权共享计划、俱乐部化等手段,保证新单位建设的开放性,强调政府主导、企业参与和社区自治,完善相关的产权流转、交易的制度设计,保障新单位共同体的活力和持续经营。一方面,要避免目前社区建设前期完全由市场开发、后期交由政府管理的现状;另一方面,避免重蹈自建自管、低效封闭的覆辙,突出政府统筹下的企业参与,比如新蓝领单位社区可设立新单位建设基金吸收工业园区企业的参与,老年社区应该交由从事老龄服务业的企业进行开发运行管理。

12.3 新单位主义的实施方向与策略

以上五点主张,包括基本单元尺度、职住关系、公共产品提供、公众参与以及流转设计等,是日常生活中的三条原则的深化,构成新单位主义操作上的总体思路。

12.3.1 新单位主义的实施方向

1) 旧单位空间改造

旧单位改造,强调原有单位大院存量空间的弹性利用和活化再生,重新生成居民的日常活动空间。其一,对已有单位大院进行更新改造,改善居住条件,维持职住平衡和社会网络,改造成退休者社区或者老年社区,保证单位大院的可持续利用,积极应对老龄化社会。其二,针对旧单位社区多半集中在城市郊区内缘的情况,利用过滤理论,将老单位社区改造成为公租房社区,提供给新就业者居住,维持职住平衡,实现不同年龄层的居住混合,增强社区的可持续性。其三,将老单位大院当做工业遗产予以综合保护与再利用,维持社区生活原貌,将工作空间合理利用。

2) 新单位空间规划

新单位空间规划旨在重新思考郊区的生活空间,致力于通过节地、混合、紧凑和平衡进行新生活空间单元设计。其核心目标是,在地方营造、日常企划以及参与建设的基本思想指导下,利用综合功能团地、生活社区等空间组织概念,通过产业发展、企业参与等多种途径导入在地化就业机会;结合社区规划、市场机制和开发管制等手段引入商业服务业设施,培育社区运营商,建设社区地产;改造现有居住社区,引入就业、商服设施,工业区就近配建居住配套区,科教园区就近建设公寓社区,大型企业就近参与社区建设(如社会住宅、老年社区、公租房社区等),优化现有大学城等新单位地域(表12-2)。目标是实现土地的相对混合利用,将"职住显著分离"适当复位,实现市场经济下的职住再接近,综合时间与空间、社会与行为政策,重新规划郊区生活空间,重新运营社区生活,形成"小而美,各美其美,美美与共"的新生活空间单元,再现"紧凑、平衡和多样化"的空间景观,再现"街道生活、景观丰富、亲邻睦里"的单位社区生活风貌。

表 12-2　新单位主义的实施空间与策略

范围	主要方向	实施要点
内城区域旧单位空间改造	退休者社区	改善居住条件,老龄友好型,维持社会网络
	公租房社区	改善公房物质条件,实现居住者年龄层混合
	工业遗产社区	低冲击再生更新,保持地方生活原真性
郊区区域新单位空间规划	企业社区	配套社区建设,保持开放、流转以及住房的社会性
	居住新城	加强配套建设,引进社会型企业进行物业管理,增强公共性
	工业园区	增加蓝领公寓及职工寓所,发展社区
	高教园区	拓展社会责任,发展大学社区,维持区域活力

值得注意的是,这类企业社区模式在国外也有多种表现形式,如日本的企业社宅。近期,美国高科技企业脸书(Facebook)公司规划在硅谷的万络(Menlo)园区建造自己的企业社区(Anton Menlo)(图 12-9)。整个项目占地 63 万平方英尺(折合 5.853 hm²),预计投资 1.2 亿美元,建造 394 个住宅单元,作为公司的福利补贴租赁给员工,帮助员工应对硅谷房价高涨、租房困难、交通拥堵等问题。社区距公司只有自行车 5 分钟左右的距离,各项配套齐全,包括健身房、游泳池、便利店、咖啡馆、通勤车、自行车维修、宠物的日间照料等,使得住在这里的公司员工能够自由交流、分享信息,从而创造出企业"学院"的氛围。值得注意的是,项目一经推出,就引起社会讨论是否类似于美国之前的公司镇。对此,开发公司表示,所有的公寓都会以市场价格租赁,部分会定向出租给低收入员工;其次,只有 10%的员工能够住在这里,其中 3%左右的住房会面向其他公司开放,以增强多元性。

图 12-9 美国脸书公司企业社区

12.3.2 新单位主义的设计策略

围绕着旧单位空间改造与新单位空间规划,新单位主义从其中心、目标与原则等方面出发,形成了以下主要的设计策略。本节将结合国内外的相关案例,具体阐述新单位主义的规划策略与设计手法。

1) 日常生活单元范围与规模

如前文所述,日常生活空间单元的规模与范围并无定数,并且应当保持弹性,适应空间的调整变化。我们主张采用行为空间的度量方法,多方面发现日常生活空间的问题,从而界定开发与优化的规模,使得大部分的设施能够在合理范围之内。因此,基于地理背景单元的思路,以居民日常活动空间为尺度,以提高个人的时空可达性为目标,建立与居民日常活动规律相适应的生活空间结构秩序与等级体系。

另外,需要指出的是,新单位空间规划应该是开放性、共享式的有机组织,而不是单一职能、超大单元地块开发,从而避免城市空间的切割,服从城市规划对于地块的规定。

2) 企业化的社区经营管理

企业化的社会经营管理是社会建设主体以及公共产品供给多元化的内在要求,需要以此为目标,探索企业参与社区管理的渠道与经验,形成一大批专业性的社区运营商与社区服务提供者,作为社区管理与服务的补充。

就国内情况来看,一些大的地产开发商开始涉足社区商业开发,以提升物业品质,在取得经济效益的同时,收到良好的经济效益与社会效益。以国内最大的房地产开发商为例,万科集团已经推出了社区餐饮的连锁品牌——"第五食堂",作为学校食堂、单位餐厅、社会餐饮和自家厨房之外的第 5 个就餐空间。根据万科集团社区商业组的要求,目前规划的还有第五学堂、幸福驿站、万物仓、幸福街市等,分别作为业主小孩 4 点钟放学后的学习场所、寄送与收发快递公用的储物以及店面交易空间。这些设施都按照对居民优惠的价格采用有偿服务,使用付费的方式运作。从某种意义来讲,这类企业已经从之前的社区配套转为社区运营。本书将在下章重点阐述企业参与社区治理的必要性与实践经验。

3) 共享与开放的工作空间

职住在局部范围内实现相对平衡是新单位主义的积极主张。在进行新区域的开发之时，可以采用联合办公空间的形式(图12-10)，就近提供办公空间。

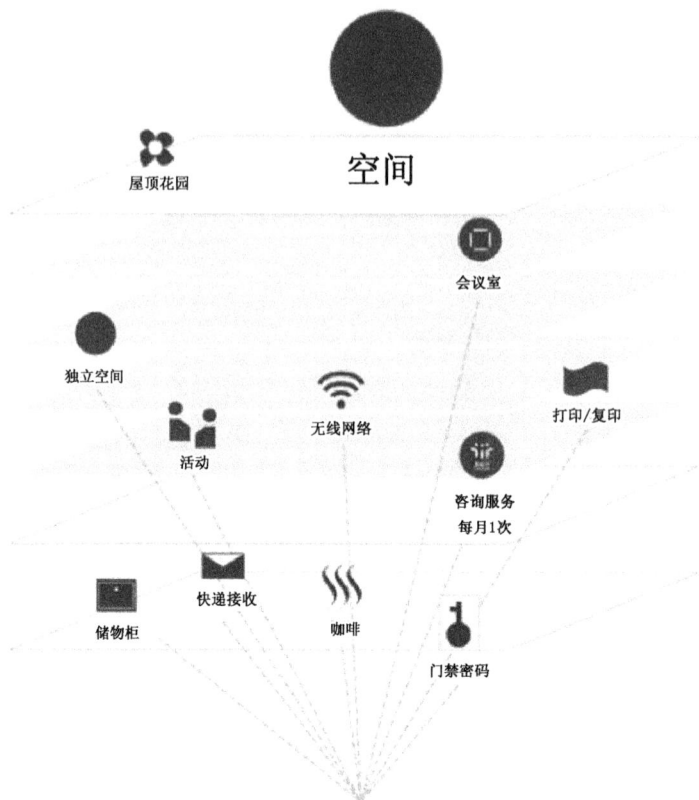

图 12-10　联合办公空间的设计要素

联合办公是在美国以及其他地区出现的新型工作方式。其背景是，现在有越来越多的自由职业者以及采用远程通信技术上班的人，通常是作家、设计师、软件和游戏程序员、女商人、工作时间带小孩的企业家等，他们不愿忍受长期的孤独的工作状态，而选择在咖啡厅和其他形式的空间，共同分享亦分担办公空间，加强相处交流合作，形成志同道合且从中能够产生新价值的实体社区。较早成立并发展良好的例子有，位于旧金山的市民空间(Citizen Space)，费城的独立厅(Indyhall)和纽约的新工作城(New Work City)。

国内部分城市，也出现了类似的空间类型。例如，上海的新单位，其概念是工作社区，目标是为周边社区中不愿意租赁办公室的，提供一个联合办公的地方。其口号生动地表述为"租办公室不如租办公桌"。具体内部的联合办公空间，包括会议室、开放式座位区、屋顶花园、独立空间、无线网络、大容量存储设备、打印复印等各类设施。

4) 多层次的公共空间系统与富有活力的邻里中心

公共空间系统是创造社区公共性的载体。应该更加注重空间设计以及营造过程，设置楼层活动室、底层架空、中间活动室、景观节点以及各类公共设施，满足各类活动的需求。公共空间系统还包括微循环的交通系统等,表现出公共空间系统,如生活性街道等。

邻里活动中心是社区的中心,应该提供满足各类民生性活动的中心。在新加坡,邻里中心是集商业、文化、体育、卫生、教育等于一体的"居住区商业中心",围绕12项居住配套功能,从"油盐酱醋茶"到"衣食住行闲",为百姓提供"一站式"的服务。邻里中心摈弃了沿街为市的粗放型商业形态的弊端,也不同于传统意义上的小区内的零散商铺,而是立足于"大社区、大组团"进行功能定位和开发建设。邻里中心不是"社区内的商业",而是"服务于社区的商业"。

在武汉等地的社区设置的邻里中心,融合了多种政务、居务、商务、服务、事务等多种服务功能于一体,构筑了以社区服务站、志愿者工作站为依托的公共服务圈,以便民超市、蔬菜直营点、理发店为依托的便民服务圈,以卫生服务中心、药店、诊所等为依托的卫生服务圈,以图书室、小戏台、书画室、乒乓球室、文化活动室为依托的文化服务圈,以及以警务室、和解庭、综治工作站、调解室为依托的平安服务圈。

5) 灵活的设施运营时间政策

借鉴日常城市主义的观点,新单位主义主张增加城市活力与时间维度上的可持续性,这是新单位主义的时间观。新单位主义作为调整型城市政策,主张采用场地日志、民族志等方式,扎根到场地的日常生活当中,设法通过活动的调整、工作时间的调整等,实现对时间的重新规划设计(Mehrotra, 2005)(图12-11)。

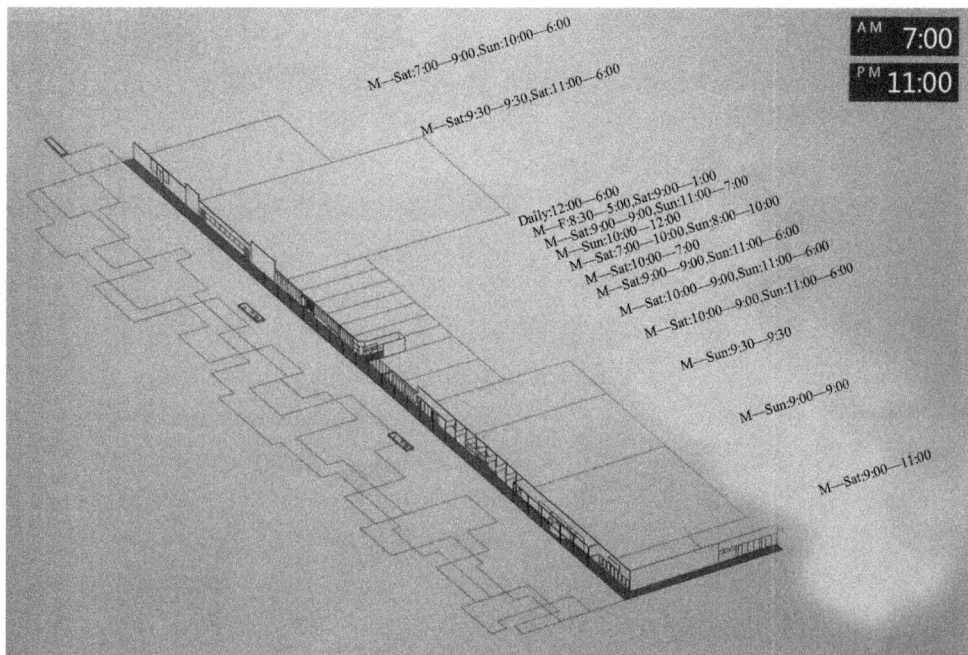

图 12-11 设计项目时间分析

例如,马萨诸塞城郊鲜塘商业街(The Fresh Pond Mall)改造项目,原有的商业街是一个普通而毫无特色的购物场所。通过对该商业街24小时使用情况的详细调研,设计者发现该购物街使用时间表中潜藏着高度的混杂性和丰富性:除了有白天通常营业的食品杂货店,入夜后直至凌晨,仍然有多家店服务于周边大学的学生,如凌晨

2:00，沿着商业街背后的街巷，朋克摇滚音乐吧正在忙碌;即便在周末，麦当劳中进行的生日聚会也从没有停过;在节假日，商业街的店铺大都关门歇业，而电影院则挤满了人;与上下班高峰时段车满为患相比，高峰过后以及夜晚的停车场则极为冷清而毫无人气;等等。

基于这种分析，设计者(Tobias Armborst)提出一种"公共时间"的概念，与公共空间相对应，即通过改变和调整营业服务的时间表，让各种临时行为和不同的人群能够在"公共时间"段中有着更多的碰面和相遇的机会;同时，在无人或较少人使用的时间段里，将新的使用功能引入原有的空间中，使原来功能单一的场所有着多种行为功能的叠加和共存，建构出更为丰富的意义。例如，在夜晚空旷的停车场设置通宵的汽车电影院，与其他仍然营业的店铺一起，共同构筑了极富人气的使用氛围，消除了夜晚来购物、宵夜和聚会的使用者心理上的恐惧。显然，该项目的设计策略并不是要把整个商业街变成各种功能模块的汇集，构成极富新奇空间形象的全新的商业中心，而是在保留商业街原有空间形态的基础上，强调不同时间段中多样性的切入，通过改变平凡的日常时间表，改变或提升空间使用的品质。据此，我们不难看出，这种时间政策是对现存空间环境的再解释(汪原,2009)。

6) 广泛的公众参与及行为转变

随着去单位化与居住空间社会化组织的减弱，公共空间萎缩，社区陌生化，亲密社区解体，人的行为不再受到单位化社会群体的规范与约束控制，具有了更大的自由度和不可预测性。对社区与城市而言，社会资本趋于瓦解，撕裂了原先强制化的社会关联，以契约化的社会关系重新组织社会生活，城市生活也更加匿名化。以个人和家庭为中心的城市公共性，产生了陌生化社会、匿名化社会交往，社区归属感趋于复杂。因为社会组织调控体系的变化，从单位制到社区制，个人与家庭直接面对城市与社会，缺乏有效的"中间地带"(田毅鹏,2009)。公共领域与私人领域出现了断裂，人的社会化进程根植于家庭，越过社区，直接面对城市。

当前，社区发展普遍存在缺乏群众基础的现象。特别是，那种单位大院的熟人化、亲密性与地方感常引发大家的怀念。因此，需要更多的公众参与，而其中关键在于刺激大家的亲社会行为，推动行为的转变。尽管亲社会行为可能是由于利他主义乃至自利主义所驱动，可能是由于即时利益，也有可能是出于未来的利益，可能是由于同情心，或者关心其他人的福利和权利，以及出于利己之心以及实用主义做法。但是，诸如乐善好施、分享、捐赠、合作以及志愿者行为等亲社会行为，能够有助于帮助其他社会成员或者促进社会整体进步，形成社区规范。

在社区活动的组织方面，广泛地采用社会行为理论，建立起公众参与的机制，鼓励居民参与地方活动，参与地方建构，并在参与中实现行为转变。

12.4 从单位主义到新单位主义

比较来看，单位主义是在计划经济条件下形成的城市空间组织方式，侧重于从就业出发形成城市内部空间结构，先生产后生活，强调城市生产空间、城市经济体系，社会整合服从经济需要。一方面是单位绝对垄断、社会单位化与高度组织化;另一方面是单位作为计划经济的基本单元，尽管具有自我削弱的特征，却在国家父爱主义的条件下低水平自我扩张，表现为单位无规划、盲目占地，造成城市空间的割据。新单位主义是城市空间组织的新观点,是在市场经济条件下,在普遍的社会化与市场化条件已经具备的前提下,着眼于生活空间、社会组织与社会管理,主张广泛动员吸收各方面社会主体参与日常生活空间单元规划与活动体系规划,是在有意识的、充分规划条件下的主动行为,是作为城市社会化发展的政策选择。

我们应该相信市场经济条件下,单位思想完全可以有新的机制设计。单位思想与现代的空间组织思想和社会组织理念结合,可以成为社会力量的凝集形式,构建中国特色的城市观和城市主义,推动中国城市规划的多重政策化转型,建立起着眼于低碳、公正和生活质量,落脚在社区尺度的"空间—社会"组织系统,进而指引中国城市的社会化转型和城市化模式的根本转型(表12-3)。

表12-3　从单位主义到新单位主义

	单 位 主 义	新 单 位 主 义
体制环境	计划经济	市场经济
核心因素	基于就业	基于居住
空间对象	生产空间、先生产后生活	生活空间为核心
	城市经济体系	城市生活空间体系、生活方式
主体关系	经济组织、社会统合、封闭	社会组织、社会管理、开放
操作主体	政府、国有企业	企业资本、民间资本、社会资本
建设模式	无规划、单位自我扩张	预先规划、政府指导

13　新单位主义的治理设计

从单位制度的原型出发,参考国外社会企业与社区规划的理念,结合我国改革开放前 30 年单位化发展的积极经验,新单位主义主张"企业参与社区建设,创新社区治理模式"。随着社会调控与基层组织体系的变化,城市社会生活及其治理基础从单位转向社区,形成了"基层党委、社区(居民)委员会、业主委员会和物业管理机构"等"多方协作、共同治理"的模式,推动了城市社会的转型发展。但是,因为利益诉求、治理原则与技术路径的差异,在社区发展过程中存在着"治理协同困难,治理效能低下、社区治理缺位、越位以及滥用"等现象,难以应对社区发展的新情况与新问题。社区,特别是新建社区的日常生活不够丰富,社区缺乏有效联结,地方感比较薄弱,成为城市发展的重大挑战。本章将围绕着如何克服社区管治失效的问题,重点阐述新单位主义在治理架构上的设计,重点讨论"企业参与社区管理"的治理主张,通过典型案例的方式介绍"企业参与社区管理"的治理设计与社区生活,凝练企业参与社区管理的经验做法。

13.1　企业参与社区治理的背景

13.1.1　企业参与社区治理的现实背景

随着我国城市的管治转型与空间快速扩张,居住郊区化与内城改造带动中国城市社区治理的重建。因为传统单位制度的背景性制约以及快速发展下的现实治理需求,中国城市社区开发模式从以前的"单位包管一切"具体分拆为三个部分:开发商负责住宅建设以及配建部分配套设施,基层党委政府负责党的领导、公共服务以及建立社区进行行政管理,物业公司接受业主委员会的委托进行有偿的物业管理。就实施效果而言,这种"分类、分权与分散"的治理模式有利于剥离单位的社会职能、清晰界定各方权责、建立纵向的监督体系等,但是难以实现各方治理在社区实现横向交叉协同,突出表现在"居民自治组织行政化、社区社会组织发育困难、政府与市场作用双重缺失、社区公共资源积累不足、社区服务专业人才短缺"等方面。

1) 居民自治组织行政化

居民委员会的行政化趋势源于现有社区治理架构对其职能定位的模糊化。根据《中华人民共和国城市居民委员会组织法》,居民委员会是在基层政府(或其派出机构)的指导、支持与帮助下,居民自我管理、自我教育、自我服务的基层群众性自治组织,居民委员会协助不设区的市、市辖区的人民政府或者它的派出机关开展工作。但是,在强势政府、城市管理重心下沉的背景下,街道一级的行政管理职能被不断加强,街道逐步演变为集行政管理、社区治理与服务的综合性机构,具有"准政府"的地位与权限,并不断通过事权分配、人事选举、经费编制、工作任务与考核等方面将居委会纳入城市行政体系中。社区居民委员会转变为具体的办事单位或者说派出单位,事实上形成了"二级政府、三级管理、四级落实"的局面(魏娜,2003)。同时,由于市、区、街道三级管理体系的机构设置与权限呈"倒金字塔"型,社区为街道分担的事情越来越多,形成了"上面千条线、落地一根针"的局面(冯玲等,2003)。其结果是,居委会与街道办事处之间形成了"领导"与"指导"兼有的双重关系,疲于应付上级街道的各种经济与社会建设要求等,而其原本的"自我管理、自我教育、自我服务"功能日益萎缩,行政化趋势愈发明显。

因此,在街道主导社区的治理与建设背景下,居委会变成具体的执行者。治理方式主要是行政管理手段,通过对社区组织与社区资源的控制来达到治理的目的。居民委员会职能错位及其工作方式上的行政化导致居委会的"信任危机",降低了社区居民对社区秩序、权威的认同度与服从度,从而在很大程度上制约了社区居民参与社区治理的积极性与创造性。

2) 社区社会组织发育困难

在西方城市社区治理模型中,社会组织在协调利益、化解矛盾、提供服务、拓宽就业等方面发挥着不可或缺的作用。社区中的社会组织既可以深入社区基层,直接满足社区居民的需求,也可以与政府沟通,影响政府决策或修正公共政策,实现对社区居民利益的有效协调。但是,就中国的社区治理重建的实践来看,基于传统单位化时期"包下来"的治理哲学,制度设计上政府承担了社区的公共事务管理,也难以形成培育社区社会组织参与社区管理的思维与能力。社会组织,尤其是具有一定独立性的非政府组织的发展受到了较大限制,各类社会组织如服务志愿者协会、计划生育协会、老年人协会等组织,大多由居委会干部兼任,依赖于政府而徒有其表,基本上是作为政府的附属机构在发挥作用。另一方面,社区居委会各下属委员会、社区居民议事会、社团组织等分类过细,组织繁多,规模过小,造成社区组织在开展社区活动中相互推诿卸责,难以形成有效的组织性,极大地影响了社区治理效能的发挥。

社区社会组织发育不足使社区内社会联结方式单一化,社会关系更加趋向于匿名化、松散化,以社区为基础的社会资本薄弱,难以建立以社区归属感为纽带的社区生活共同体。因此,从某种程度上说,基于现代治理理念的社区治理价值体系尚未成熟。

3) 政府与市场作用双重缺失

根据经典的政府与市场的二分法,政府提供非竞争性、非排他性的公共服务,市场通过价格机制、供给需求等提供各类私人产品。但是,介于公共产品与私人产品之间,存在着大量的以社区为基础、具有俱乐部产品性质的公共服务需求,成为政府作用与市场供给的盲区,也是西方城市治理理论创新的重要空间所在。

就中国城市社区重建而言,这种供给双重缺位突出表现在居住郊区化形成的城郊社区和边缘社区。在城市政府"以居住开发撬动空间开发"的杠杆化背景下,处于城市郊区、城乡结合部的新开发区域,或因人口规模还相对较小,或因人口构成复杂以及二元管理体制,城市政府没有能力也没有意愿提供完善的公共服务;与此同时,因为需求规模相对较少,有效需求不足造成效率损失,市场机制下的等级体系也难以对郊区社区形成有效覆盖而形成成熟的公共服务体系(陈伟东等,2003)。因此,围绕着社区商业等公共服务设施配套、社区文化活动等,郊区社区面临着市场与政府作用双重失灵的困局。这是当前大规模居住郊区化背景下城市社区治理的关键挑战之一，也是引发郊区生活空间离心化、生活质量下降的重要原因。

4）社区公共资源积累不足

单位化时期，单位社区的发展主要依托于所属单位，通过单位拨款、自办服务事业等积累社区资源，兴办社区福利事业。这种经验性做法也在《中华人民共和国居民委员会组织法》（以下简称《居民委员会组织法》）中得到肯定。《居民委员会组织法》第四条规定："居民委员会应当开展便民利民的社区服务活动，可以兴办有关的服务事业，居民委员会管理本居民委员会的财产……"《居民委员会组织法》第十六条规定："居民委员会办理本居住地区公益事业所需的费用……可以根据自愿原则向居民筹集，也可以向本居住地区的受益单位筹集……"

但是，在实际执行过程中，针对第四条，大部分居民委员会很少办理服务事业，没有实质上的社区资产，与区域内的受益单位联系也较少。社区资源主要依赖于《居民委员会组织法》第十七条之规定："居民委员会的工作经费和来源，居民委员会成员的生活补贴费的范围、标准和来源，由不设区的市、市辖区的人民政府或者上级人民政府规定并拨付……"以北京市某区为例，根据《关于进一步规范社区公益事业专项补助资金使用管理的通知》的规定，每个社区年度活动经费总共约 10 万元，其中 60% 用于街道一级统筹，社区自由支配的约占 40%，每年约 4 万元，部分活动的报销标准被人为压低至 5 元/人。又因为申报程序的复杂，往往出现报销不及时的问题，引起了很多工作人员的怨言。区政府及街道的目的是为了遏制社区完全成为行政机构并规范经费使用，但是实际执行过程中，居民委员会则会虚报活动规模以便获得更多资助。概括来说，公共活动经费与公共资源的不足，极大限制了社区在提供公共服务、组织社区生活的能力。

5）社区服务专业人才短缺

社区公共服务专业人才的匮乏也是当前社区治理失效的原因。就现状来看，我国城市社区的管治依然存在着"非专业化"的现象。从传统的单位治理沿袭而来，不少街居干部由"老、弱、妇"组成，虽然具有丰富的经验与参与热情，但其知识结构与创造性都难以适应新时期下城市治理的挑战，难以建构现代社区治理的能力体系。造成这种局面有多方面的原因：其一，长期以来社会工作人才的培养得不到足够重视与更新；其二，长期以来对社区治理的投入较少，社区工作者的收入偏低，难以真正吸引高素质人才进入社区管理的队伍。以现在各地方都在广泛推广的"一居委一村委一名大学生工程"为例，大学生较少真正热衷于社区工作，其工作状态与能力无法满足社区重建的需要。

以上所述的五个方面简要概述了当前社区治理存在的部分问题。这些问题的存在既与制度转轨期间的治理机制的设计有关，又深切地根植于中国传统的文化观念中（如政府统管一切等），与缺乏市场、民间以及自治的传统有关。就具体表象来看，以上各方面又环环相扣。受制于街道—居委会的权力架构，居民自治组织行政化的趋势愈发强化，因此社区公共资源积累不足、社区社会组织发育有限，以上三者又集中导致社区治理人才的匮乏，深层次反映了政府与市场作用双重缺失下，社区自我治理能力体系的建构困难等（图 13-1）。因此，如何在政府、市场与社区等三方力量都存在不足的背景下，以社区为基础整合建构新的社区治理体系，形成有效的社区公共服务供给方式，创造有效的社会互动，满足日常需求，实现有效共同治理，从而将小区转换成为社区、将住宅转换成为具有丰富社会含义的"家"、将郊区空间赋予日常生活的含义,是城市开发与社区重建过程中需要加以研究探索的课题。

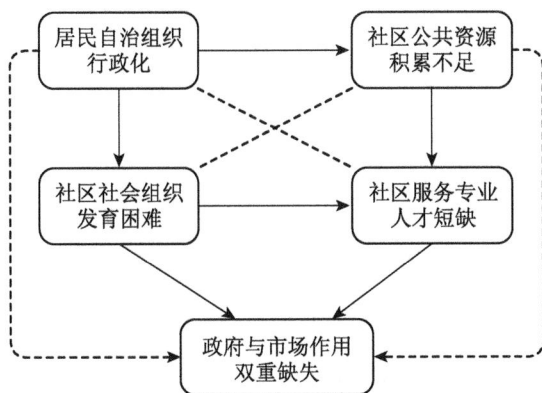

图 13-1 当前社区治理的问题

13.1.2 企业参与社区管理的理论背景

在社会转型的新形势下,中国城市社区重建的要点在于社区治理的制度设计,提高公共产品与服务的社区供应能力与效率。郝彦辉等(2006)认为:如何满足城市居民对公共物品的需求,是城市社区建设和社区治理的核心任务。事实上,由于社区居民公共服务需求的社区性介于政府与市场之间(陈伟东等,2003),如何发挥企业、社区等组织的作用,克服社区服务层次的政府失灵与市场失灵,克服私人产品的生产过剩以及社区服务的短缺一直是相关学科讨论的重点,并广泛地延伸到城市研究领域。

1) 政府失灵、市场失灵与社区治理

西方国家在社会转型过程与公共事务治理上,围绕政府与市场的作用,一直存在社会福利国家模式以及新自由主义下的市场经济模式的争论,但都因为"市场失灵"和"政府失灵"的存在,受到广泛质疑与挑战。吉登斯(2000)认为:全球资本主义时代的国家为了保持竞争力,不可能大规模地增加公民福利,过于依赖国家是不可行的;但是,也不能如新自由主义那样完全依赖于市场,因为自由市场经济不可能照顾到弱势群体,只会导致贫富差距加大。只有社区才能解决这一问题,因为社区"不仅意味着重新找回已经失去的地方团结形式,它还是促进街道、城镇和更大规模的地方区域的社会和物质复苏的可行方法",即所谓"第三条道路"。社区治理是克服市场失灵与政府失灵的重要办法,并被寄予厚望,并且广泛地应用于城市更新、社区更新的议题讨论中(易晋,2009)。

社区治理涉及政府与市场关系的重新界定与联结,是政府治理的分权以及与非政府组织的合作共治,以提供更加互联协同、快速响应的策略性行动和手段(Chaskin et al,1997),分散政府职责,降低政府成本,提高社会福祉。库依曼(Kooinman,1993)认为:治理可以被理解为政府、私人部门、志愿者组织和社区等彼此关系的变化,以应对越来越复杂、不断变化和多样化的世界。根据不同部门的关系,可以区分"科层治理、自我治理,共同治理"等模式。对于社区治理而言,治理模式可以是科层的治理,社区之外的国家力量或地方政府主导社区的塑造,在此情况下居民的表达则相对较少;也可以是自组织的治理,居民自己承担塑造和代表邻里的角色;在合作治理的模式下,邻里塑造与身份表达主要由官方与非官方的主体以一种伙伴关系的形式共同完成。从西方的经验来看,自主治理与共同治理模式是主要的探索方向。围绕着社区的参与和授权、社会互动形式的创新等方面,展开了很多讨论(Thake et al,1993;Power et al,1996;Kooinman,2003)。

2) 奥斯特罗姆的多中心治理

有关公共事务的治理之道,奥斯特罗姆夫妇基于对大都市区公共物品与服务供给的微观实证研究以及对美国大都市区重叠的多中心地方政府体系的仔细观察,将源自波兰尼的"多中心"秩序进一步阐发,形成了系统的多中心自主治理理论。其从制度分析的角度证明,多中心治理模式是对人类社会自生自发扩展秩序的积极适应,能够适应于人类事务的整个制度(罗震东,2007)。多中心理论的核心内容是自主治理与自主组织,相互依存的人们如何把自己组织起来,通过自主性的治理努力克服"搭便车"现象、回避责任或机会主义诱惑,以取得持久性共同利益的实现(陈艳敏,2007)。换言之,公共物品供给主体存在自发性的多元化过程,公共部门、私人部门、社区组织均可成为公共物品的供给者,因此公共物品供给中也存在多元竞争的机制,而不是政府与市场的二分法。

就社区而言,多中心理论认为,"社区治理通过借助既不同于国家,也不同于市场的制度安排,可以对某些公共资源系统成功地实现开发与调适"。事实上,早在20世纪70年代,英国为了克服财政负担,社区事业就开始了非中央化和非政府化,吸收各类民间非营利组织参与到社区公共产品的提供与服务上。而在奥斯特罗姆(1990)的论述中,社区治理存在的自发性以及其多中心更是事实性存在,构成了社会秩序与繁荣的力量。

3) 俱乐部产品与公共产品的私人生产

根据萨缪尔森的定义,公共产品是"纯公共产品",但是现实社会大量存在的是介于公共物品和私人物品之间的"准公共产品"。布坎南把在消费时具有非竞争性和受益时的排他性,且受益范围较小的公共产品称为俱乐部产品。因为俱乐部的成员对集团提供的俱乐部产品的效用与评价大致相同,从而形成制度上的激励,帮助消除成员的"搭便车"动机,维持俱乐部范围的有偿使用等经营机制,这为社团、集团等组织采用市场化手段提供组织化、准公共性的产品与服务提供了依据。更进一步的讨论则是有关公共产品的私人生产。科斯(Coase,1974)就曾指出"只要能够实现排他的成本下降,或者找到满足激励的制度形式,私人就有可能提供部分公共产品,而且可能还更有效率"。其他观点如"选择性进入"(Goldin,1979)、"公共产品的私人生产"论述(Demsetz,1970)、"契约解决免费搭车问题"(Schmidtz,1987)等。具体来看,公共产品私人供给的形式主要有私人的完全供给、私人与政府的联合供给、私人与社区的联合供给等(吕恒立,2002)。这些论述都为在社区公共服务供给中引入市场机制提供了可能性。

综上所述,克服政府失灵与市场失灵,需要社区治理通过多中心的自主供给、公共产品的私人生产等形式形成基于社区的俱乐部产品以及需求细分,从而丰富社区治理的体系构成与内容,这已经成为中国社区治理重建的必然要求。基于上述认识,重新透视单位制度在改革开放前30年社区与单位大院建设中的作用,虽然与现在市场条件下的多中心供给、俱乐部产品有很大差别,但是就公共服务而言,单位体制事实上形成了计划经济体制下的国有企业、机关和事业的分散供给与实体支持,相对克服了普遍性的供给短缺,增强了公共服务的生产与供给能力。单位制度后期出现的机会主义行为等,更是普遍存在"社区公共产品的私人生产"(周翼虎等,1999;郝彦辉等,2006)。随着去单位化的深入推进,单位与政府的社会性职能得到了双重剥离并且转移到市场与社会,城市与社区的公共服务短缺成为城市治理的重要问题之一。因此,早在1993年,民政部等14个部委联合发出《关于加快发展社区服务业的意见》,提出发展社区服务要走社会化、产业化、实体化的道路。2000年,《民政部关于在全国推进城市社区建设的意见》就要求"充分调动社区内机关、团体、部队、企业事业组织等一切力量广泛参与社区建设,最大限度地实现社区资源的共有、共享"。在学界,如魏娜(2003)、史柏年(2006)、张宝锋(2005)、史云贵(2013)亦呼吁,政府、社区居民、社区组织、公司机构、权力机关和非权力机关以及社会和市场等各行为主体共同管理社区公共事务,提高社区自治能力,积极应对公共问题。

13.2 企业参与社区治理的路径

社区自主治理的整合需要制度的创新,探索政府、市场、企业与居民在社区发展中的角色与互动关系。在中国城市社区重建的过程中,虽然整体上呈现政府主导的局面,政府掌控各种社会资源,控制着各类社会组织的发育。但是,在各地丰富的社区治理改革实践中,仍然有不少案例体现了"企业参与社区治理"的思想,并在参与程度、参与方式、进入机制与退出机制上存在差异。

13.2.1 武汉市百步亭社区

1)基本情况介绍

百步亭社区位于武汉市江岸区后湖地块,现状开发占地 2.5 km²,住宅面积 150万 m²,居住人口 10 余万,规划目标是建成占地 7 km²、人口规模 30 余万的百步亭新城(图 13-2)。早期,后湖地块是武汉市西北近郊一片鱼塘沟渠纵横的农地。20 世纪 90年代初期,武汉市中心城区快速外扩,人口向近郊疏散,该地块先后吸引了 7 家房地产开发企业参与建设,但均因开发条件的恶劣难以实现经济效益而陆续退场。在此背景下,武汉安居工程发展有限公司经过反复论证,于 1995 年进驻并开始了安居工程开发。1997 年,百步亭花园迎来第一批住户,并率先提出将开发理念定位为"社区",并在社区管理与服务等方面逐步探索总结出"建设、管理、服务"三位一体的管理模式。

图 13-2 百步亭花园区位及总图示意图

经过多年的发展,百步亭社区已经发展成为武汉市的"名片"、全国文明社区示范点,获得了"中国人居环境范例奖""全国文化先进社区"等60多项国家级奖项。

2) 社区治理模式

百步亭社区的成功首先在于其社区开发的定位与治理模式的创新。具体来说,以社区建设为核心开发理念,百步亭花园探索出了一条"创新党和政府的基层治理,企业深度参与社区服务"的新路子,形成了"党的领导、居民自治、市场运作与社会参与"相结合的"共建共驻、共创共识、共管共享"的社区治理模式(李光,2002;周运清,2002;张秀生,2002;于燕燕,2007)。

在外部行政架构上,在江岸区的支持下,百步亭社区打破传统的"区、街道、社区"的管理体制,于2000年先后成立了直接隶属于武汉市江岸区区委的百步亭社区党委、社区管理委员会,在区政府的直接领导下,代行街道一级职责(图13-3)。在内部治理结构上,社区开发商百步亭集团董事局主席为社区党委书记,开发公司中负责开发和社区事务的2位领导担任副书记,同时吸收驻区政府职能部门、物业公司等负责人以及居民群众代表兼任社区党委成员,共同组成了社区决策机构。社区管理委员会是具体的执行机构,管委会主任由党委中来自开发公司负责社区事务的副书记兼任,党委中的居民代表担任副主任。管委会负责协调、联系、指导开发公司、物业公司、居委会、驻区职能单位和社区中为居民服务的各类经济与社会组织。

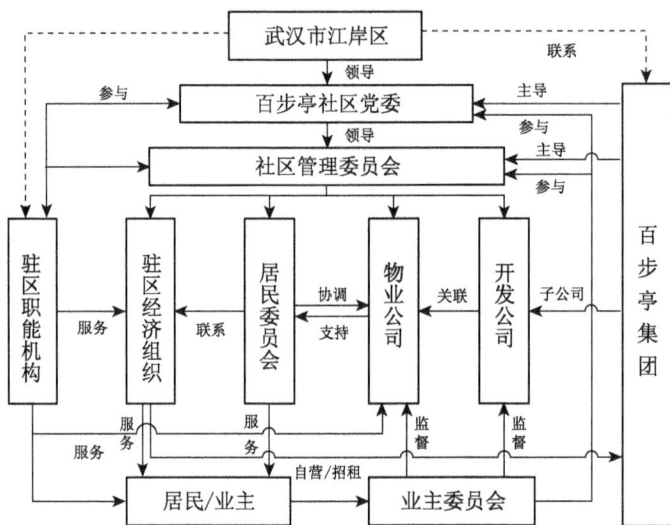

图 13-3 百步亭社区的治理结构图

横向联系上,主要包括驻区政府职能结构以及驻区经济单位。前者主要包括百步亭社区派出所、交通服务站、城管执法中队、工商站、巡回法庭以及电信、天然气、水务、有线电视、供电等市政公司机构,主要为居民提供各类行政与市政公共服务。这些单位的领导也吸收进入社区党委,承担一定的社区服务工作。驻区经济组织包括两部分:第一部分是百步亭集团下属的公司和商业机构,如写字楼、百步亭会所、花园酒店、游泳馆、健身房、卫生服务中心等;第二部分是百步亭社区6 000余家商业门店网点,都由百步亭资产经营管理有限公司负责经营管理,构成了支持社区日常运行的重要基础。

3) 日常运营机制

居委会、业委会、物业服务三方联动,是百步亭社区日常运行的设计重点。目前,社区共有7个居委会,每个居委会设置1个物业服务处,并实施交叉任职;居委会主任担任物业服务处总监,检查考核物业服务质量;物业服务处经理担任居委会副主任,承担服务居民的任务。通过交叉任职,居委会与物业服务公司资源得到了充分整合,社区1000多名物业人员成为社区工作者,是服务居民的骨干。同时,建立三方共商社区大事的周例会制度、三方联系评议工作的月民主听证制度以及周末居民接待日制度。社区资源的整合工作机制,提高了管理效率,有效地解决了社区"小马拉大车"的难题。

经费方面,社区运行的经费来源于5%的物业管理费,主要用于支付社区各自治组织(包括居委会、业委会)的办公经费、人员经费以及小型居民活动费用(何晓玲,2004)。大的社区活动费用按项目向开发商申报,由开发公司从广告费用中列支。虽然政府财政提供部分专项资金,但是活动经费以及人员经费主要来源于开发商以及物业管理费,解决了社区运行中"钱"的问题。

4) 社区党建工作

百步亭社区管理模式的第二个亮点是党的领导下居民自治。具体可以概括为,"二三六工作法",即双强、双向进入,三支队伍五级负责、三必到五必访,三方联动四项服务,六部议事与六项活动。

双强即强化基层党组织与居委会干部。根据奉献精神、工作能力、群众基础、文艺才干等选配党支部和居委会书记,通过参加培训、论坛等活动提升能力,通过述职、考评改进管理,通过登记、反馈等方式激励党员,建设一支思想政治素质强、群众工作能力强的党组织带头人队伍,壮大社区骨干力量。在网格化管理的基础上,健全社区党委领导的苑区(片区)、楼栋网格化组织及其他党组织,着力推进"两长四员进楼栋"。将社区划分为8个苑区、每个苑区以楼栋为单位建立网格,整个社区共计有820个网格。每个苑区建立党支部和居委会,每个楼栋建立党小组,社区楼栋党小组由"两长四员"组成,即党小组长、楼栋长以及卫生员、治安员、文体员、物管员。目前社区共有党小组长580人,两长四员共计3300多人。

三支队伍五级负责,即党组织队伍、专职党建工作者队伍、志愿者队伍,做到党委书记负责社区、支部书记负责苑区、支部委员负责片区、党小组长负责楼栋、党员负责家庭。通过建立健全的管理网络,做到"居民有突发事情、有不满情绪、有家庭纠纷必到,对困难家庭、住院病人、下岗失业人员、劳教释放人员、孤寡老人必访"。

三方联动四项服务,即理顺社区居委会、物业公司、业务委员会等三者关系,整合三方资源形成工作合力,为居民百姓提供全天候、全方位、全过程的关爱服务、物业服务、志愿服务、公共服务。其一,党组织的关爱服务。依托党员服务中心,做好留守儿童、空巢老人、残疾人等特困群体的帮扶工作,成立社区教育援助会,不让一个家庭吃不上饭、一个家庭读不起书,采取党员结对帮扶、优先安排公益性岗位、低价出租商业门店等途径,实现下岗居民再就业。其二,市场化的物业服务。坚持经济有偿服务的原则,推行物业绩效居民评分制度,社区组织居民代表成立考评小组,每月检查考核物业服务质量,考评结果与公司员工报酬挂钩,降低收费标准,物业费与同片区同品质住宅相比低20%以上。其三,志愿服务。除了居民自身、社会团体的自愿服务以外,物业公司也建立了专业志愿者服务队(如蓝衣维修志愿者服务队、管道通志愿者服务队、老师傅志愿者服务队等)以及专业的救援队伍,提升了社区志愿服务的专业化水平。最后,政府的公共服务。依托社区服务中心,协调政府派驻的公安、人社、司法、工商、城管、计生等部门集中办公，为居民提供社会保险、就业培训、低保优抚、户口登记、法律援助等一站式服务，每月一次上门服务，半年一次评诺活动，年底一次服务考核，向社会公开，向上级部门和单位反馈。

在制定社区公约和行为准则上，推行六步议事的方法。通过网上工作室、小总理电子信箱、门栋留言箱等形式，多种渠道提议题；多方恳谈出主意，即将收集的议题进行分类，由党支部召集相关利害关系人、单位代表及居民代表进行民主恳谈会，提出解决问题的初步建议；由居民议事会根据恳谈会初步建议，拟定解决问题的草案，也即议事组织拟方案；将草案张榜公布，广泛征求居民意见；聘请法律、社会管理专业人士对草案审查把关；将公约或方案提交居民代表会议，三分之二以上通过后实施，居民表决说了算。六步议事法，完善了党组织领导的居民自治机制，引导居民通过民主议事协商解决问题，做到民事民提、民事民议、民事民决、民事民评。

在社区活动方面，广泛发动居民参加红色教育活动、民俗节庆活动、群众健身活动、道德论坛活动、文明创建活动、亭台文化互动，搭建文化引领、活动凝聚的群众参与平台，把广大居民紧紧团结在党组织周围。

百步亭社区的发展过程中，也有很多争议。例如，按常规应设立政府派出机构的地方，居然成了私人老板的一统天下，民营房地产开发商的董事长做了社区的最高领导——社区党委书记。有人认为，百步亭创建文明社区要的是宣传效应，做的是形象广告等。最早提出"党的领导、政府指导、企业主导、居民督导"也由于"企业主导"招来很多批评（何晓玲，2004）。但是，经过多年的发展，逐渐形成了"市场能做的交给市场去做、社会能做的交给社会去做，居民能做的交给居民去做"的指导思想，社区基层政权通过职能化去管理，社区公共配套通过市场化去解决，社区居民需求通过社会化去服务。社区管理由政府办社会转变成为企业服务社区、企业经营社区，从而将以前政府"大包大揽"的"强政府弱社会"变身成为市场经济下"大企业、大社会"格局。在此之下，基层党组织、政府职能部门、居民自治组织、经济组织等四类组织的资源得到了很好的整合，从而将各自为政的单一职能转变为整体服务社区的统一职能（张艳国等，2010）。

就企业参与社区管理而言，百步亭集团对社区所开展的管理与服务，虽然与单位制度就宏观体制结构与社会调控模式、内部服务性质与市场运作模式等来说，已经有很大不同；但是，围绕着"搞生活"的问题，在诸如"不设街道、企业自主管理、基层党建、社区活动、社会救助"等方面与原来的单位制有较高类似性。有关这点，与另外一个位于深圳的"以住缘为基础形成生活共同体"的桃源居社区有较大不同。

13.2.2 深圳市桃源居社区

1）基本情况介绍

深圳桃源居社区位于深圳市宝安区西乡街道，紧邻深圳宝安机场，占地面积1.16 km²，建筑面积180万 m²，规划居住人口5万余人，目标是建设以生活、文化、教育、体育、娱乐、医疗、商业等为一体的现代卫星城（图13-4）。20世纪90年代初期，澳资企业万丰公司在香港注册成立世外桃源（中国）发展有限公司，旗下成立了深圳航空城（东部）实业有限公司负责开发深圳市机场开发区东区中华商贸城（航空城东区）项目，并于1994年开始一期开发，1997年迎来第一批住户。随后，逐步引入市政交通、中小学教育（深圳清华实验学校）、公园（森林体育公园）、医疗等各类公共设施，完善服务设施配套,推动社区建设。目前已经发展成为深圳市第一大社区,并获得联合国颁发的"全球理想人居社区""最适合人类居住社区金奖""国际可持续发展的适合人类居住社区建设贡献奖"等殊荣。

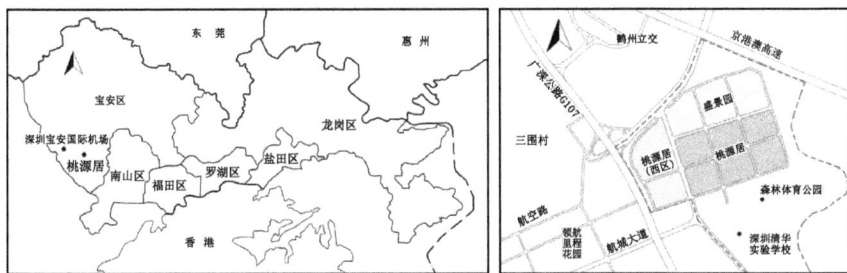

图 13-4　深圳市桃源居社区区位及总图示意图

2) 社区治理模式

与百步亭社区的"企业主导＋基层党建"模式不同,在桃源居社区治理实践中,开发商更加注重发展社区公益组织,完善社区公共服务,培育社区福利体系,使社区慈善与福利有效成为政府公共服务与福利的补充,充实了社区自我治理的能力,从而在"党的领导、政府管理、企业投资、居民共建"之下形成了"社区党委、工作站、居委会、业主委员会、物业管理公司、社区公益中心"共同参与治理的模式(图 13-5)。

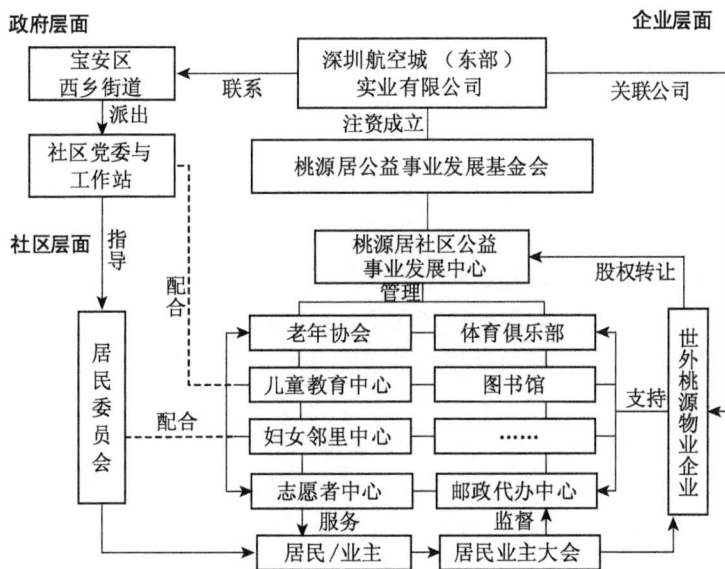

图 13-5　桃源居社区的治理模式

社区公益中心的设计是其企业参与社区管理模式的亮点。政策设计的出发点在于认识到单一的物业管理已不能完全满足现代大型社区居民的公共服务需求,社区党委、社区工作站、社区居委会承担了很多行政事务,无暇顾及居民自治,在社区建设上存在经费、事务、人才等多方面的问题。因此,开发单位借鉴国外经验,于 2006 年经批准设立了社区民间非盈利组织——桃源居公益事业发展中心,专门致力于发展社区公益和福利事业。2008 年,公益事业发展中心整合了之前成立的老年协会、妇女邻里中心、体育俱乐部等公益组织,结合儿童教育中心、志愿者中心、图书馆、邮政代办中心等构成了桃源居社区公益集团,覆盖了社区教育、文化、体育、卫生、公益、慈善、居家养老等领域,开展了公益慈善、文化活动、体育服务、便民服务、资产运营等工作,与政府公共服务及企业物管市场服务形成有效补充。

3) 日常运营机制

运营机制上,公共配套设施在保障公益性的前提下进行市场化运行,建立了"政府财政拨款、物业管理费用提留、开发单位赞助、社区经营组织补贴以及义工组织奉献"共同分担机制,降低了公共设施的运营成本,保障了社区公共服务的供给,有助于社区可持续发展。首先,政府出资的部分,主要包括社区中小学的公立学位经费以及社区内政府派出机构编制内的基本经费开支,政府职能部门负责社区健康中心和居家养老保健机构的管理费。其次,物业补贴的部分,主要包括物业收费中1%的文化费及2%的公共设施维修维护费提留,以用于社区公建设施补贴。其三,开发商除负责所有征地合同内的公建外,还投资了众多合同外公建设施并负责运营。其四,积极创办社区经济组织,建立市场化运营机制,包括颐康园、桃源农庄等,为社区老人事业开发桃花系列家庭用品并用其收入补贴社区老人艺术团及老人会所经费,儿童中心项目市场化营运收入的60万元租金用于社区儿童会所和清华学校学生奖学金支出等。最后,是社区义工组织的贡献。社区成立了义务治安员队伍、社区艺术团、腰鼓队、太极队、秧歌队、舞蹈队等多个志愿者团体。居民的奉献帮助降低了公建设施营运的成本,培养了社区的集体意识和文化精神。

4) 企业退出机制

探索建立公共公益设施可持续运行机制,是企业参与社区治理的重点,也是实现企业"可进可退"的关键步骤。从桃源居的经验来看,物业管理是社区管理的基础,作为盈利组织的开发商不可能长期承担社区治理的额外负担。各类公共与福利设施能否实现独立的市场化运行,同时坚持公益优先、服务百姓的方向,也成为人们对企业参与社区治理的主要质疑之一。

为了彻底实现社区公共设施的市场化、社会化与公益性,桃源居集团会同政府部门、法律专家等,进行了物业改革与资产重组。其一,物业企业的社会化。开发公司将在物业公司中所持股权转让给桃源居公益事业发展中心,也即对公益事业发展中心进一步注资并扩充其职能。在完成股权转让手续后,物业管理费如有所盈余将不再成为任何私有投资者的收益,而是全部转由社区集体所有,属于公益中心收入(刘健君等,2010)。其二,公益资产的重组。对社区资产进行界定,明确规定公益中心代管的公益资产所有权归政府,经营权由各级政府授予公益中心代为经营管理,其收益权归公益中心所有,用于社区公益事业的发展。

据统计,2012年度桃源居社区公益组织资产总额合计约为1.05亿元,其中教育基金会资产为1 043.61万元,公益中心资产为6 816.37万元,物业公司资产为2 658.87万元,开发商将其全部移交给政府与社区公益组织。根据之前的计划,公益事业中心每年将收益的1/3用于各种民间非盈利组织的日常办公费用,1/3按特定社区服务组织的年发展计划捐助其经营费用,剩余1/3的收入用于社区资产积累的长远发展基金。因此,通过股权转让、资产注资、现金流补充、收益分配等手段,以市场机制运营谋求社区发展,有效盘活了社区资产、公共福利和社区公益组织。

因此,相对于百步亭社区以开发企业的形式参与社区公共服务与基层党建、组织社区生活、发展社区文化来说,桃源居社区显得更加温和一些,其别出心裁地通过社区公益中心这个兼具有非盈利组织与私人盈利组织双重特征的社会企业平台,在政府公共服务之外建立起了企业兴办社区公益与福利事业的机制,从而将开发时的"政企合作"顺利过渡到"政社合作",成为企业参与社区管理、完善公共服务的另外一条路径。

13.3　企业参与社区管理的经验

从百步亭社区与桃源居社区的治理实践来看,开发企业都打破了传统的房地产开发模式(住宅销售完毕后转给业主,聘请物业公司,政府成立社区等),而是着力于社区的营造,以选择性进入、组织化提供等方式着力于公共设施与服务提供、社区文化的创建与组织化培育,改善了社区的治理绩效与人居环境,对企业形成品牌与市场美誉度提供支持,支撑了社区的滚动开发,这种新的社区开发与治理模式在城市层面形成了多中心的社区自主治理,在社区层面形成了社区治理专职队伍,克服了郊区空间开发的政府失灵与市场失灵,取得了多方共赢的成果。

13.3.1　企业的定位与开发模式

1) 企业作为社会组织

企业的定位是开发模式设计的基础,也是形成经营机制差异的关键因素。就共同点来说,以上案例的开发企业都不仅仅是纯经济组织和私人投资机构,而是具有经济组织与社会组织的双重性质,发挥了很强的社会性职能。以百步亭集团为例,企业旗帜鲜明地表明其在社区建设中也追求的是"理性利润"(李光,2002;周运清,2002)。其一,理性代表着不是非理性利润、超额利润,而是有社会责任的价值利润。其次,理性不是单方受益,是互利、双赢和多赢。最后,这也符合企业开发中的理性决策。具体来说,企业通过搞好社区基础设施配套,某些程度上获得了政府前期在土地方面的优惠,事实上是政府以低价购买了公共服务;通过完善社区管理等手段,提高了企业和社区的知名度,提升了社区的物业品质,也带动了住宅的后续开发,其实质上是企业着眼于未来的一种战略投资;从时间上看,分期投入事实上也在企业的承担范围之类。桃源居集团则更进一步,通过设立非民间组织实现了物业企业与社区资产的社会化,从而实现社区发展的社会企业化。

2) 社区运营商的理念

因为企业目标的转变,开发理念也有所变化。案例社区的开发企业都认识到社区与楼盘的差异,因而通过持续的建设投资与管理培育,在社区文化、服务居民上下工夫,围绕着居住需求做长期性的规划与运营,而不是局限于短期的土地价值,从而持续产生利润溢出和物业资产的升值,实现了新的盈利模式与增长点。就其事实上的职能来说,这种开发商实际上构成了"社区运营商"的概念,即发挥企业的运营优势,将社区而不是住宅作为其产品,搞好居民的生活,提升社区品质。例如,百步亭社区早期开发就提出了"社区地产"的概念,以"社区综合运营商"为发展方向,下设物业公司、资产经营公司、社区设施等,形成一个运营社区的集团。桃源居集团侧重于从公益事业切入,将公司定位为以房地产开发以及社区文化建设为主要经营业务的实业公司,并在重庆、天津等地复制桃源居模式。

3）补充街道行政职能

如前所述，目前社区治理模式下，社区自治组织普遍存在着街道控制下的行政化倾向。因此，街道与居委会的事权划分以及自治组织的财力支撑成为社区治理的关键问题之一。改革的方向是，逐渐弱化街道一级的权限，如北京市以鲁谷社区为案例推行的大社区制度等。在百步亭社区，则直接取消了街道办事处，成立百步亭社区党委领导下的管委会，直接隶属于江岸区委区政府领导，减少了管理层次，创新了基层治理结构，丰富了城市管理体系。百步亭社区打破"开发商只建不管，物业公司只管物业不管社区"的传统模式，走出一条企业经营社区的路，通过企业的经济力量实现了社会资源与行政资源的整合。

13.3.2 公共设施的建设与运营

1）公共基础设施的配套

公共基础设施与服务是关系到居民日常生活与地方营造的关键问题，也是快速郊区化下中国城市社区建设的主要挑战。因为政府失灵、市场失灵的存在，多样化的企业参与，如公共设施代建、政府购买服务、企业政府合作等成为提高城市社区特别是郊区社区的重要手段。另一方面，基于社区自身的自我改进与自主治理，公共产品的俱乐部化供给模式也是企业参与的形式。

以百步亭社区为例，开发商曾经将已经规划的 6 万 m² 房屋，改建成 4 万 m² 的社区中心公园。截至 2013 年，百步亭集团用于社区的各种公益性投入，累计达 7 亿元，建成了 3 个社区公园，建成了 1 万 m² 的架空层居民活动场所，建成了社区办公大楼、8 个居委会，建成了 2 所中学、3 所小学等 13 所学校和幼儿园，引入社区商业，提供了 3 000 多个就业岗位，满足了居民的多种要求，有效地实现了社区的综合平衡和自我满足，成为居民日常生活的中心。

以桃源居为例，作为社区的开发企业，不仅按征地合同依法承建了 5.64 万 m² 公建配套设施，而且大力承担企业社会责任。在合同之外，企业还承建了学校，为业主委员会兴建了大量公建配套设施，捐赠 1 亿元为社区 10 个公益组织提供了公益资本、资产及办公场地。

在政府委托建设的框架下，开发商配建了大量公共基础设施，有利于社区形成多层次的空间体系与活动体系，创造了社区公共空间，通过多样的社区活动，最大限度地满足社区不同人群的不同需求，对于社区公共性的形成有很大的帮助。

2）社区资产的经营管理

企业参与社区建设的第二点是通过社区资产夯实社区公共资源，并在坚持公益性目标的前提下引入市场机制，增强社区自我治理的经济能力以及可持续性。

以桃源居社区为例，共计达 36.4 万 m² 的公建配套设施按照法律和契约关系界定为国有资产、私有财产与社区资产三类。其中，国有资产主要是征地合同内的公建设施，共计 5.6 万 m²，包括由政府相关职能部门接管经营的社康中心、行政用房等，以及依法授权社区企业来运营管理的社区教育设施、公交体系、文化教育设施、幼儿园、菜市场等。私有资产主要包括开发商在征地合同外增资建设的公建资产以及业主所有的私有公建设施。社区资产，也即社区服务中心经营管理的、集体所有的公建资产，主要包括两部分：其一，征地合同内政府授权社区企业经营管理的资产；其二，开发商增加投资建设，所有权及经营权归开发商，但开发商转赠给业主成员享有的共用设施。

"社区资产"的存在,形成了社区公益、福利和慈善事业的基础。通过市场化经营管理,所得收入再弥补公益性支出,各系统内部的盈亏互补,保证了公建设施体系的公益性、福利性和可持续性。另外,社区资产也为企业退出社区经营提供了依据,可以通过俱乐部化、资产证券化的办法,进一步完成社区资产的社区化,实现可持续经营。例如,以英国模范村为例,部分物业信托公司的经营管理长达300年。

13.3.3 社区活动与文化的建构

在企业参与社区管理的架构下,企业作为社会组织以及社区运营商,通过公共基础设施的配套建设以及社区资产的形成,有效地解决了社区组织活动的空间与经费的问题,从而能够不遗余力地通过广泛的居民参与、活动组织和文化塑造,形成社区关联。

1) 居民活动的组织

百步亭社区发挥基层党组织的作用,通过双强、双向进入等方式,进一步扎实了社区的活动组织,完善了各项配套。发动志愿者,包括对老年志愿者、以大学生为主体的青年志愿者、妇女志愿者以及专业的物业志愿者等类型多样的志愿者进行组织。在百步亭社区,有近3万名注册志愿者,成立了170多支特色志愿服务队伍,成为社区服务的重要力量,做到了"事有人管、难有人帮、苦有人问"。桃源居社区依靠公益中心发动民间非盈利组织,培育专业的社区服务团队,创造社会活动的群众基础。桃源居居民参与社区组织的比例为67%,人均参加1.64个社区组织活动(肖勤福,2011)。

2) 社区文化的培育

在百步亭,一场活动就是一场聚会,一次活动就是一次教育,将社区的文明公约等渗透在社区活动、社区教育中。三天一个小活动,五天一个大活动,逢年过节必有庆祝活动,常年不断开展各类文娱体育活动,通过活动,形成了社区的文化。以百步亭为例,社区的万家宴和元宵灯会,成为社区的传统民俗,2011年入选英国吉尼斯世界纪录。桃源居承办社区文化节等活动,通过特色空间的塑造,成为物质文化景观。以百步亭为例,百步亭建成了300多个亭子,居民以亭为载体开展文化活动,找个亭子、搭个班子,组成歌友会、棋友会、书友会,他们还在规划建设"亭文化博物馆"。

桃源居也突出了以文化为内涵的发展思路,致力于形成"自我管理、相互服务、彼此理解、共同关爱"的社区文化价值体系。同时,建有老人艺术团、少儿艺术团等10多个文艺组织,在倡导社区文明与进步方面发挥了重要的作用,增强了居民对社区的认同感和凝聚力,形成了共同的文化群体意识和家园意识。

13.4 企业参与社会管理的意义

结合本书前面章节与本章的论述,从国内外的历史经验和实践经验来看,社区参与社会治理具有理论根据、现实需求与实践案例。其要点在于,通过公共产品组织化的提供方式,实现公共产品的私人供给,进而帮助社区实现多中心的自主治理,有效补充政府和市场在公共产品供给能力上的不足。就社区管理、服务居民的职能来看,如果比照改革开放前的单位化模式,可以发现这个时候的企业董事长也已经部分具有所谓的镇长或市长之作用,作为社会企业家承担了较多的社会责任。与之不同的是,他们是在市场经济下,通过市场化的手段创建持续盈利的模式,达到多方共赢。事实上,如果将单位还原其原本"企业"的含义,"企业参与社区管理"的命题能够前后呼应。在改革"国家—单位—个人"的资源分配与调整体系后,新的"市场—社区企业—个人"仍具有其内在的逻辑自洽。就主体关系、制度实践与作为生活共同体的治理结果等维度来看,新时期下的企业参与社区管理可以称之为"新单位"。

就案例社区来看,开发企业作为社会组织,围绕着公共服务与社区治理,发挥其在厘清产权关系、有效整合资源、降低社区内交易成本等方面的作用,在政府与市场之间架设了桥梁,充当了社会综合运营商的角色。通过公共设施、社区资产、组织体系的建设,充实了社区的公共资源积累,解决社区自我服务中的造血问题,有效地动员了社区居民的参与以及组织化程度,克服了社区原子化的隐忧,形成社区共治善治的局面,帮助社区实现可持续发展。就居民生活而言,由于公共服务的组织化供给与满足日常生活的需要,形成了以居住为中心的日常生活圈。因此,企业参与社区管理是新单位主义治理的政策工具,而有关界定社区的规模、范围和边界以及地方营造的手段等,构成了新单位主义的规划方法论。

14 新单位主义的规划路径

新单位主义在治理设计上主张企业以多种方式参与社区治理,重点是加强公共服务供给与社会联结,以日常生活为中心形成居民时空间企划与地方塑造,重新构造居民的日常生活单元与城市活动移动体系。具体来看,以生活空间的组织为重点,一方面通过企业参与社区治理形成服务日常生活与福利的"新单位";另一方面通过时空间政策、社会政策与行为政策等形成日常生活内容丰富的"新单位"。在这里,"单位"不是一般语境下作为生产空间、政治统合、社会调控的"单位",而是面向生活质量、作为生活地域以及日常生活圈的概念。从国外经验来看,生活地域的组织规划是国外城市均衡资源分配、维护社会公正、组织地方生活以及追求生活质量的重要工具。但是,有关其适用情境、范围界定、内容体系等也存在众多争议。

本章将在第12章的基础之上,结合日本、台湾、韩国等地的实践经验,阐述日常生活圈的概念、界定方法与规划经验,提出有关城市生活地域空间组织的日常生活圈划分方法、内容与程序。我们认为,新单位主义无论在治理设计上还是规划路径上,其目标是试图通过企业的参与及与社区建立合作的关系,实现日常生活时空间的整合再造,从而帮助城市形成积极健康的生活方式。

14.1 日常生活圈的概念

日常生活圈是从居民活动空间的角度来理解城市活动移动体系、地域空间结构与体系的概念。就居民而言,生活圈是指居民购物、休闲、通勤(学)、社会交往、医疗等各种活动所形成的空间范围。就城市而言,日常生活圈实质上是通过诸如通勤流、购物范围等行为景观刻画城市的功能地域,代表着不同城市地域间不同类型活动的社会联系格局。因此,相对于城市间的经济联系与行政联系,从居民生活空间的角度出发,日常生活圈的概念能够更好地反映居民真实的城市生活,刻画出城市地域中资源配置、设施供给与居民需求的动态关系,折射出生活方式与生活质量、空间公平与社会排斥等内涵。正因为如此,日常生活圈的概念与规划的相结合,成为综合性规划的政策工具。

14.1.1 相关案例与规划介绍

有关生活圈规划,最早可以追溯到日本。20世纪五六十年代,日本在工业化与城市化的过程中出现了"资源过度集中、地区差距拉大、环境污染严重、农村环境退化"等问题。继"第一次全国综合开发计划"(一全综)之后,日本政府于1965年制定了新的综合开发计划,提出了"广域生活圈"的概念,主张在全面都市化的过程中,加强中心城市的治理、交通体系的建设以及开发项目的再配置,形成城市化的日常生活圈,实现国土利用的重新规划(陆书至,1992)。其后,1969 年日本自治省推出"广域市町村圈"计划,建设省和国土厅分别推出了"地方生活圈"与"定住圈"的概念,综合整治居住环境实现定居构想,这也是第三次综合开发的目标(陈丽瑛,1989;和泉润,2004)。定住圈就是以人的活动需求为主导,针对居民就业、就学、购物、医疗、教育、娱乐等日常生活需要,设计出为满足一日生活行动所需遍及的区域范围,作为空间规划单元(陈丽瑛,1989)。日本政府通过"日常生活圈"的规划方法,有效引导疏散都市区人口与社会经济活动,实现城市与乡村地区的均衡发展。因此,在日本,生活圈的概念是城市化过程中所提出来的规划概念,与国家区域、大都市以及地方县市等地域的开发规划与结构调整紧密相关。

在研究层面,小出武(1953)就通过购物次数、通勤人数、医院患者人数等指标考察了长野市的生活圈现状(北川建次,1976;田野正辉,2010)。20 世纪 70 年代以后,伴随着城市体系的研究热潮,日常生活圈的研究也如火如荼,提出了日常生活圈城市体系、区域城市体系和国家城市体系等概念。藤井正(1990)综合荒井良雄等有关生活空间的研究,阐述了日本地理学界有关大都市区域的地域构造的研究,认为狭义的都市圈就是日常生活圈,是大都市利用者个人日常生活范围的集合,探讨了日常生活圈与生活空间的关系、郊区化与通勤流动的动态关系以及购物活动空间的变化等。在具体的实证与案例研究中,生活圈的概念则应用范围更广,用以讨论生活地域构造与生活方式变化(小野忠熙,1969;山下克彦,1970;藤井正,1985;川口太郎,1990;石水照雄1990),以及指导公园绿地、防灾等具体的规划设计(如久保贞等,1989),讨论新的规划政策(森川洋,2009)。

受到日本的影响,韩国也在国土综合开发计划中,依据中心城市的规模区分为大都市生活圈、地方都市圈与乡村城市生活圈,分别拟定开发策略(林子瑜,1984)以缓和乡村与都市生活环境的差距,谋求地方的成长。城市的住区规划也受到生活圈的影响。20 世纪 70 年代住区的生活圈以城市街道为划分的街区为单位,80 年代则借鉴日本的"分级理论",将组团规划为小生活圈,小区为中生活圈,居住区为大生活圈。以果川新城为例,中生活圈为一个邻里,人口规模为 1 万—2 万,小学和邻里中心的服务半径为 400—800 m。在木洞新区的规划设计中,则有 3 个大生活圈、10 个中生活圈、20个小生活圈,小生活圈的服务半径为 200—300 m(朱一荣,2009)。

同样受到日本的影响,台湾也在 1979 年的综合开发计划中,将台湾的城市分等定级并采用地方生活圈的概念,依据通勤、购物活动距离、行政范围、生产活动、地理环境及发展潜力等因素划定影响范围,共计 35 个生活圈。随后,在 1991 年颁布的六年建设计划中,以"促进区域均衡发展、提升国民生活品质"为目标,加强公共设施投入,提出建设 18 个生活圈。同时指出,生活圈的规划建设是以人为中心,考虑人的活动所需的土地使用、交通网络及其社会经济活动所需基本设施的整体性规划,显示出通过生活圈建设达成提升生活品质的政策目标(陈丽瑛,1989)。在此期间及以后,学界也广泛地讨论了产业圈与生活圈的协调问题(陈丽瑛,1989)、文化生活圈(辛晚教,1995)、购物通勤活动分布(杨宗棋,2004)以及交通运输对日常生活圈的影响(冯正明,2005)等,讨论生活圈的道路规划以及防灾体系的建设等(吴瑞安,2005)。

\ 中国城市的单位透视

14.1.2　中国相关研究与案例

国内很早就引进了生活圈的概念并有一些研究与规划,但是与国外地理与规划学界相比,国内同行对生活圈的接受程度还不是很普遍,研究时断时续,不够完整、系统。但最近,"日常生活圈"的概念重新得到了重视,被用于建成环境评价、公共设施配置以及城市地域系统划分等方面。

最早,陈青慧等(1987)就将生活圈的概念应用于城市生活环境质量的评价,提出了以家为中心的核心生活圈、以小区为中心的基本生活圈和以城市为对象的城市生活圈。熊薇等(2010)以南京市为例,在将日常生活分为基本生活圈和城市生活圈的基础上,选择公共服务设施和公共空间等公共设施因子作为评价人居环境适宜性的因素,以地理信息系统方法探讨了南京市人居环境的圈层差异。单霞等(2004)借用该思想,提出了住区的概念,认为住区不只是人们居住的场所,而且也是以其居住场所为中心展开的各类生活序列的综合,包括学习、健身、交流、休闲、购物,等等。

公共设施配置是日常生活圈研究的重要方面。朱查松等(2010)以仙桃城乡总体规划为例,针对传统规划编制以等级序列来配置公共服务设施的缺陷,提出借鉴日本"生活圈"配置公共服务设施的经验,以居民出行距离、需求频率和服务半径对公共服务设施进行不同层次和类型的划分,根据不同层次的生活圈进行公共服务设施配套。孙德芳等(2012)以江苏省邳州市为例,研究引入生活圈理论,结合城乡居民对于获取公共服务设施所愿意付出的时间成本,将县域划分为由初级生活圈、基础生活圈、基本生活圈和日常生活圈构成的圈层系统,构建了县域四级公共服务设施配置体系。

在城市体系与结构方面,柴彦威(1996)研究了单位制度对中国城市生活空间的影响,也即以单位为基础构成基础生活圈、同质单位形成低级生活圈、以区为基础形成高级生活圈。这种独特的生活空间结构是在社会主义计划经济下,在行政管理和生活居住规划的双重影响下形成的。王兴中以西安为研究区域,进行了"日常城市体系"的划分,根据城市日常生活的划分构建了中国城市活动空间层次(王兴中,2004)。袁家冬等(2005)主张从日常生活圈的角度,从功能地域的角度来认识城市地域系统,重新构造中国的城市统计区,提出了"基本生活圈、基础生活圈、机会生活圈"等概念。其主张,基本生活圈基本上相当于城市的建成区,基础生活圈则扩展到城乡结合部,机会生活圈则将城市近郊区包括在内。其认为基于"日常生活圈"的城市地域系统的基本空间单元可以以我国行政区中的最小区划单位为基础,并进行必要的修正,其团队还对齐齐哈尔、长春等地进行了案例研究。

与此同时,部分学者从小尺度地域范围内对生活圈开展了相关研究。季珏等(2012)根据人类活动系统的自组织现象和空间稳定性假设,借鉴行为地理学理论考察行为相似性与地理临近性,提出了生活空间单元的识别方法,认为相同生活空间单元的居民日常出行范围和频率比较接近,构成某种"行为区";并以清河永泰地区为例,探索发现居住小区对居民日常行为的选择有很大影响,相邻的居住小区可以尺度上推,构成行为区。李业锦等(2012)利用日常生活圈的概念,研究了影响什刹海地区老年人生活宜居性的空间因素。

近期,在生活质量转向的背景下,生活圈规划作为以人为本、面向生活空间组织的规划,逐步受到各方面的关注。2009年,广东省以及香港、澳门特别行政区共同启动编制了我国首个以"生活质量"为主题的区域合作规划——《共建优质生活圈专线规划》(徐涵等,2008)。同期,海南省建设国际旅游岛,编制《海南省城乡经济社会发展一体化总体规划》,主张构筑两级生活圈,建设扁平化的社会空间,满足人的不同空间层次需求。具体包括 4 个都市生活圈以及 21 个满足城乡居民基本公共服务均等化需要的基本生活圈。每个基本生活圈的社会服务供给系统都从居民工作、居住、休闲、就学、医疗及购物等基本需求出发,致力于打造优美的生态环境和高品质的生活(杨保军等,2012)。

14.2　日常生活圈的界定

如上节所述,日常生活圈作为生活空间、行为景观和功能地域的概念,通常是作为研究与规划方法,广泛地应用于区域层面和城市层面,用来实现均衡地区发展、指导资源配置和提升生活质量。但是,在理论上,就生活圈的概念定义与划分方法还没有共识,特别是有关其指标、规模、层级、内容、适用条件等都在持续探讨中。有研究指出,单个城市和都市区的生活圈划分适用于从居民需求的角度出发,探讨工作、生活、交通、休闲以及环境要素等方面的内容;从要素供给的角度,探讨为优化居民空间的设施配置与福利保障,适合于组合型城市地区(李建平,2012)。这个观点在理论上指出了日常生活圈界定与建构的思路,但是具体在研究划分上,往往是基于地域范围、时空距离以及行为观察等指标与技术方法。

14.2.1　以地域范围等为基础

1) 区域层面

在台湾 1979 年编制的综合开发计划中,地方生活圈被定义为"以地方中心以上的都市为核心,根据通勤、购物活动距离、行政范围、生产活动、地理环境以及发展潜力等因素综合划定影响范围"(图 14-1)。地方中心即为一日至一周生活活动的中心(如日常购物、上班、上学等),共计 35 个生活圈。规划对每一城市每日、每周、每季与每年的服务范围做了划定。一日一次的日常活动,如工作、就学、购置日用品等,其范围在一般市镇,半径约 10 km,在都市区则达到 40 km;一周一次的活动,如娱乐、游憩、社交、购置高级用品等,其范围较广,半径为 40—80 km;一季一次的活动如观光、购置高级或特殊用品、办理私人特殊事务时,半径为 80—200 km 以上。1984 年修订的综合开发计划中,因为交通机动化使得活动范围扩大,生活圈减少为 18 个。由此可见,生活圈的划分也并非一成不变,应该适应生活方式、规划布局、运输条件乃至信息技术的变化。

在海南城乡一体化的案例中,规划主张打破县市行政边界,以乡镇为最小单元,综合考虑自然环境、文化、经济和社会等因素组织生活圈(图 14-2)。生活圈的大小,依据各地方人口规模、人口密度、人口迁移趋势、经济发展水平、运输网络疏密程度的高低而定。基本生活圈以县城和人口密集地区的重点镇为中心;以基本生活圈为载体,完善路网结构,通勤时间控制在 30—40 分钟以内;在每个基本生活圈内从工作、居住、休闲、就学、医疗及购物等人的基本需求出发,配置社会服务供给系统,满足城乡居民基本公共服务需求,实现全岛基本公共服务均等化,打造生活圈内优美的生态环境和高品质的生活(杨保军等,2012)。

图 14-1　台湾的日常生活圈

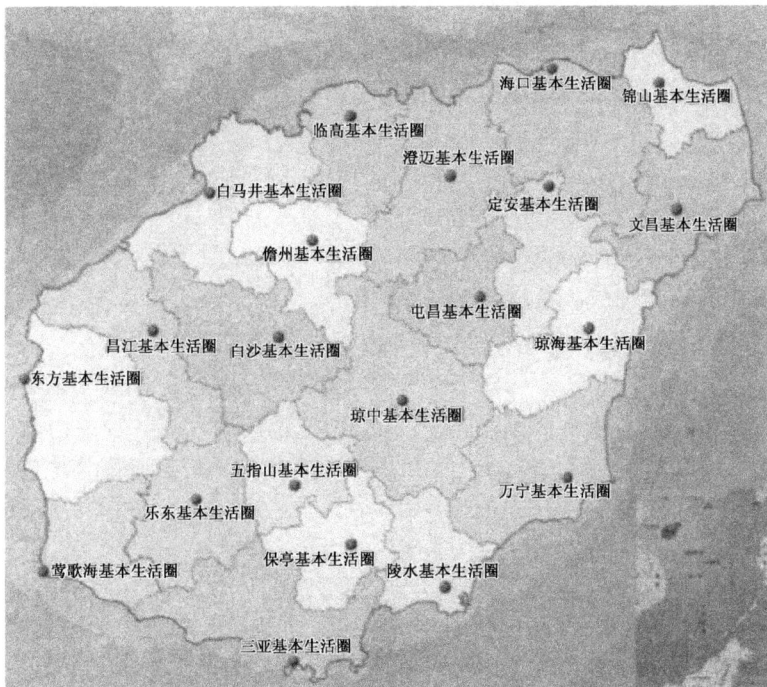

图 14-2　海南省的基本生活圈

袁家冬等(2005)指出,"生活圈的划分是根据活动、交通方式与地域范围划定的",基本生活圈在步行或自行车辅助就能到达的距离范围,容纳居住、教育、医疗、购物等基本活动,基本相当于建成区;基础生活圈则涵盖居民就业、游憩、对外交通等活动,公交车地铁可达,范围上扩展至城乡边缘区;机会生活圈以满足某些不经常的活动所需,包括近郊区,主要采用公交专线、轻轨和私家车。

2) 城市层面

在城市层面,陈青慧等(1987)认为核心生活圈应是以家庭为核心,包括住宅的内部活动空间和住宅周围的户外活动空间,以及户内窗口或阳台以外视线可达的视域环境,包括居住、睡眠、就餐、会客、娱乐、学习、工作等以及邻里关系的协调。基本生活圈通常指生活小区,包括中小学、托幼机构及青少年与老年等各类文化活动站,日常生活所必需的商业服务设施和医疗卫生点,设备用房和绿化休闲场地,以及对综合小区而言还包含的工作地点的设置。城市生活圈则包含整个城市的内外空间环境,为居民提供清新的空气、洁净的水源、安静的环境、优美的空间、高效率和多层次的服务。

14.2.2 以时空距离等为基础

以行政地域或者实际地域为基础进行的生活圈等级划分与建构,都不能从居民角度把握居民出行的时空间预算特征。因此,部分学者主张以居民出行的时空距离为基础,建构日常生活圈体系,实现生活服务设施配置的合理化,建构理性的生活空间层次与活动空间体系。

朱查松等(2010)根据居民出行方式与时间,划定出行范围,确定日常生活圈。居民点基本生活圈,以幼儿和老人徒步15—30分钟为限,以半径500 m为宜;一次生活圈,以小学生徒步1小时为限,约为4 km,以半径2 km为宜;二次生活圈以徒步1小时或自行车30分钟为限,约为6—8 km,以半径4 km为宜;三次生活圈以机动车行驶30分钟左右为空间界限,距离约为15—30 km。

孙德芳等(2012)结合时间地理学中"时距"的概念,以时距为依据进行生活圈划分(图14-3)。通过居民意愿调查方式,获取居民为了得到教育、医疗及文化娱乐等公共服务愿意付出的时间成本来确定最佳时距,再借助ArcGis分析平台,对县域生活圈层进行划分,构建由初级生活圈、基础生活圈、基本生活圈和日常生活圈组成的县域生活圈体系。初级生活圈,以基层村庄居民点为中心,出行时间为步行15—45分钟,半径范围为0.5—1.5 km,考虑到老人和儿童的出行舒适度和最佳出行时间,以半径800 m为宜;基础生活圈,出行时间为自行车15—45分钟,大致为1.5—4.5 km的半径范围,以半径1.8 km为宜;基本生活圈出行时间为公共汽车15—30分钟的地域范围,范围大致为10—20 km,并以半径15 km为宜;日常生活圈则遵守行政区划原则,以邳州市域为完整的日常生活圈,出行时间为公共汽车20—60分钟,覆盖市域所有村庄居民点。

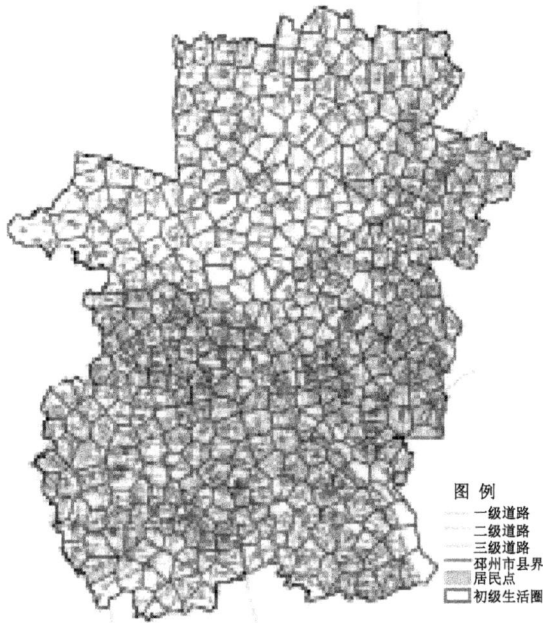

a. 初级生活圈

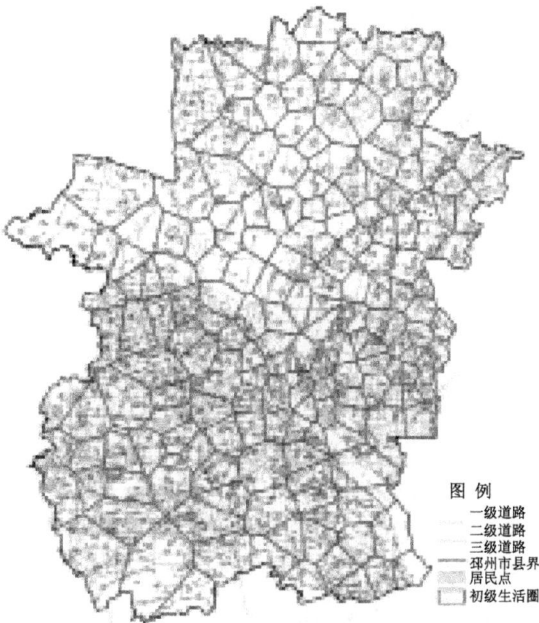

b. 基础生活圈

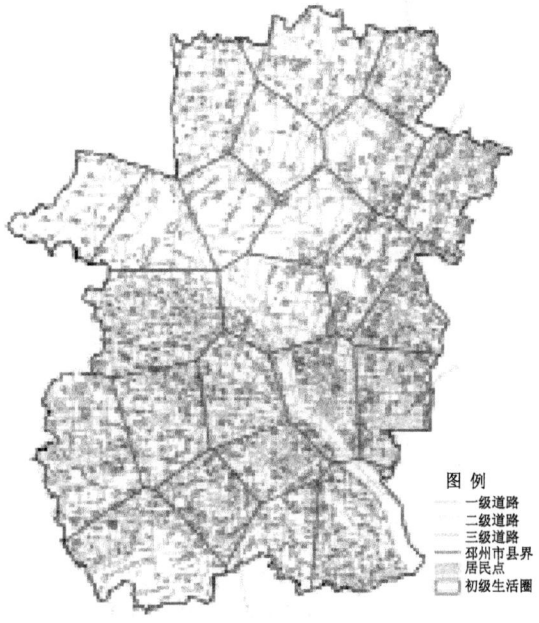

c. 基本生活圈

图 14-3 邳州城乡生活圈的划分

14.2.3 以行为活动等为基础

以时空距离进行的生活圈划分,其标准仍然是外生、汇总的,代表着一种时空结构与秩序的建构,仍然无法全面地从个体移动性的角度考察城市空间的制约因素与机会空间。在日本,通常采用生活调查的方法,考察不同地域之间特别是城市体系中上下层级城市之间的依存性,考察郊区对中心城市的依存或独立关系,确定日常生活的时空间结构,从而建构日常生活圈秩序。近年来,随着全球定位系统(GPS)、GIS技术的发展,围绕着可修正地理单元(Modifiable Geographic Unit)以及地理背景单元不确定性(Uncertainty of Geographic Context)等命题(Kwan,2012),研究逐渐深化了有关生活空间、活动空间以及潜在活动空间等的刻画方法。

1) 区域层面

除了小林博、荒井、藤井等采用通勤率、购物活动等指标研究东京、名古屋等大都市圈的空间构造外,部分研究还涉及组合区域。如小野忠熙(1969)以周防地区为例,探讨了生活空间的集中性程度,划分了微弱生活圈、弱生活圈、强弱生活圈以及强生活圈,研究了周末生活圈及其地域模式[图 14-4(a)],并探讨了不同片区生活圈的时空间距离、生活圈的消长变化、行政地域与生活地域的关系等内容。山下克彦(1970)研究了岩手县大船渡、陆前和高田市等地通勤与医疗等依存关系,形成了三级生活圈域的系统构成[图 14-4(b)]。其中,一次圈以中小学、保育所的服务范围为边界,二次圈包括职业高校、农协、渔协等综合事务所、综合性医院等,三次生活圈包括电报电话局、消防署等机构。

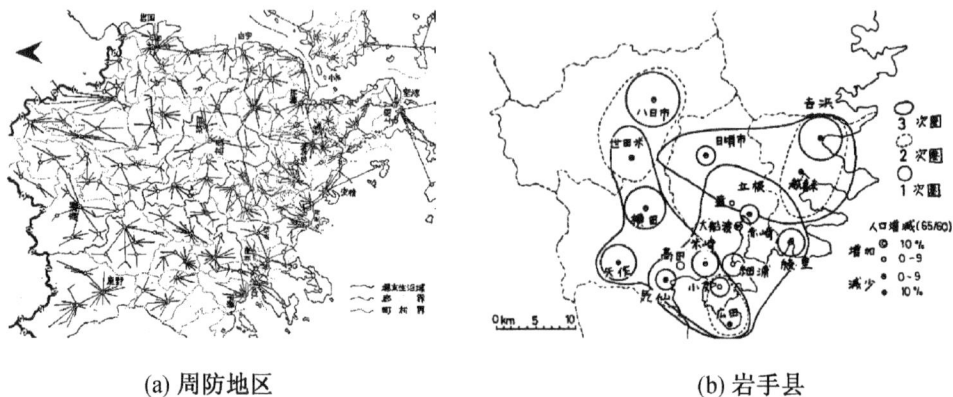

(a) 周防地区   (b) 岩手县

图 14-4 日常生活空间单元的划分

2) 城市层面

对于城市层面来说,使用行为数据与 GIS 的可视化工具,对居民的日常生活范围进行行为特征的刻画,归纳其日常生活圈特征也是重要方面。特别是,近年来大规模居住郊区化催生了大量新兴的巨型社区、边缘城市社区等居住空间。有关其空间规模与尺度及配套设施的空间工具与界定标准不明确,现有基于空间开发、行政管理的新城、街道等概念服从的是经济利益与政治利益,无法真实反映居民的空间需求,使得郊区生活空间的培育、地方空间的营造等面临着规划与政策的困境。

例如,季珏等(2012)以北京市昌平区的永泰居住区为例,以空间稳定性假设为出发点,提出辨识生活空间单元的新方法(图 14-5)。研究利用居住区服务设施调查数据,采集日常活动的驻点信息,运用基于空间关系与属性指标一体化的混合距离来测度样本的相似程度,依据统计软件 K 均值聚类算法进行样本点的空间聚类,使用 GIS将样本点转化为泰森多边形,进而根据属性特征进行空间归并。季珏认为利用这种生活空间的划分方法得出的生活空间范围可应用到地区环境性能评价、城市空间管制等多个研究领域。

图 14-5 基于行为数据的日常生活空间单元划分

随着 GPS 以及信息和通信技术（ICT）广泛应用于居民时空间行为数据采集，其高精度、长时段的特点在刻画居民日常行为上的优势更加明显。本节采用北京大学时空间行为研究组于 2010 年开展的北京市郊区居民日常活动与出行调查数据，探讨个体行为视角下的郊区日常生活空间划分方法。研究区域位于北京市昌平区五环之外的天通苑社区，占地面积约为 8 km²，建筑面积约 600 万 m²，共由五个园区组成。数据采集方法是随机抽样社区 50 余位居民，采用 GPS 定位设备记录出行轨迹以及网上填写活动日志的方式进行为期一周的活动与出行数据采集。一周活动较一天的活动更能展现生活活动的"日常性"，即惯常活动。GPS 记录了样本一周的活动点及轨迹。研究思路是根据生活圈的定义，以居住地为中心筛选出近家型活动，汇总居住地附近的活动，进行时空聚类，以此进行生活空间的划分。

北京市正在构建"15 分钟生活圈"，推进日常生活服务设施配套和均等化，使居民在 15 分钟的出行范围内有关日常生活的购物、休闲、娱乐等非工作活动需求都能得到就地满足，从而达到较为理想的供需平衡的状况。因此，近家型活动是构成日常生活圈的主体，且多以步行、自行车等出行方式为主，据此将日常生活圈的活动范围定义为距家 1 km 左右。

数据分析上，将活动轨迹数据以及属性数据导入 ArcGis 平台，进行坐标配准以及活动数据清理。首先采用家内活动点的识别方法，确定居民的居住地位置；其次，对 50 余位居民家内活动点做 1 km 缓冲区分析，反向运算剔除距家距离 1 km 范围外的活动点，完成数据的整理和筛选（图 14-6）。

日常生活圈是以家为锚点的日常生活空间。对超大社区的样本社区居民而言，日常生活圈的范围是介于社区与居住组团的活动空间概念，与居住临近性、设施共享等有密切关系，因此有必要根据活动的时空特征、与家距离等进行时空聚类。采用经典的 K 均值聚类算法对整理和筛选出来的所有非工作活动点进行聚类，使得类别之间的差异最大、类别之内的差异最小，并利用方差分析理论，通过 F 统计量确定最佳分类数，以解决 K 均值聚类值事先给定带来的合理分类数的质疑。根据多次聚类比较分析的结果，发现

聚类 $K=3$ 的时候,方差分析 F 统计量为 138.3 最大,显著性值小于 0.01,类别间差异最显著,表示研究范围内居民日常活动空间的临近与分区特征(图 14-7)。

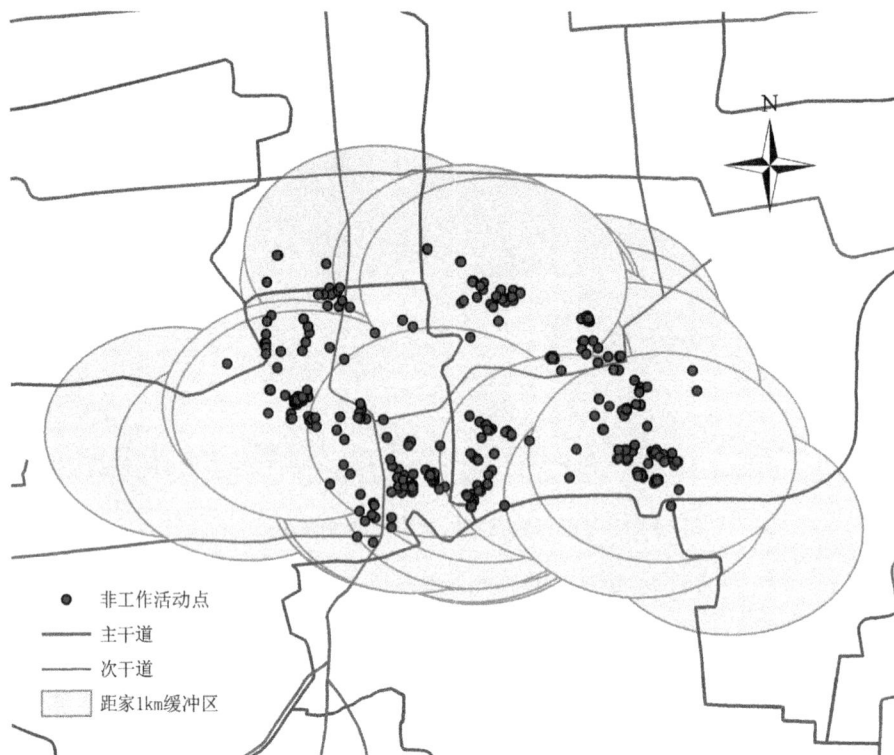

图 14-6　近家型活动数据的整理与筛选

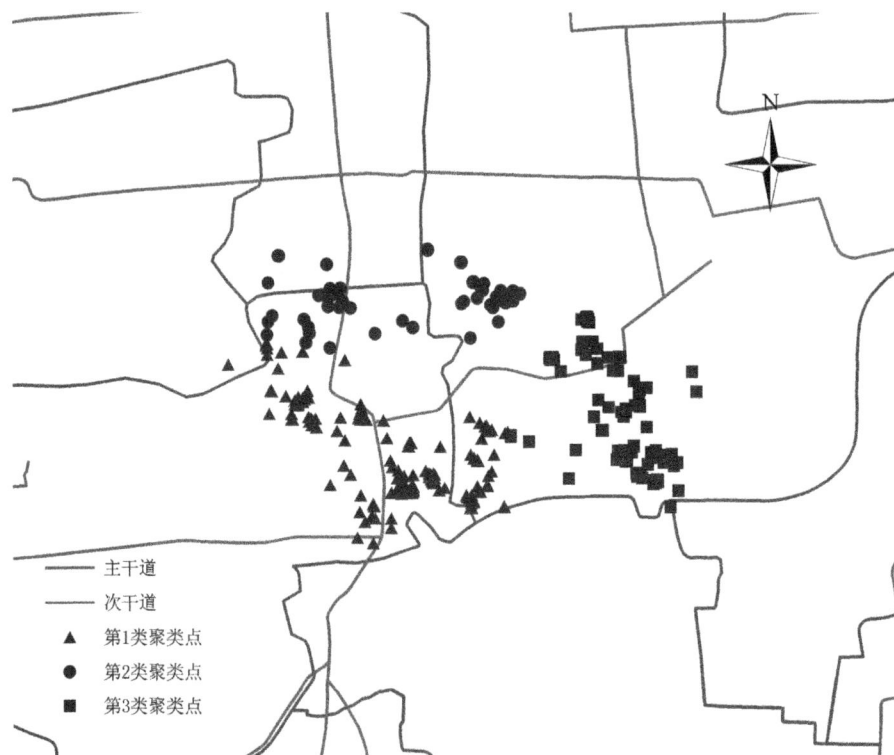

图 14-7　日常活动点聚类分析

标准差椭圆是活动空间测度的重要手段，也是进行活动聚类组合、空间范围划分的方法。不同的标准差范围代表着不同比例的活动点纳入该标准差椭圆之中，代表活动点发生在标准差椭圆中的概率情况与集聚特征。根据时空聚类结果，对已完成时空聚类的3类日常生活活动点图层分别绘制标准差椭圆（图14-8）。经过多次检验发现，当标准差数为1的时候，日常生活标准差椭圆的划分相对清晰，每个活动椭圆包含了约70%的活动点，显示出研究区域内居民活动的地理特征。毋庸讳言，标准差椭圆刻画方法是一种根据需求囊括活动点划分的方法，边界划分模糊且可能存在重叠，缺乏准确区域的划分。

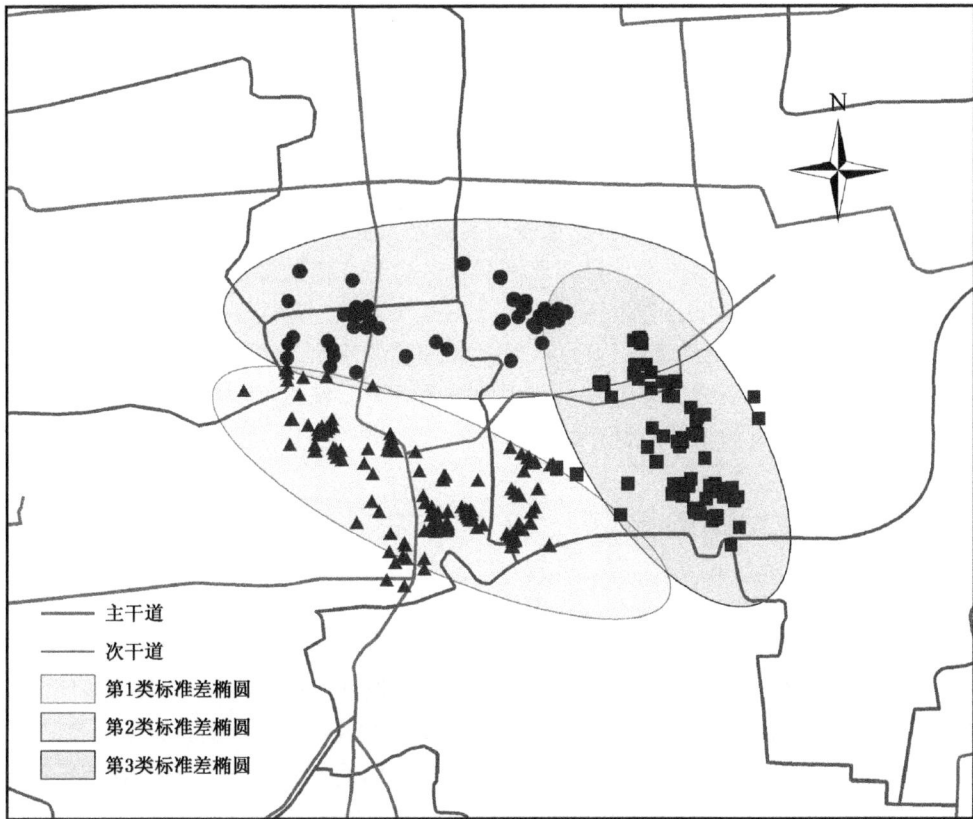

图例：
— 主干道
— 次干道
▢ 第1类标准差椭圆
▢ 第2类标准差椭圆
▢ 第3类标准差椭圆

图14-8　基于标准差椭圆的日常生活圈测度

为了更好地进行活动区域的划分，需要进一步将点数据转换为面数据，对整体日常活动点进行分析。目前现有较为成熟的区域划分工具是泰森多边形，其主要根据点与点构成的三角形平分线的几何学方法以及利用区域空间上点的信息表达一定区域范围的特征并进行空间划分。

将点状数据进行泰森多边形变换，表达活动点与周边点的地理相关关系，表达活动的影响范围，同时结合时空聚类的方法，取 $K=3$，对所有的面状数据进行归并整理（图14-9）。采用泰森多边形的划分方法，其特点有：① 运用几何学方法客观划分和刻画日常生活圈的准确范围，优于标准差椭圆边界不精确的日常生活圈划分方法；② 能更好地描绘日常生活圈中各活动的空间关系，每个泰森多边形都能较好地刻画日常生活中各活动的范围及与其他活动的关系。

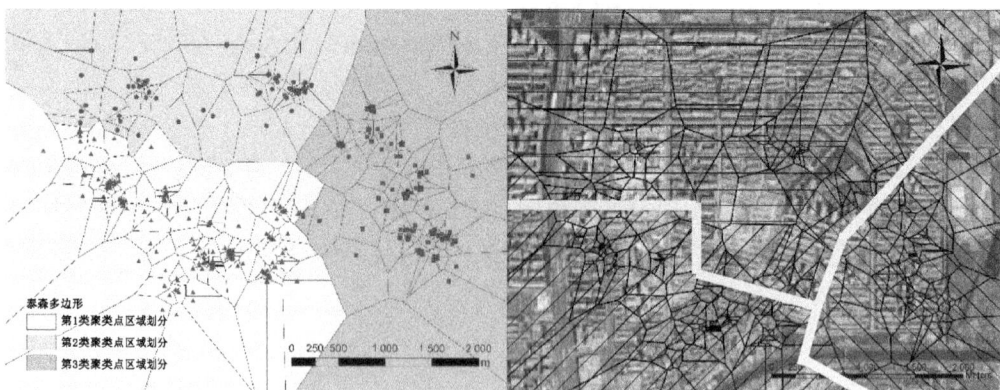

图 14-9　泰森多边形日常生活圈刻画方法

通过空间叠置分析发现,结合居民日常实际发生的活动刻画出的泰森多边形与社区周边道路及社区边界吻合程度更高,但由于泰森多边形是纯粹基于几何学的空间划分方法,在日常生活圈的划分上有少量棱角与路网及社区边界相交叉。本书需要根据路网和社区边界对泰森多边形少量与路网和社区边界交错的棱角进行适当的切割,进而划分日常生活圈的科学合理范围。

由此可见,如何利用活动出行数据,"探索"理想的活动空间系统的发现机制,仍然是一个有待继续深入研究的理论与实践中的技术问题。例如,需要将日常生活时间利用信息充分纳入日常生活圈刻画中。

14.3　日常生活圈的规划

14.3.1　相关经验概述

生活圈规划在名称上就是一个带有规划目标与概念性质的规划,它具有鲜明的指向,即希望通过规划形成互动共享的生活圈。因此,生活圈规划直接面向生活空间,有着更加扎实的数据基础,更加贴近人与人的日常生活,它是更加实用的微观性空间建构而非宏大的空间叙事,是资源共享的行动规划,是日常生活的规划学。

1)以人为本,面向生活

与各类规划经济性、物质性的目标不同,生活圈规划是以日常生活为对象,致力于改善生活环境,提高居民生活的满意度与福祉。以日本的定居构想为例,就包括整治自然环境、生活环境和生产环境在内的综合居住环境,由居民、地方和国家共同创造适合定居地方的新生活空间。定居圈把都市和农村作为一体,把地区经济、福利、医疗和教育等各种职能统一起来,达到人口定居地方的目标,而不是居住在地方工作在大都市的分离状态,试图以此实现大都市与地方的均衡发展。

围绕日常生活,实现地方定居,使郊区、农村地区、中小城镇成为居民真正的生活中心是生活圈规划的主旨所在。避免生活空间的割裂与碎片化进而形成所谓单向度的人以及日常生活的异化,其关键在于实现公共生活的修复,实现人的整体性和全面发展。因此,规划需要更加关注"那些日常的认知、日常话语、日常交往以及其他重复性、经验性和实用性的活动"(赫勒,2010),"研究日常生活的自发性、差异性和无序性,确认城市的不同群体和生活形态"(Madani-Pour,1996)。"始于生活、终于生活",这种日常生活的面向也较好地解决了"如何以人为本"的问题,并将之贯彻在规划的始终。

2)综合单元,均衡分配

追溯生活圈规划的发展历史,其背景根植于工业化和城市化时期的"过疏过密"的现象。人口与经济活动过分集中于大城市地区,而乡村地区和中小城镇成为人口等各种要素流出的空心化地区。生活圈规划作为引导人口与经济活动合理分布的工具,目标在于促进区域资源的均衡分配以及缩小地区间发展差距,实现公共服务设施均衡化,普遍提高居民的生活品质。以日本的"全国国土形成计划"(六全综)为例,其就突出强调建构"生活圈域",即将人口在30万左右、交通时间距离在一个小时左右的区域构建成统一的"生活圈域"。通过以"生活圈域"为单位的分工协作,各中小城市避免在服务设施建设上的"大而全"和"小而全",既提高了效率,又降低了成本。根据"六全综"的规划,日本共有10个"广域经济圈"和若干个"生活圈域"共同构成了两个层次的"广域地方圈",最终目的是优化地区间的资源配置,实现均衡发展。

生活圈规划的原则与目的使生活圈成为地方规划的重要手段。在台湾,地方生活圈为区域规划与重点建设的空间单元,生活圈的规划包括产业发展与生活服务设施的供给,地方生活圈是考虑活动尺度、行政管理、经济、自然与人文资源、地方特色而划定的生活空间,是综合性的,具有相当的自足性(陈丽瑛,1989)。

3)自下而上,广泛参与

有关编制基础与程序,生活圈规划在技术路线上更加强调自下而上的方法,形成广泛的参与基础。在台湾,地方生活圈自地方开始建立规划与建设体制,使地方事务充分纳入。在具体规划的时候,需要调查分析生活圈的特性与问题,经由民意调查或与地方政府沟通得到居民及地方政府的意愿与需要,拟定建设重点。同时,需要获得多数居民与地方政府的普遍支持或参与,成为地方重要的建设事务。另外,生活圈建设行动计划中指出,以生活圈内的民间团体或企业为主体,引导民间团体或企业参与地方生活圈的建设,提升居民参与感,建立共识,而政府机关则是处于协助地位来推广。因此,无论在规划或实施阶段,各地方各级政府、民意机构、民众、民间团体的参与渠道以及形成广泛的参与是非常重要的。在日本,第六次综开计划拟定了《国土形成规划法》,明确了公民和地方政府在规划编制过程中的参与作用、互动作用(翟国方,2009)。

以上三点,讨论的都是日常生活圈规划区别于其他类型规划在编制与实施过程中的特点,涉及规划的思想与原则、性质与作用以及基础与程序等。概括起来,以人为本,面向生活空间的组织,吸收地方各利益团体广泛参与形成合力,平衡区域资源分配与活动分布,建构统筹区域发展综合性的空间政策单元,这是生活圈规划的内涵所在。

14.3.2 公共设施供给

如前所述,生活圈规划通过以人为本面向生活的公共设施配置实现空间的均衡发展。新单位主义在主张企业参与社区管理、加强公共产品组织化供给的同时,更加认为需要规范基本空间单元的范围与层次,加强土地的混合利用,并在时间维度上整合考虑,充分借助市场的力量,发展社区商业,增强地区活力。

在配置方面,传统方法以等级为依据,认为到了一定级别就应配置相应的公共服务设施,采用千人指标,并且是基于居住区的人口和需求的均质化,忽略了居民的需求内容和需求数量,不同设施的服务范围、服务容量的差异,以及设施的市场化程度。首先,居民内部属性的差异导致了居民公共服务需求的分异性,例如,老人与中年人对公共服务设施的需求种类和需求数量相差较大,部分小区面临着婴儿出生率降低的现状,同时城中村等弱势群体与外来人口社区问题繁多。这些问题都需要特别加以考虑。其次,不同的设施有着其市场规定的服务范围和容量。城市商品房开发项目规模多样,很难比照居住区—居住小区的规范等级进行配置。再次,虽然新版的用地规范对公共设施做了一定区分,但是仍然带有一般规定性,对于组织城市生活的公共生活,缺乏足够的体现,社区商业难以有效组织,公共设施的权属关系模糊。最后,在实际管理中,基层行政管理体制采取“街道—社区”的两级模式,按照城市规划规范配置的三级服务设施与管理体制不能很好地衔接。因此,需要重新划定社区生活空间的组织,透视居民日常生活空间单元,使得行政概念上的社区与社会生活中的社区更加匹配。

面向新的社区规划,迫切需要改进规划思路与逻辑思维。在规划方面,传统的公共设施配置往往通过控制性详细规划加以规定,具有很强的刚性。在空间上采用沿街配置的方法,有的时候难以取得很好的效果,或者说即便在量上达到要求,却很难在质上形成配套。因此,需要改进控制性详细规划的管控,形成围绕生活单元进行综合开发。新的规划思路应该了解居民的实际需求,从生活规律、出行链等角度出发,增强生活空间的组织性、公共服务设施配置的科学性,服务于社区公共性的培育。在运营上,灵活分析地块之间的相容性和地块内部的相容性,充分利用水平兼容和垂直兼容,将不同功能整合在不同的空间或者建筑之上。土地的混合使用和“交往规划”越来越受到重视,土地利用的“兼用”特性恰恰能够适应并促进城市生活和功能交融性的趋向。另一方面,原本不协调的功能可以利用“时间差”来充分利用城市空间——每天的不同时间、每年的不同季节与时段在同一地块穿插不同功能,例如办公楼的停车场晚上用作小型集市,又如北方的公园在冬季作为培育苗圃的基地等。当然,这需要区域内经济组织的积极配合与参与,也正是新单位主义所强调的多主体参与的客观要求所在。

14.3.3 行为政策引导

行为政策的引导,正在成为新的规划服务工具。在西方国家,越来越多的规划从原来的物质性规划,转变成为社会政策。传统的规划对人的假设都是完全理性的人,认为通过这样的政策就能够实现规划的目的。但实际上,人是一个有限理性的人。在行为决策过程中,因为信息不对称,人们对城市外界信息的掌握是不完全的,对活动条件的认识和运用缺乏弹性。“信息制约”成为城市规划政策服务于居民的突破口。自20 世纪70 年代以来,在社会营销理论和社会心理学理论的影响下,借鉴计划行为理论(Ajzen,1991)或者规范激活理论,通过访谈、了解居民的意愿、态度和选择障碍等,加强信息的提供,制定行为改进方案,转变个人行为计划、社会观念或者价值理念,推动行为的自愿改变。

个人行为规划在出行领域率先得到了应用,被称之为个人出行规划。“个人出行规划”主张通过提供个性化的交通信息和出行方案,结合认识层面的劝服诱导和公共交通奖励等手段,辅助交通使用者及其家庭成员自愿改变出行习惯,选择绿色、健康的出行方式,采用公交出行、共车出行、多目的出行等方案,实现“每人改变一点,城市交通大缓解”的政策目的。

作为软性的交通政策,"个人出行规划"的概念内涵和实践应用还在继续发展。其概念范畴到底是属于社会行销还是公共交通推广计划、是自愿改进交通行为计划,还是社会心理学及其行为策略、抑或是移动性管理,还存在争议。个人出行规划主要的特点有:

(1)个性化。个人行为规划不是在汇总信息的基础上制定一般标准的交通政策以调控需求,而是针对每一位交通使用者、每一项交通需求,制定个性化的出行方案;事前需要对参加者进行结构性访谈,力图揭示他们的动机、态度和期望值,为之制定最有用、最相关的信息和激励措施。

(2)深入、精细。个人行为规划制定个性化出行方案,是基于对交通需求特性的深入分析,从决策过程入手,发现行为改进的可能途径,精细到人,深入到每一项交通需求。

(3)软性政策。个人行为规划从现有交通习惯分析与主动提供更优出行选项,通过情境分析、影响评估等内容,多方促进、劝服、鼓励放弃已有出行习惯,自愿而非强制参加者选择更优交通方案。泰勒(Taylor,2007)指出:个人出行规划项目更多地强调使用信息提供、鼓励和建议等"胡萝卜"政策,而非管制、税费和空间管制等"大棒"政策。

(4)应用广泛。最早以缓解通勤交通为目的,个人出行规划已经发展成为服务通勤、就业,以及社区、学校、重大节事等特别交通需求的综合性交通调控政策。政策效果更加宽泛,显示出促进身心健康、促进社会互动、激发地方活力、创造就业机会、活跃地方经济、减缓环境变化、改善空气质量等多方面效应。

围绕着个性化、服务性,在自愿改进交通行为计划的大框架下,广义的个人出行规划在各国各地区表现出不同的实践形式和应用内容。根据服务对象和出行方案的差异,产生了诸如工作地出行规划,鼓励公司职员绿色通勤;学区出行规划,保障儿童和学生健康安全往返学校;社区汽车俱乐部,鼓励个人加入社区汽车俱乐部,推广社区公车;共车出行计划,鼓励多人共车出行,提高小汽车使用效率等形式(Cairns et al,2008)。

依据个人出行规划的思路,试图使参与者转变行为计划,合理利用城市空间,形成社会互动与凝聚社会资本。以行为政策为核心的个人行为规划也将成为新型的城市规划形态,实现存量空间的优化调整,用以克服居民活动决策与执行的黑箱效应与消极因素,有效转变居民的生活方式(图14-10)。

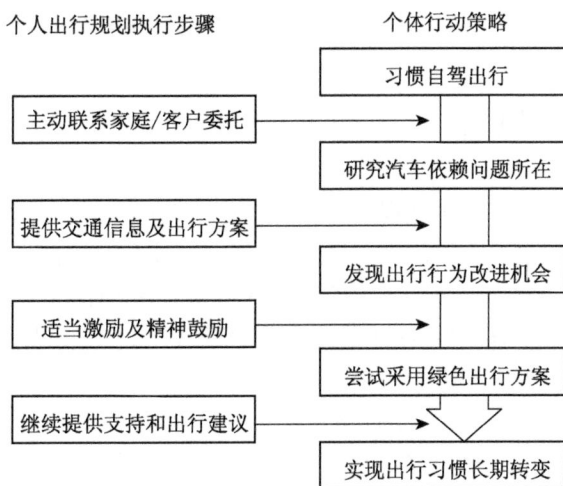

图14-10 行为政策的引导

14.3.4 规划实施路径

(1) 数据采集与分析:居民活动出行现状与偏好调查以及区域时空资源调查为后续规划提供数据基础。应该采用揭示偏好法与陈述偏好法,揭示居民日常出行的偏好,分析居民日常活动与出行的时间节奏与空间节奏,发现居民一日活动的制约因素,分析活动空间与潜在活动空间的关系,分析居民活动时空间结构,探讨区域内居民对各种设施的利用关系。

(2) 规划方案的形成:研究居民活动的依存关系,划分活动空间的圈层结构,探讨调整的方向。与社区机构、居民代表、民间组织、经济组织共同制定日常生活圈方案,形成日常生活圈的建设公约。同时,形成的方案应该交给各方人士组成的委员会进行审议,由委员会根据审议结果提出建议与意见。

(3) 方案的执行实施:突出土地利用与公共设施的时空混合,在空间维度上加强公共服务设施的量与质;并在时间维度上,增强公共服务设施的动态性。另一方面,面向居民,加强信息提供,结合说服、劝解以及经济措施等,推行行为方案,引导居民改变行为习惯,转变生活方式。

(4) 动态评估与反馈:根据规划的实施情况,进行动态的跟踪评估以及修订(图 14-11)。

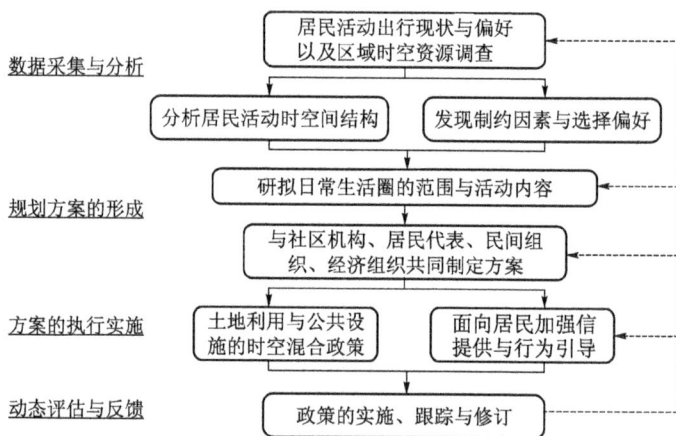

图 14-11 日常生活圈的规划实施路径

14.4 生活质量规划

城市空间的日常化促使城市规划越来越聚焦于日常空间的微调与塑造,服务于生活方式的建构。日常生活圈的规划,其目的在于建立"时空整合、行为化、服务化、自下而上"的规划模式。一方面,通过灵活的时空间政策,实现城市物质空间、社会空间与时间节奏的调整。另一方面,面向居民行为空间,推动个人出行规划以及家庭购物、休闲、游憩等时空间规划,服务于居民生活质量的提高。

作为社会性、政策性和公共性的服务,"生活圈规划"以个性化的日常行为与生活空间为对象,试图通过物质政策与行为政策、时间政策与空间政策,发现个人日常生活空间,解除时空制约,提高个人生活质量。其目标在于,以生活为中心,构筑理想的日常活动空间体系,形成理想的城市空间。新单位主义正是在建立了企业等多主体参与社区管理的原则之后,将日常生活圈规划作为组织日常生活的方法论。因此,新单位主义是一种强调生活空间营造的城市观点,旨在重新构筑中国城市居民的日常生活空间基本单元,重新组织整合中国城市居民日常活动的时空间体系。

15 中国城市的单位理论

在经历过多次曲折动荡的历史波动后,中国城市以崭新的姿态走向世界城市研究的舞台,有关中国城市发展转型的解释引发多学科、多视角的研究争鸣。如本书开篇所言,本书试图从单位研究的视角展开中国城市发展研究的叙述逻辑,将制度变化诱发下的城市社会与空间变迁置于"单位"的历史棱镜之下,以期折射中国城市发展的主线与支脉、历时性与关联性的图景,期待历史与现实的评析能够探索出转型前进的方向。从本书前面章节的分析来看,变迁中的单位制度从建政前的制度安排而来,更与新中国成立后曲折阔远的社会主义实践等深度融合,裹挟着传统的历史文化政治思想、实践中的浪漫主义与实用主义等,塑造了中国城市发展的历史连续性、特殊性与必然性。中国城市的社会、经济与空间的生产与演进都与单位制度的生命周期彼此共振,表现出丰富的历史内容与范畴,根植于中国城市的深厚土壤又与国外城市的发展遥相呼应,构成中国城市研究论说的事实与理论基础。本章试图在中国城市发展历时性的背景下,总结并检视从单位化到去单位化,再到新单位主义研究的核心内容,对未来单位视角下的中国城市研究进行展望,提出中国城市的单位理论。

15.1 中国城市发展的回顾与展望

15.1.1 回顾:从单位化到去单位化

1949 年新中国的成立开启了中国现代化建设新的时代,是中国城市发展史的重要节点(Lu,2006)。中国以社会主义现代化国家建设为目标,确立了变消费城市为生产城市的发展方针(薛凤旋,2009),并在社会主义改造和"一五"计划的过程中逐步确立了计划经济体制(黄新华,2005),在城市中集中体现为单位制度。空间方面,以北京为例,在老城区周围规划了 8 大郊区,并在更远的郊区布局了 10 个分散组团(薛凤旋,2009),形成了明显的圈层结构。在具体项目的建设过程中,依托单位分散建设。除就业外,单位还为职工及其家属提供了大量的社会福利(刘建军,2000a),形成了"单位办社会"的格局(Bjorklund,1986)。单位构成了城市生产组织、社会管理和居民服务的基本单元,事实上确立了"一切依靠单位、一起为了单位、从单位中来、到单位中去"的"单位路线"。

改革开放以来,转型发展成为中国城市发展的主要特征。制度方面,随着"以经济建设为中心""市场化"以及"双轨制与渐进式改革"等思想的确立,自利性与经济利益渗透在制度设计与政策的各个方面,改变了中国城市政体与行为逻辑(魏立华等,2006)。社会经济制度的去单位化驱动了城市化与城市空间重构,包括内城更新、郊区化驱动的城市蔓延等都带来了大规模、大体量的空间开发。20世纪80年代末的城市土地改革是转型期以来中国城市更新的重要转折点(Wu et al，2007)，土地用途从老旧住宅与工业用地迅速转向CBD、高档消费中心、商品房等空间形式的开发。随着开发区、大学城建设及工业和居住郊区化的快速推进，中国城市空间迅速扩张(Deng et al，2004；Liu et al，2005)。社会结构从总体性社会向分化性社会转变(孙立平等，1994)，以职业为基础的新的社会阶层分化机制逐渐取代了过去以政治身份、户口身份和行政身份等为依据的阶层划分(陆学艺，2003)。始于20世纪90年代的社区建设逐渐替代单位制，成为基层治理的落脚点(何海兵，2003)。去单位化与市场化相互交织，成为中国城市市场转型的主要特点。

15.1.2 展望：中国城市发展的挑战

市场逻辑下的中国城市空间重构，一方面提升了城市空间的利用效率，另一方面也引发了一系列问题，主要包括城市空间蔓延与土地资源大量消耗(Zhang，2000；Zhou et al，2000)，空间错位、通勤时间延长及碳排放增长(Wang et al，2011；孟斌等，2011)，居住空间分异与社会公正不足，邻里关系破坏与社区建设迟缓(He et al，2007)，生活方式转变与健康问题(Day et al，2013)，等等。如果用长周期的视角来看，这些问题属于市场化带来的人与人、人与自然之间的矛盾，暗示着社会的发展模式和基本取向的转向。从市场与社会的"双向运动"关系来说，则是要将"脱嵌"的市场重新嵌入社会关系中(Polanyi，2001)。社会化转型的含义也就是从市场社会中走出来，使社会的运行超越市场的逻辑。

社会化转型中最为迫切的是城市可持续发展和居民生活质量的提升。在空间上实现从蔓延到紧凑与功能混合，从空间错位向职住平衡转变，从空间极化向空间公正转变，从邻里破坏到"地方"重塑，这些转变有利于城市空间与社会的和谐、健康及永续发展。如何从城市发展的现状逐步实现社会化转型，不仅需要从理论上进行深入探讨，更需要具有操作性的路径与方案。西方城市为了应对城市可持续发展的问题，对城市发展模式进行了反思(雅各布斯，1992)，进而提出了精明增长、新城市主义、紧凑城市等理论(Danzig et al，1973；Nelson，2010)。对中国城市来说，不仅需要合理借鉴西方城市研究的理论成果，更需要从中国城市的发展历史中提出问题、汲取营养以及归纳构思。这不仅关乎城市化与现代化过程中的内生性，更是面向未来中国城市社会化转型的理论与实践需求。

15.2 中国城市研究的单位视角与框架

本书首先对比、分析了中国城市研究的视角，明确了单位视角在中国城市研究的定位及其特征，其后在中国城市发展的历史进程及未来动向分析的基础之上，提出了单位视角下中国城市研究的框架。首先，从源头上探讨了单位制度的内核及其多元表现形式，探讨单位制度的渊源与历史合理性；其次，有关中国城市发展的历程分析，侧重从变迁中的单位制度的角度，从内部分析的切入点对空间与社会等进行多维度的解读；最后，对城市未来发展的方向进行了总结，结合中国城市社会转型与生活空间体系的建设，阐发了"新单位主义"的立意目的、内容框架、治理设计与规划路径，以应对中国城市当前发展中的关键问题——全面提升城市发展的可持续性与居民的生活质量。

相对于中国城市单位研究的综合性、跨学科、多维度和历时性而言,本书还不足以满足新框架的内容需求。相对而言,从单位视角解读中国城市的发展历程方面还略显单薄,书中部分内容的分析只代表了某种观点和角度的审视,需要在宽度、厚度及内容的丰富性方面不断延展和拓宽。同时,制度方面的解读还需要从构建的思想及逻辑方面进一步加深。从城市发展的历程来说,城市发展模式演绎的逻辑、内在矛盾的转化也是深化中国城市单位研究的重要内容,对于把握中国城市发展的动向具有重要意义。另外,本书着重推出的新单位主义理论还需要进一步在实践中去应用,并进行必要的完善和补充。

15.3 中国城市的单位理论

单位视角下的中国城市研究涵盖广泛内容,跨越长时间的历史周期。实现单位研究的整体性目标还需要进一步的案例分析、经验累积及理论提升。从单位化、去单位化到新单位主义的研究只是单位视角下中国城市研究的一部分。下一阶段中国城市的单位理论研究需要深化不同城市发展模式下的单位特征与演化。

首先,中国城市的单位理论要在单位制度、空间与社会的解读方面增加新的研究角度,运用更多的理论对其展开分析,增加研究案例,丰富现有研究内容,从而拓宽、深化单位视角下中国城市的研究。其次,确立中国城市发展演绎的逻辑框架,从单位视角分析中国城市发展过程中主要矛盾的形成及转换,把握其内在的逻辑、脉络及走向。再者,单位的变迁与体制外力量的对比是中国城市单位理论的另一个重点。对比的内容涉及组织框架、空间模式、社会表现等关键部分。通过对比可以更清晰地把握中国城市转型的得失,明晰未来城市发展的取舍。最后,增强不同发展阶段城市发展模式的评价研究。评价围绕城市发展、居民生活两个角度展开,而评析的语境包括经过还原的"历史性"语境和未来城市发展走向的"未来"语境。

中文文献

安德鲁·沃尔德.1991.关于中国城市中工作单位制度的经济社会学研究[J].国外社会学,5:26-32.

安东尼·吉登斯.2000.第三条道路:社会民主主义的复兴[M].郑戈,译.北京:北京大学出版社.

埃莉诺·奥斯特罗姆.2012.公共事物的治理之道:集体行动制度的演进[M].余逊达,陈旭东,译.上海:上海译文出版社.

包路芳.2010.单位化的村庄——一个乡村变迁研究的视角[J].学术探索,(1):51-56.

包亚明.2003.现代性与空间的生产[M].上海:上海教育出版社.

边燕杰,约翰·罗根,卢汉龙,等.1996."单位制"与住房商品化[J].社会学研究,(1):83-95.

卞历南.2011.制度变迁的逻辑——中国现代国营企业制度之形成[M].杭州:浙江大学出版社.

布鲁斯.1989.社会主义的所有制与政治体制[M].郑秉文,等译.北京:华夏出版社.

曹锦清,陈中亚.1997.走出"理想"城堡:中国"单位"现象研究[M].深圳:海天出版社.

柴彦威,陈零极,张纯.2007.单位制度变迁:透视中国城市转型的重要视角[J].世界地理研究,16(4):60-69.

柴彦威,陈零极.2009b.中国城市单位居民的迁居:生命历程方法的解读[J].国际城市规划,24(5):7-14.

柴彦威,等.2014.空间行为与行为空间[M].南京:东南大学出版社.

柴彦威,龚华.2001.城市社会的时间地理学研究[J].北京大学学报(哲学社会科学版),38(5):17-24

柴彦威,刘志林,李峥嵘,等.2002.中国城市的时空间结构[M].北京:北京大学出版社.

柴彦威,刘志林,沈洁.2008.中国城市单位制度的变化及其影响[J].干旱区地理,31(2):155-163.

柴彦威,塔娜,毛子丹.2011.单位视角下的中国城市空间重构[J].现代城市研究,(3):3-9.

柴彦威,肖作鹏,张艳.2011.中国城市空间组织与规划转型的单位视角[J].城市规划学刊,(6):28-35.

柴彦威,田原裕子,李昌霞.2006.老年人居住迁移的地理学研究进展[J].地域研究与开发,25(3):109-115.

柴彦威,张纯.2009a.地理学视角下的城市单位:解读中国城市转型的钥匙[J].国际城市规划,24(5):2-6.

柴彦威,张艳.2010.应对全球气候变化重新审视中国城市单位社区[J].国际城市规划,25(1):20-24.

柴彦威.1996.以单位为基础的中国城市内部生活空间结构——兰州市的实证研究[J].地理研究,15(1):30-38.

柴彦威.1999.中日城市结构比较研究[M].北京:北京大学出版社.

柴彦威.2000.城市空间[M].北京:科学出版社.

柴彦威.2005.行为地理学研究的方法论问题[J].地域研究与开发,24(2):1-5.

柴彦威,等著.2010a.城市空间与消费者行为[M].南京:东南大学出版社.

柴彦威.2010b.中国城市老年人的活动空间[M].北京:科学出版社.

柴彦威.2012.城市地理学思想与方法[M].北京:科学出版社.

陈建华,谢媛.2007.服务业发展与国际化城市空间极化——以上海市为例[J].上海经济研究,(10):51,56-62.

陈丽瑛.1989.生活圈,都会区兴都市体系[J].经济前瞻,(16):127-128.

陈零极.2007.单位居民的迁居历程和单位社区演变研究——以北京市为例[D].北京:北京大学.

陈那波.2006.海外关于中国市场转型论争十五年文献述评[J].社会学研究:188-212.

陈倩.2007.从韦伯到施坚雅的中国城市研究[J].重庆大学学报,13(3):100-104.

陈青慧,徐培玮.1987.城市生活居住环境质量评价方法初探[J].城市规划,(5):52-58.

陈伟东,李雪萍.2003.社区治理与公民社会的发育[J].华中师范大学学报(人文社会科学版),42(1):27-33.

陈向明.2000.质的研究方法与社会科学研究[M].北京:教育科学出版社.

陈艳敏.2007.多中心治理理论:一种公共事物自主治理的制度理论[J].新疆社科论坛,(3):35-38.

陈宇山.2008.广东与亚洲四小龙的经济与科技实力差距分析[J].广东科技,(9):60-62.

迟福林.2012.二次转型与改革战略[M].海口:海南出版社.

崔月琴.2010.后单位时代社会管理组织基础的重构——以"中间社会"的构建为视角[J].学习与探讨,32(4):47-52.

邓晓梅.2002.从单位社区到城市社区[J].规划师,18(8):9-12.

董卫.1996.城市制度、城市更新与单位社会——市场经济以及当代中国城市制度的变迁[J].建筑学报,(12):30-38.

杜春兰.2012.单位大院的物质空间混合性研究——以北京石油大院为例[D].北京:北京大学.

樊纲.1995.中国的国有企业为什么亏损[J].价格与市场,(6):32.

范炜.2002.单位用地割据——当前城市管理中面临的难题[J].城市规划汇刊,(6):76-79.

菲利普·巴内翰,让·卡斯泰,让·夏尔·德保勒.2012.城市街区的解体——从奥斯曼到勒·柯布西耶[M].魏羽力,许昊,译.北京:中国建筑工业出版社.

冯健.2004.转型期中国城市内部空间重构[M].北京:科学出版社.

冯玲,李志远.2003.中国城市社区治理结构变迁的过程分析:基于资源配置视角[J].人文杂志,(1):133-138.

冯正民.2005.高铁 宣达一日生活圈时代来临 期全方位整合与行动 扩大正面效应[J].营建知讯,270:6-11.

辜胜阻,李正友.1998.中国自下而上城镇化的制度分析[J].中国社会科学,(2):60-70.

谷志莲,柴彦威.2013.老龄化社会背景下单位社区的"宜老性"研究——以北京大学燕东园社区为例[J].城市发展研究,19(1):89-96.

郭风英.2007.单位社区的终结和社区治理的转型——以湖北省 X 市 L 集团三个社区为个案[J].湖北社会科学:59-62.

郭湛.1998.单位社会化 城市现代化——浅谈单位体制对我国现代城市的影响[J].城市规划汇刊,(6):60-65.

郭忠华.2004.转换与支配:吉登斯权力思想的诠释[J].学海,(3):48-54.

韩兴雨,孙其昂.2012.现代化语境中城市社区治理转型之路[J].江苏社会科学,33(1):145-150.

韩秀琦,等.2003.当代居住小区规划设计方案精选(第 3 集)[M].北京:中国建筑工业出版社.

郝彦辉,刘威.2006.制度变迁与社区公共物品生产——从"单位制"到"社区制"[J].城市发展研究,13(5):64-70.

何海兵.2003.中国城市基层社会管理体制的变迁:从单位制、街居制到社区制[J].管理世界,(6):52-62.

何晓斌.2002.市场转型理论及其发展[J].社会,(12):26-30.

何晓玲.2004.一个企业参与社区管理的实验:关于百步亭花园与常青花园社区管理体制的调查[J].社区,7(13):4-6.

何亚群,王明生.2005.单位体制与社区体制:当前我国城市社会整合的二元模式探析[J].广东社会科学,(6):148-152.

何艳玲.2005.后单位制时期街区集体抗争的产生及其逻辑——对一次街区集体抗争事件的实证分析[J].公共管理学报,2(3):36-41.

何重达,吕斌.2007.中国单位制度社会功能的变迁[J].城市问题,(11):48-56.

和泉润.2004.日本区域开发政策的变迁[J].王郁,译.国外城市规划,19(3):5-13.

赫勒.2010.日常生活[M].衣俊卿,译.哈尔滨:黑龙江大学出版社.

胡伟,李汉林.2003.单位作为一种制度——关于单位研究的一种视角[J].江苏社会科学,24(6):68-76.

华揽洪.2006.重建中国:城市规划三十年(1949—1979)[M].李颖,译.北京:生活·读书·新知三联书店.

华伟.2000.单位制向社区制的回归——中国城市基层管理体制 50 年变迁[J].战略与管理,8(1):86-99.

黄仁宇.2007.放宽历史的视界[M].北京:生活·读书·新知三联书店.

黄新华.2005.中国经济体制改革的制度分析[M].北京:中国文史出版社.

季珏,高晓路.2012.基于居民日常出行的生活空间单元的划分[J].地理科学进展,31(2):248-254.

江小涓.1995.国有企业严重亏损的非体制因素探讨[J].中国工业经济,(1):43-46.

姜东成.2007.元大都孔庙、国子学的建筑模式与基址规模探析[J].故宫博物院院刊,(2):

10-27,155.

揭爱花.2000.单位:一种特殊的社会生活空间[J].浙江大学学报(人文社会科学版),
　　30(5):76-84.

雷洁琼.2001.转型中的城市基层社区组织:北京市基层社区组织与社区发展研究[M].北
　　京:北京大学出版社.

卡米诺·西特.1990.城市建设艺术——遵循艺术原则进行城市建设[M].仲德昆,译.南
　　京:东南大学出版社.

李帆.1998.韦伯学说与美国的中国研究——以费正清为例[J].近代史研究,(4):
　　2,242-257.

李光.2002.百步亭花园社区的运行机制[J].学习与实践,(5):27-29.

李国平,卢明华.2002.北京建设世界城市模式与政策导向的初步研究[J].地理科学,(3):
　　263-269.

李汉林,李路路.1999.资源交换——中国单位组织中的依赖性结构[J].社会学研究,(4):
　　44-63.

李汉林,渠敬东,夏传玲,等.2005.组织和制度变迁的社会过程——一种拟议的综合分析
　　[J].中国社会科学,(1):94-108,207.

李汉林,渠敬东.2002.制度规范行为——关于单位的研究与思考[J].社会学研究,(5):1
　　-22.

李汉林.1993.中国单位现象与城市社区的整合机制[J].社会学研究,5(9):23-32.

李汉林.2004.中国的单位社会:议论、思考与研究[M].上海:世纪出版集团,上海人民出
　　版社.

李汉林.2007.转型社会中的整合与控制——关于中国单位制度变迁的思考[J].吉林大学
　　社会科学学报,47(4):46-55.

李汉林.2008.变迁中的中国单位制度:回顾中的思考[J].社会,(3):31-40.

李宏铎.1956.百万庄住宅区和国棉一厂生活区调查[J].建筑学报,(6):19-28,67.

李建平.2012."优质生活圈"空间结构模式探讨[J].中华建设,(8):82-83.

李路路.2002.论"单位"研究[J].社会学研究,(5):23-32.

李路路,李汉林,王奋宇.1994.中国的单位现象与体制改革[J].中国社会科学季刊(香
　　港),(6):5-16.

李路路,李汉林.1999.单位组织中的资源获得[J].中国社会科学,(6):90-105.

李路路,李汉林.2000.中国的单位组织:资源、权力与交换[M].杭州:浙江人民出版社.

李路路,李汉林.2000.单位组织中的资源获取与行动方式[J].东南学术,(2):18-23.

李路路,苗大雷,王修晓.2009.市场转型与"单位"变迁:再论"单位"研究[J].社会学研究,
　　29(4):1-25.

李路路.2009.30年中国社会结构变革的独特路径[J].人民论坛,(5):50-51.

李猛,周飞舟,李康.1996.单位:制度化组织的内部机制[J].中国社会科学季刊(香港),
　　(16):135-167.

李培林.2001.社会生活支持网络:从单位到社区的转变[J].江苏社会科学,22(1):53-55.

李培林.2004.村落的终结[M].北京:商务印书馆.

李萍,罗宁.2003."世界工厂"与中国制造业发展定位:理论分析与事实观察[J].社会科学
　　研究,(4):51-55.

李强.2008.改革开放30年来中国社会分层结构的变迁[J].北京社会科学,(5):47-60.

李唯一.1991.中国工资制度[M].北京:中国劳动出版社.

李洋.2008.西安市大院型住区与现代社区的比较研究[D].西安:西安建筑科技大学.

李业锦,王敏.2012.基于日常生活圈的北京市老年人生活宜居性研究——以什刹海地区为例[J].城市建设理论研究,(34):15-19.

李之吉.2007.单位职工社区中的集体主义生活——东北老工业区居住建筑格局的变迁[J].时代建筑,(6):30-33.

李志刚,薛德升,杜枫,等.2009.全球化下"跨国移民社会空间"的地方响应——以广州小北黑人区为例[J].地理研究,4(28):920-932.

林流.1997.新时期社区建设与管理[M].上海:上海人民出版社.

林毅夫,蔡昉,李周.1994.中国的奇迹:发展战略与经济改革[M].上海:上海三联书店.

林子瑜.1984.地方生活圈规划与实施问题之探讨[J].都市与计划,(11):175-187.

刘波.2011.当代中国集体主义模式演进研究[D].上海:复旦大学.

刘国光.2002.改革开放前的中国的经济发展和经济体制[J].中共党史研究,(4):16-19.

刘建军.2000a 单位中国:社会调控体系中的个人、组织与国家[M].天津:天津人民出版社.

刘建军.2000b 中国单位体制的构建与"革命后社会"的整合[J].云南行政学院学报,(5):24-30.

刘建军.2003.跨单位组织:"后单位社会"的治理结构[J].探索与争鸣,(8):17-19.

刘健君,穆芷.2010.桃源居,创中国"物改"之先河[J].社会与公益,(9):42-45.

刘君德,靳润成,张俊芳.2004.中国社区地理[M].北京:科学出版社.

刘鹏九,苗丙雪.1995.明清县衙建筑考略[J].古建园林技术,(4):47-53.

刘平,王汉生,张笑会.2008.变动的单位制与体制内的分化——以限制介入性大型国有企业为例[J].社会学研究,(3):56-80.

刘润忠.2005.试析结构功能主义及其社会理论[J].天津社会科学,(5):52-56.

刘天宝,柴彦威.2012.结构主义视角下中国城市单位制的形成逻辑[J].人文地理,(1):34-38.

刘天宝,柴彦威.2012.地理学视角下单位制研究进展[J].地理科学进展,31(4):527-534.

刘天宝,柴彦威.2012.转型期中国城市单位空间的重构及其机理:京棉二厂为例[C].开封:中国地理学会2012年学术年会.

刘天宝,柴彦威.2012d.中国城市单位制形成的影响因素[J].城市发展研究,(7):53-60.

刘望保,陈忠暖,闫小培.2009.转型期广州市居住迁移的分阶段比较[J].热带地理,29(2):123-128.

刘威.2010.街区邻里政治的动员路径与二重维度——以社区居委会为中心的分析[J].浙江社会科学,(4):53-60.

卢汉龙,李骏.2005.社区建设的历史、现状与未来[J].学习与实践,22(11):27-32.

卢汉龙.1999.单位与社区:中国城市社会生活的组织重建[J].社会科学,(2):52-55.

鲁哲.2008.论现代市民社会的城市治理[M].北京:中国社会科学出版社.

陆书至.1992.日本全国综合开发的产生和效果[J].地理学与国土研究,8(1):50-54.

陆晓文,田晓红,刘汶蓉,等.2004.非典期间上海民众心理、行为特点调查及思考[M]//尹继佐.2004年上海社会报告书.上海:上海社会科学院出版社.

陆学艺.2003.当代中国社会阶层的分化与流动[J].江苏社会科学,(4):1-9.

陆益龙.2002.1949年后的中国户籍制度:结构与变迁[J].北京大学学报(哲学社会科学

版),39(2):123-130.

路风.1989.单位:一种特殊的社会组织形式[J].中国社会科学,(1):71-88.

路风.1993.中国单位体制的起源和形成[J].中国社会科学季刊(香港),(5):66-87.

吕恒立.2002.试论公共产品的私人供给[J].天津师范大学学报,(3):2-5.

罗纳德·哈里·科斯,王宁.2013.变革中国:市场经济的中国之路[M].徐尧,李哲民,译.
    北京:中信出版社.

罗小龙.2009.转型中国的地方管治:海外学者的观点[J].人文地理,(6):24-35.

罗震东.2007.秩序、城市治理与大都市规划理论的发展[J].城市规划,(12):20-25.

马卫红,桂勇.2008.从控制到治理——社会转型与城市基层组织框架的变迁[J].华中科
    技大学学报(社会科学版),22(5):78-84.

马学理,张秀兰.2001.中国社区建设发展之路[M].北京:红旗出版社.

芒福德.2004.城市发展史[M].宋俊岭,倪文彦,译.北京:中国建筑工业出版社.

毛泽东.1977.毛泽东选集(第五卷)[M].北京:人民出版社.

毛子丹.2013.单位社区治理模式演变及其对居民日常生活的影响——以北京毛纺南社区
    为案例[D].北京:北京大学.

孟斌,郑丽敏,于慧丽.2011.北京城市居民通勤时间变化及影响因素[J].地理科学进展,
    30(10):1218-1224.

孟庆波,刘彩艳.2012.美国中国城市研究及年鉴学派的影响[J].河北联合大学学报(社会
    科学版),(6):8-10.

潘海啸,汤諹,吴锦瑜,等.2008.中国"低碳城市"的空间规划策略[J].城市规划学刊,(6):
    57-64.

彭勃.2006.国家权力与城市空间:当代中国城市基层社会治理变革[J].社会科学,28(9):
    74-81.

彭穗宁.1997.市民的再社会化:由"单位人"、"新单位人"到"社区人"[J].天府新论,(6):
    49-53.

乔良.2009."强单位"社区转型问题研究[J].西南交通大学学报(社会科学版),10
    (5):87-90.

乔永学.2004.北京"单位大院"的历史变迁及其对北京城市空间的影响[J].华中建筑,22:
    91-95.

全毅.2012.跨越"中等收入陷阱":东亚的经验及启示[J].世界经济研究,(2):70-75,89.

任绍斌.2002.单位的分解蜕变及单位大院与城市用地空间的整合[J].规划师,18
    (11):60-63.

任学丽.2010.单位制度的初始意图与意外后果[J].理论探索,(5):111-114.

单霞,唐二春,姚红,等,2004.城镇居住体系的构建——以昆山市为例[J].城市环境与城
    市生态,17(6):33-36

史柏年.2006.治理:社区建设的新视野[J].社会工作(学术版),(7):4-10.

史泰丽,银温泉.1995.中国的国有企业为什么亏损[J].经济研究,(4):21-28.

史云贵.2013.当前我国城市社区治理的现状、问题与若干思考[J].上海行政学院学报,
    (2):88-97.

孙德芳,沈山,武廷海.2012.生活圈理论视角下的县域公共服务设施配置研究——以江苏
    省邳州市为例[J].规划师,28(8):68-72.

孙立平,郭于华,毕向阳,等.2004.从单位制到社区制的转型过程——以北京市的三个社

区为例[Z].北京:"去单位化过程——北京市从单位到社区的功能替代问题研究"课题组.

孙立平,李强,沈原.1998.中国社会结构转型的中近期趋势与隐患[J].战略与管理,(5):1-17.

孙立平,王汉生,王思斌.1994.改革以来中国社会结构的变迁[J].中国社会科学,(2):47-62.

孙立平.1991.后发外生型现代化模式剖析[J].中国社会科学,(2):213-223.

孙立平.1993.总体性社会研究——对改革前中国社会结构的概要分析[J].中国社会科学季刊,(1):25-29.

孙立平.2002.实践社会学与市场转型过程分析[J].中国社会科学,(5):83-96.

孙立平.2004.转型与断裂:改革以来中国社会结构的变迁[M].北京:清华大学出版社.

孙立平.2008.社会转型:发展社会学的新议题[J].开放时代,(2):57-72.

塔娜,柴彦威,刘志林.2012.单位社区杂化过程与城市性的构建[J].人文地理,27(3):39-43.

谭文勇.2006.单位社区——回顾、思考与启示[D].重庆:重庆大学.

汤明磊.2012."单位回潮"现象分析:成因、效应与对策[J].中共南京市委党校学报,(3):33-38.

陶海洋.2007.依附理论的发展及其主要观点[J].社会主义研究,(5):95-98.

陶希东.2010.中国特大城市社会治理模式及机制重建策略[J].社会科学,32(11):78-86.

田锡全.2007.1953年粮食危机与统购统销政策的出台[J].华东师范大学学报(哲学社会科学版),39(5):54-60.

田野正辉.2010.1950年代以来日本城市地理学进展与展望[J].刘云刚,谭宇文,译.城市与区域规划研究,(2):118-131.

田毅鹏,刘杰.2010."单位社会"历史地位的再评价[J].学习与探索,(4):41-46.

田毅鹏,吕方.2009.单位社会的终结及其社会风险[J].吉林大学社会科学学报,(6):17-23.

田毅鹏,漆思.2005."单位社会"的终结:东北老工业基地"典型单位制"背景下的社区建设[M].北京:社会科学文献出版社.

田毅鹏.2004."典型单位制"对东北老工业基地社区发展的制约[J].吉林大学社会科学学报,49(4):97-102.

田毅鹏.2007.单位制度变迁与集体认同的重构[J].江海学刊,(1):118-124.

田毅鹏.2009.转型期中国社会原子化动向及其对社会工作的挑战[J].社会科学,(7):71-75.

田毅鹏.2012.转型期中国城市社会管理之痛——以社会原子化为分析视角[J].探索与争鸣,(12):65-69.

汪定曾.1956.上海曹杨新村住宅区的规划设计[J].建筑学报,(3):1-15.

汪海波.2005.中国国有企业改革的实践进程(1979—2003年)[J].中国经济史研究,(3):103-112.

汪和建.2006.自我行动的逻辑——理解"新传统主义"与中国单位组织的真实的社会构建[J].社会,26:24-47.

汪民安.2006.空间生产的政治经济学[J].国外理论动态,(1):46-52.

汪原.2009.零度化与日常都市主义策略[J].新建筑,(6):26-29.

王德,朱玮,黄万枢.2004.南京东路消费行为的空间特征分析[J].城市规划汇刊,(1):31-36,95.

王沪宁.1990.社会资源总量与社会调控:中国意义[J].复旦学报(社会科学版),4:2-11,35.

王慧.2003.开发区与城市相互关系的内在肌理及空间效应[J].城市规划,27(3):20-25.

王建民.2006.去单位化、社区记忆的缺失与重建——资源枯竭型城市社区建设的社会学分析[J].甘肃社会科学,(6):50-52.

王军.2003.城记[M].上海:三联书店.

王乐,梁江.2010.单位大院的形态演变模式分析[J].华中建筑,(7):151-154.

王美琴,李学迎.2011.城市住房体制改革与传统单位社区的底层化[J].山东社会科学,(4):80-85.

王兴中.1995.中国内陆中心城市日常城市体系及其范围界定——以西安为例[J].人文地理,(1):1-13.

王兴中.2004.中国城市生活空间结构研究[M].北京:科学出版社.

王运良.2012.文物保护单位制度与中国的单位思想——新中国文物保护制度的背景考察之二[J].中国文物科学研究,(2):7-10,16.

王志弘.1998.流动、空间与社会[M].台北:田园城市文化事业有限公司.

魏昂德(Walder A).1996.共产党社会的新传统主义——中国工业中的工作环境和权力结构[M].龚小夏,译.香港:牛津大学出版社.

魏立华,丛艳国.2006."自利性"户籍制度对中国城市社会空间演进的影响机制分析[J].规划师,(6):68-71.

魏娜.2003.我国城市社区治理模式:发展演变与制度创新[J].中国人民大学学报,(1):135-140.

吴缚龙,马润朝,张京祥.2007.转型与重构:中国城市发展多维透视[M].南京:东南大学出版社.

吴缚龙.2002.市场经济转型中的中国城市管治[J].城市规划,26(9):33-35.

吴缚龙.2006.中国的城市化与"新"城市主义[J].城市规划,30(8):19-23.

吴缚龙.2008.超越渐进主义:中国的城市革命与崛起的城市[J].城市规划学刊,(1):18-22.

吴良镛.2006.张謇与南通"中国近代第一城"[M].北京:中国建筑工业出版社.

吴启焰,崔功豪.1999.南京市居住空间分异特征及其形成机制[J].城市规划,(12):23-35.

吴清军.2008.市场转型时期国企工人的群体认同与阶级意识[J].社会学研究,(6):58-79.

吴庆华.2008.社区阶层化:后单位社会城市社区变异的必然趋势[J].学术交流,(10):135-137.

吴瑞安.2005.永续运输时代下生活圈道路系统建设计划之评估模式探讨[D].高雄:高雄大学.

武中哲,刘绛华.2009.单位制度变革与城镇住房保障政策选择[J].求实,(11):37-41.

肖立斌.2003.毛泽东的社会主义道德教育思想与实践[J].贵州大学学报(社会科学版),21(1):14-17.

肖勤福.2011.社区服务型自治的桃源居模式[J].决策,(7):64-65.

肖作鹏,柴彦威.2014.产权实践视角下单位大院的物质空间演变——以北京化工大院为例[J].城市发展研究,21(4):105-112.

肖作鹏.2013.单位制度与中国城市主义的演进过程与特征研究[D].北京:北京大学.

辛晚教.1995.台澎金马文化生活圈及文化展演设施规划[J].城市发展研究,(5):56-59.

熊薇,徐逸伦.2010.基于公共设施角度的城市人居环境研究——以南京市为例[J].现代城市研究,(12):35-42.

徐涵,徐逸伦,姚江春,等.2008.打造"优质生活圈",建构大珠三角宜居城镇群[J].城市规划,32(11):24-28.

许纪霖,陈达凯.1991.中国现代化史[M].上海:学林出版社.

许晓霞,柴彦威,颜亚宁.2010.郊区巨型社区的活动空间:基于北京市的调查[J].城市发展研究,17(11):41-49.

许学强,胡华颖,叶嘉安.1989.广州社会空间结构的因子分析研究[J].地理学报,44(4):385-396.

薛凤旋.2002.中国城市与城市发展理论的历史[J].地理学报,57(6):723-730.

薛凤旋.2009.中国城市及其文明演变[M].香港:三联书店(香港)有限公司.

简·雅各布斯.2006.美国大城市的死与生[M].金衡山,译.南京:译林出版社.

闫小培.1999.改革开放以来广州城市社会结构变化研究[J].中山大学学报(社会科学版),(2):71-79.

杨保军,赵群毅,查克,等.2011.海南发展的战略转型与空间应对:写在"国际旅游岛"建设之初[J].城市规划学刊,(2):8-15.

杨保军,赵群毅.2012.城乡经济社会发展一体化规划的探索与思考——以海南实践为例[J].城市规划,36(3):38-44.

杨辰.2009.日常生活空间的制度化——20世纪50年代上海工人新村的空间分析框架[J].同济大学学报(社会科学版),20(6):38-45.

杨辰.2011.社会主义城市的空间实践——上海工人新村(1949—1978)[J].人文地理,(3):35-40,64.

杨东峰,殷成志.2013.可持续城市理论的概念模型辨析:基于"目标定位—运行机制"的分析框架[J].城市规划学刊,(2):39-45.

杨丽萍.2006.从非单位到单位——上海非单位人群组织化研究(1949—1962)[D].上海:华东师范大学.

杨宗棋.2004.台中都会区地方生活圈通勤就业活动空间分布之研究[D].台中:逢甲大学.

叶麒麟.2008.中国单位制度变迁——一种历史制度分析的视角[J].华东理工大学学报(社会科学版),(4):66-71.

叶昱.2010.单位社区演变与转型中的城市社会生活——北京京棉二厂的案例[D].北京:北京大学.

易晋.2009.我国城市社区治理变革与社会资本研究(1978—2008)——一种制度变迁的分析视角[D].上海:复旦大学.

于蕾,沈桂龙.2003."世界工厂"与经济全球化下中国国际分工地位[J].世界经济研究,(4):35-38.

于文波,王竹,孟海宁.2007.中国的"单位制社区"vs美国的TOD社区[J].城市规划,31(5):57-61.

于燕燕.2007.社区公共服务模式的思考——百步亭社区公共服务的启示[J].学习与实

践,(7):119-125.

俞孔坚,方琬丽.2006.中国工业遗产初探[J].建筑学报,(9):12-15.

虞和平.2007.中国现代化历程[M].南京:江苏人民出版社.

袁家冬,孙振杰,张娜,等.2005.基于"日常生活圈"的我国城市地域系统的重建[J].地理科学,(1):17-22.

翟国方.2009.日本国土规划的演变及启示[J].国际城市规划,24(4):85-90.

张宝锋.2005.城市社区参与动力缺失原因探源[J].河南社会科学,13(4):22-25.

张纯,柴彦威,陈零极.2009.从单位社区到城市社区的演替:北京同仁堂的案例[J].国际城市规划,24(5):33-36.

张纯,柴彦威.2009.中国城市单位社区的空间演化:空间形态与土地利用[J].国际城市规划,(5):28-32.

张帆.2006.单位大院的分解之路(之一)[J].北京规划建设,(2):67-70.

张鸿雁,殷京生.2000.当代中国城市社区社会结构变迁论[J].东南大学学报(哲学社会科学版),(4):32-41.

张杰,吕杰.2003.从大尺度城市设计到日常生活空间[J].城市规划,27(9):40-45.

张文忠,刘旺,李业锦.2003.北京城市内部居住空间分布与居民居住区位偏好[J].地理研究,22(6):751-759.

张五常.2009.中国的经济制度[M].北京:中信出版社.

张秀兰,徐晓新.2012.社区:微观组织建设与社会管理——后单位制时代的社会政策视角[J].清华大学学报(哲学社会科学版),27(1):30-38.

张秀生.2002.百步亭花园社区的建设与管理体制[J].学习与实践,(5):25-27.

张亚萍.1999.中国城镇住房制度改革的重大突破[M].南宁:广西师范大学出版社.

张艳,柴彦威,周千钧.2009.中国城市单位大院的空间性及其变化:北京京棉二厂的案例[J].国际城市规划,24(5):20-27.

张艳,柴彦威.2009.基于居住区比较的北京城市通勤研究[J].地理研究,28(5):1327-1340.

张艳国,胡盛仪,李广平.2010.社会生活共同体建设中的百步亭发展之路:武汉市百步亭花园社区调查[J].江汉论坛,(6):127-133.

赵守谅,陈婷婷.2011.面向简约型生活方式的城市规划[J].城市规划,35(3):19-20.

赵燕菁.2003.经济转型过程中的户籍制度改革[J].城市规划汇刊,(1):16-20.

郑杭生.2002.关于我国城市社会阶层划分的几个问题[J].江苏社会科学,(2):3-6.

周建国.2009.单位制与共同体:一种可重拾的美德[J].浙江学刊,(4):174-179.

周其仁.2010.中国做对了什么[M].北京:北京大学出版社.

周一星,孟延春.1997.沈阳的郊区化——兼论中西方郊区化的比较[J].地理学报,52(4):289-299.

周一星.2000.新世纪中国国际城市的展望[J].管理世界,(3):18-25.

周怡.2000.社会结构:由"形构"到"解构"——结构功能主义、结构主义和后结构主义理论之走向[J].社会学研究,(3):55-66.

周翼虎,杨晓民.1999.中国单位制度[M].北京:中国经济出版社.

周运清.2002.百步亭花园社区:企业经营社区的实践与创新[J].学习与实践,(5):29-30.

朱查松,王德,马力.2010.基于生活圈的城乡公共服务设施配置研究——以仙桃为例[A].2010中国城市规划年会.

朱玮,王德,齐藤参郎. 2006. 南京东路消费者的回游消费行为研究[J]. 城市规划,(2):9-17.

朱文一. 1998. 空间·符号·城市:一种城市设计理论[M]. 北京:中国建筑工业出版社.

朱一荣. 2009. 韩国住区规划的发展及其启示[J]. 国际城市规划,24(5):106-110.

邹谠. 1994. 二十世纪中国政治:从宏观历史与微观行动的角度看[M]. 香港:牛津大学出版社.

日文文献

北川建次. 1976. 広域中心地の研究[M]. 東京:大明堂.

柴彦威,劉志林. 2003. 中国都市における単位制度の変化と生活活動および都市構造への影響[J]. 東京大学人文地理学研究,(16):55-78.

柴彦威. 1991. 中国都市の内部地域構造——蘭州を例として[J]. 人文地理,43(6):1-17.

柴彦威. 1993. 中国都市の内部地域構造と市民生活[J]. 日本都市学会年報,(27):9-12.

柴彦威. 1994. 中国都市住民の日常生活における活動空間——蘭州市を例として[J]. 地理科学,49(1):1-24.

柴彦威. 1997. 中国都市における内部地域構造の特徴と変容[M]//森川洋. 都市と地域構造. 東京:大明堂.

川口太郎. 1990. 大都市圏の構造変化と郊外[J]. 地域学研究,(3):101-113.

久保貞,増田昇,安部大就,等. 1989. 反応行動を通じた緑地計画に対する時間次元からのアプローチ[J]. 造園雑誌,49(5):203-208.

森川洋. 2009. 「二層の広域圏」の「生活圏域」構想に関する考察と提言[J]. 人文地理,61(2):111-125.

石水照雄. 1990. 城市空间体系[M]. 東京:古今书院.

山下克彦. 1970. 岩手県大船渡、陸前高田市の生活圏[J]. 東北地理,22(1):6-11.

藤井正. 1985. 大都市圏における中心都市通勤率の低下現象の検討—日常生活圏の変化との関連において—[J]. 京都大学教養部(人文),(31):141-143.

藤井正. 1990. 大都市圏における地域構造研究の展望[J]. 人文地理,42(6):40-62.

小出武. 1953. 長野市の生活関係圏[J]. 地理評,(26):145-154.

小野忠熙. 1969. 周防地方における生活地域構造[J]. 人文地理,3(3):40-49.

英文文献

Ajzen I. 1991. The theory of planned behavior[J]. Organizational Behavior and Human Decision Processes,50:179-211.

Allen J. 2003. Lost Geographies of Power[M]. New Jersey:John Wiley & Sons.

Amin A, Graham S. 1999. The ordinary city[J]. Transactions of the Institute of British Geographers,22:411-429.

Amsden A H. 2001. The Rise of the Rest:Challenges to the West from Late-Industrializing Economies[M]. Oxford:Oxford University Press.

Arendt R G. 1996. Creative Design for Subdivisions:a Practical Guide to Creating Open Space Networks [M]. Washington DC:Island Press.

Audirac A, Shermyen A. 1994. An evaluation of neotraditional design's social prescription:Postmodern placebo or remedy for suburban malaise[J]. Journal of Planning Education and Research,13 (2):161-173.

Bian Y, Logan J R. 1996. Market transition and the persistence of power: the changing stratification system in urban China[J]. American Sociological Review, 61(5): 739-758.

Bjorklund E M. 1986. The Danwei: social-spatial characteristic of work units in China's urban society [J]. Economic Geography, 62(1):19-29.

Bookout L W. 1992. Neotraditional town planning: a new vision for the suburbs[J]. Urban Land, 51(1):20-26.

Bray D. 2005. Social Space and Governance in Urban China: the Danwei System from Origins to Reform[M]. New York: Stanford University Press.

Bray D. 2006. Building community: new strategies of governance in urban China[J]. Economy and Society, 35(4):530-549.

Brenner N. 2004. New State Spaces: Urban Governance and the Rescaling of Statehood [M]. Oxford: Oxford University Press.

Brenner N, Theodore N. 2002. Cities and the geographies of actually existing neoliberalism [J]. Antipode, 34(3):349-379.

Cairns S, Sloman L, Newson C. 2008. Smarter choices: a ssessing the potential to achieve traffic reduction using soft measures[J]. Transport Reviews, 28:593-618.

Caldeira T P R. 1996. Fortified enclaves: the new urban segregation[J]. Public Culture, 8 (2):303-328.

Carthope P. 1993. The Next American Metropolis: Ecology, Community, and the American Dream[M]. New York: Princeton Architectural Press.

Chan K W, Zhang L. 1999. The Hukou system and rural-urban migration in China: processes and changes[J]. The China Quarterly, (160):818-855.

Chaskin R J, Garg S. 1997. The issue of governance in neighborhood-based initiatives[J]. Urban Affairs Review, 32 (5):631-661.

Chen A, Liu G G, Zhang K H. 2004. Urban transformation in China[M]. Burlington: Ashgate Publishing Company.

Choay F. 1969. The Modern City: Planning in the 19th Century[M]. New York: George Braziller.

Coase R H. 1974. The lighthouse in economics[J]. Journal of Law and Economics, 17(2): 357-376.

Coleman R. 2004. Reclaiming the Streets: Surveillance, Social Control and the City[M]. Cullompton: Willan Publishing.

Danzig G, Saaty T. 1973. Compact City: a Plan For a Liveable Urban Environment[M]. San Francisco: Freeman and Company.

Day K, Alfonzo M, Chen Y, et al. 2013. Overweight, obesity, and inactivity and urban design in rapidly growing Chinese cities[J]. Health & Place, 21:29-38.

Demsetz H. 1970. The private production of public goods[J]. Journal of law and Economics, 13(2):293-306.

Deng F, Huang Y. 2004. Uneven land reform and urban sprawl in China: the case of Beijing[J]. Progress in Planning, 61:211-236.

Dickson B J. 1992. What explains Chinese political behavior? The debate over structure and culture[J]. Comparative Politics, 25(1):103-118.

Downs A. 1994. New Visions for Metropolitan America[M]. Washington DC: The Brookings Institution.

Ellegard K. 1999. A time-geographical approach to the study of everyday life of individuals: a challenge of complexity[J]. GeoJournal, (48):167-175.

Ellegard K, Vilhelmsson B. 2004. Home as a pocket of local order: everyday activities and the friction of distance[J]. Geografiska Annaler, Series B: Human Geography, 86 (4):281-296.

Eng I. 1997. The rise of manufacturing towns: externally driven industrialization and urban development in the Pearl River Delta of China[J]. International Journal of Urban and Regional Research, 21(4):554-568.

Foucault M. 1979. Discipline and Punish: the Birth of the Prison[M]. Trans. by Alan Sheridan. Harmondsworth: Penguin.

Francis C. 1996. Reproduction of Danwei institutional features in the context of China's market economy: the case of Haidian District's hi-tech sector[J]. The China Quarterly, 147:839-859.

Friedmann J. 2005. China's Urban Transition[M]. Minneapolis: University of Minnesota Press.

Friedmann J. 2006. Four theses in the study of China's urbanization[J]. International Journal of Urban and Regional Research, 30(2):440-451.

Gavron D. 2000. The Kibbutz: a Wakening from Utopia[M]. Lanham: Rowman & Littlefield.

Giddens A. 1979. Central Problems in Social Theory: Action, Structure, and Contradiction in Social Analysis[M]. Berkeley: University of California Press.

Giddens A. 1982a. Profiles and Critiques in Social Theory[M]. London: The Macmillan Press Ltd.

Giddens A. 1982b. Central Problems in Social Theory[M]. London: The Macmillan Press Ltd.

Giddens A. 1982c. Classes and the Division of Labor[M]. London: Cambridge University Press.

Giroir G. 2003. Gated Communities, Clubs in a Club System: the Case of Beijing (China) [C]. Proceedings of the International Conference on Gated Communities, Glasgow: Department of Urban Studies.

Goldin K D. 1979. Equal access vs selective access: a critique of public goods theory[J]. Public Choice, 29(1):53-71.

Green H. 2010. The Company Town: the Industrial Edens and Satanic Mills That Shaped the American Economy[M]. New York: Basic Books.

Hägerstrand T. 1982. Diorama, path and project[J]. Tijdschriftvoor Economische en Sociale Geografie, 73:323-339.

Hall P. 1988. Cities of Tomorrow: an Intellectual History of Urban Planning and Design in the Twentieth Century[M]. Oxford: Basil Blackwell.

Hareven T. 1993. Family Time and Industrial Time: the Relationship Between the Family and Work in a New England Industrial Community[M]. Lanham：University Press of America.

Harvey D. 1989. From managerialism to entrepreneurialism：the transformation of urban governance in late capitalism[J]. Geografiska Annaler，71(B)：3-17.

Harvey D. 2005. A Brief History of Neoliberalism[M]. Oxford：Oxford University Press.

Harvey W A. 1906. The Model Village and Its Cottages：Bournville[M]. London：Batsford.

Harrison M. 1999. Bournville：Model Village to Garden Suburb[M]. Stroud：The History Press.

He S，Wu F. 2007. Socio-spatial impacts of property-led redevelopment on China's urban neighbourhoods[J]. Cities，24：194-208.

Huang Y. 2005. From Work-Unit Compounds to Gated Communities Housing Inequality and Residential Segregation in Transitional Beijing：in Restructuring the Chinese City Changing Society，Economy and Space[M]. London and New York：Routledge.

Hubbard P. 1996. Urban design and city regeneration：social representations of entrepreneurial landscapes[J]. Urban Studies，33(8)：1441-1461.

Jain S C. 2006. Emerging Economies and the Transformation of International Business：Brazil，Russia，India and China (BRICs)[M]. UK and US：Edward Elgar Publishing.

Kaliski J. 1999. Everyday Urbanism[M]. New York：Monacelli Press.

Kelbaugh D. 2000. Three paradigms：new urbanism，everyday urbanism，post urbanism — an excerpt from the essential[J]. Bulletin of Science，Technology & Society，20：285-289.

Kenworthy J R. 1991. The land use/transit connection in Toronto：some lessons for Australian cities[J]. Australian Planner，29(3)：149-154.

Kier L. 1981. Drawings 1967—1980[M]. Bruxelles：AAM Editions.

Kirkby R J R. 1985. Urbanization in China：Town and Country in a Developing Economy，1949—2000A. D. [M]. New York：Columbia University Press.

Kooinman J. 1993. Modern Governance：New Government-Society Interactions[M]. London：Sage Press.

Kooinman J. 2003. Governing as Governance[M]. London：Sage Press.

Kornai J. 1980. Economics of Shortage[M]. Amsterdam：North-Holland.

Kwan M P. 2012. How GIS can help address the uncertain geographic context problem in social science research[J]. Annals of GIS，18(45)：245-255.

Leccese M，McCormick K. 2000. Charter of the New Urbanism[M]. New York：McGraw-Hill Professional.

Lee C K. 1998. The labor politics of market socialism：collective inaction and class experiences among state workers in Guangzhou[J]. Modern China，24：333.

Lee C K. 1999. The transformation politics of Chinese working class[J]. China Quarterly，(2)：8.

Lefebvre H. 1991. The Production of Space[M]. Oxford：Blackwell.

Lenntorp. 2004. Path，prism，project，pocket and population：an introduction[J]. Geografiska Annaler (Series B)：86(4)：223-226.

Lin J, Cai F, Li Z. 2001. State-Owned Enterprise Reform in China[M]. Hong Kong: The Chinese University Press.

Liu J, Zhan J, Deng X. 2005. Spatio-temporal patterns and driving forces of urban land expansion in China during the economic reform era[J]. Royal Swedish Academy of Sciences, 34:450-455.

Lu D. 2006. Remaking Chinese Urban Form: Modernity, Scarcity and Space, 1949—2005 [M]. London: Routledge.

Lü J, Rowe P, Zhang J. 2001. Modern Urban Housing in China 1840—2000[M]. Munich: Prestel.

Lü X, Perry E J. 1997. Danwei: the Changing Chinese Workplace in Historical and Comparative Perspective[M]. New York: ME Sharpe.

Luymes D. 2002. The Fortification of Suburbia: Investigating the Rise of Enclave Communities[M]. London: Routledge.

Madani-Pour A. 1996. Urban design and dilemmas of space[J]. Environment and Planning D, 14:331-355.

Mehrotra R. 2005. Everyday Urbanism: Margaret Crawford vs. Michael Speaks[M]. Ann Arbor: University of Michigan.

Nee V. 1989. A theory of market transition: from redistribution to markets in state socialism[J]. American Sociological Review, 54(5):663-681.

Nelson C A. 2010. From sprawl to sustainability: smart growth, new urbanism, green development, and renewable energy[J]. 2nd edition. Journal of the American Planning Association, 76:516-517.

Oi J C, Valder A G. 1999. Property Right and Economic Reform in China[M]. California: Stanford University Press.

Patrick F J M, Arthur E A, Michael G P. 2005. The world trade organization: legal, economic and political analysis[M]// Wang Y , JSD G W. China. New York: Springer Science,Business Media, Inc.

Polanyi C. 2001. The Great Transformation the Political and Economic Origions of Our Time[M]. Boston: Beacon Press.

Power A, Tunstall R. 1996. Swimming Against the Tide[M]. York: Joseph Rowntree Foundation.

Pred A. 1981a. Of Paths and Projects: Individual Behavior and Its Societal Context[M]. London: Methuen.

Pred A. 1981b. Social reproduction and the time-geography of everyday life[J]. Geografiska Annaler (Series B): Human Geography, 63(1):5-22.

Rayman P. 1981. The Kibbutz Community and Nation Building[M]. Princeton: Princeton University Press.

Read B L. 2003. Democratising the neighborhood? New private housing and home-owner self-organisation in urban China[J]. The China Journal, 49:31-59.

Scharf M. 2011. A natural experiment in childrearing ecologies and adolescents attachment and separation representations[J]. Child Development, 72(1):236-251.

Schmidtz D. 1987. Contracts and public goods[J]. Harvard Journal of Law and Public Policy, 10:475-503.

Scholten C, Friberg T, Sanden A. 2012. Re-reading time-geography from a gender perspective: examples from gendered mobility[J]. Tijdschrift voor Economische en Sociale Geografie, 103(5):584-600.

Shen J, Chan R C K, Gu C. 2004. Introduction: exploring urban governance in contemporary China[J]. Asian Geographer, 23(1):1-4.

Soja E. 1989. Post Modern Geographies: the Reassertion of Space in Critical Social Theory [M]. London: Verso.

Stamatov P. 2000. The making of a bad public: ethno-national mobilization in post-communist Bulgaria[J]. Theory and Society, 29(4):549-572.

Tas R. 1994. The first shall be last? Entrepreneurship and communist cadres in the transition from socialism[J]. The American Journal of Sociology, 100(1):40-69.

Taylor M. 2007. Voluntary travel behavior change programs in Australia: the carrot rather than the stick in travel demand management[J]. International Journal of Sustainable Transportation, 1:173-192.

Thake S, Staubach R. 1993. Investing in people: rescuing communities from the margin [M]// Investing in People: Rescuing Communities from the Margin. York: Joseph Rowntree Foundation.

Thrift N. 1977. An Introduction to Time-Geography[C]. Geo Abstracts: University of East Anglia.

Tomba L. 2005. Residential space and collective interest formation in Beijing's housing disputes[J]. The China Quarterly, 184:934-951.

Walder A G. 1983. Organized dependency and cultures of authority in Chinese industry[J]. Journal of Asian Studies, 43(1):51-76.

Walder A G. 1991. Workers managers and the state : the reform era and the political crisis of 1989[J]. China Quarterly, 127:467-492.

Wang D, Chai Y. 2009. The jobs-housing relationship and commuting in Beijing, China: the legacy of Danwei[J]. Journal of Transport Geography, 17: 30-38.

Wang E, Song J, Xu T. 2011. From spatial bond to spatial mismatch: an assessment of changing jobs-housing relationship in Beijing[J]. Habitat International, 35:398-409.

Wang Y, Murie A. 1996. The process of commercialisation of urban housing in China[J]. Urban Studies, 33:971-989.

Wang Y P. 2001. Urban housing reform and finance in China: a case study of Beijing[J]. Urban Affairs Review, 36(5):620-645.

Wang Y P, Murie A. 1999. Housing Policy and Practice in China[M]. London: Macmillan.

Webster C, Wu F, Zhao Y. 2006. China's Modern Gated Cities[M]. London: Routledge.

Wu F. 1996. Changes in the structure of public housing provision in urban China[J]. Urban Studies, 33(9):1601-1627.

Wu F. 2002a. China's changing urban governance in the transition towards a more market-oriented economy[J]. Environment and Planning A, 39(7):1903-1971.

Wu F. 2002b. Sociospatial differentiation in urban China: evidence from Shanghai's real estate markets[J]. Environment and Planning A, 34:1591-1615.

Wu F. 2005. Rediscovering the gate under market transition: from work-unit compounds to commodity housing enclaves[J]. Housing Studies, 20(2):235-254.

Wu F. 2006. Globalization and the Chinese City[M]. London: Routledge.

Wu F. 2007. The poverty of transition: from industrial district to poor neighbourhood in the city of Nanjing, China[J]. Urban Studies, 44(13):2673-2694.

Wu F, Xu J, Yeh A G. 2007. Urban Development in Post-Reform China[M]. London: Routledge.

Xie Y, Wu X. 2008. Danwei profitability and earnings inequality in urban China[J]. The China Quarterly, 195(1):558-581.

Yaro R, Hiss T. 1996. A Region at Risk: the Third Regional Plan for the New York New Jersey-Connecticut Metropolitan Area[M]. Washington DC: Island Press.

Yeh W. 1995. Corporate space, communal time: everyday life in Shanghai's Bank of China [J]. The American Historical Review, (2)97-122.

Yeh A G, Wu F. 1996. The new land development process and urban development in Chinese cities[J]. International Journal of Urban and Regional Research, 20:330-353.

Zhang C, Chai Y. 2014. Un-gated and integrated work unit communities in post-socialist urban China: a case study from Beijing[J]. Habitat International, 43(7):70-89.

Zhang T. 2000. Land market forces and government's role in sprawl: the case of China[J]. Cities, 17:123-135.

Zhou X. 2000. Reply: beyond the debate and toward substantive institutional analysis[J]. American Journal of Sociology, 105(4):1190-1195.

Zhou Y, Ma L J C. 2000. Economic restructuring and suburbanization in China[J]. Urban Geography, 21:205-236.

图 1-1 源自:笔者绘制.

图 2-1 至图 2-5 源自:笔者绘制.

图 3-1 源自:http://en.wikipedia.org.

图 4-1 源自:笔者绘制.

图 5-1 源自:柴彦威.1999.中日城市结构比较研究[M].北京:北京大学出版社.

图 5-2 源自:张艳,柴彦威,周千钧.2009.中国城市单位大院的空间性及其变化:北京京棉二厂的案例[J].国际城市规划,24(5):20-27.

图 5-3 源自:刘鹏九,苗丙雪.1995.明清县衙建筑考略[J].古建园林技术,(4):47-53;姜东成.2007.元大都孔庙、国子学的建筑模式与基址规模探析[J].故宫博物院院刊,(2):10-27,155.

图 5-4 至图 5-6 源自:张艳,柴彦威,周千钧.2009.中国城市单位大院的空间性及其变化:北京京棉二厂的案例[J].国际城市规划,24(5):20-27.

图 5-7 源自:柴彦威.1991.中国都市の内部地域構造に関する研究——蘭州市を例として[J].人文地理,43(6):1-17.

图 5-8 源自:张纯,柴彦威.2009.中国城市单位社区的空间演化:空间形态与土地利用[J].国际城市规划,(5):28-32.

图 5-9 源自:杜春兰.2012.单位大院的物质空间混合性研究——以北京石油大院为例[D].北京:北京大学.

图 5-10 源自:笔者在张纯,柴彦威.2009.中国城市单位社区的空间演化:空间形态与土地利用[J].国际城市规划,(5):28-32基础上绘制.

图 5-11、图 5-12 源自:笔者在刘天宝,柴彦威.2014.国城市单位大院空间及其社会关系的生产与再生产——以京棉二厂为例[J].南京社会科学,(7):48-55基础上绘制.

图 5-13 源自:华揽洪.2006.重建中国:城市规划三十年(1949—1979)[M].李颖,译.北京:生活・读书・新知三联书店;汪定曾.1956.上海曹杨新村住宅区的规划设计[J].建筑学报,(3):1-5.

图 5-14 源自:北京市规划委员会,北京市城市规划设计研究院,北京城市规划学会.2006.北京城市规划图志(1945—2005)[Z];华揽洪.2006.重建中国:城市规划三十年(1949—1979)

［M］.李颖,译.北京:生活·读书·新知三联书店.

图 5-15 源自:肖作鹏.2013.单位制度与中国城市主义的演进过程与特征研究［D］.北京:
　　北京大学;周洁.2013.单位老年人长短期空间行为的生涯变化及其质性分析［D］.北
　　京:北京大学.

图 6-1 源自:笔者绘制.

图 6-2 源自:北京市清河毛纺厂单位职工访谈资料.

图 6-3 源自:柴彦威.1999.中日城市结构比较研究［M］.北京:北京大学出版社:127.

图 6-4 源自:北京市清河毛纺厂单位职工访谈资料.

图 6-5 源自:笔者在柴彦威.1996.以单位为基础的中国城市内部生活空间结构——兰州
　　市的实证研究［J］.地理研究,15(1):30-38 基础上绘制.

图 6-6 源自:笔者绘制.

图 7-1、图 7-2 源自:笔者根据《新中国 50 年统计资料汇编》及相关年份统计年鉴绘制.

图 8-1 至图 8-4 源自:笔者绘制.

图 8-5 源自:杜春兰.2012.单位大院的物质空间混合性研究——以北京石油大院为例
　　［D］.北京:北京大学.

图 8-6 源自:笔者绘制.

图 9-1、图 9-2 源自:柴彦威,陈零极,张纯.2007.单位制度变迁:透视中国城市转型的重要
　　视角［J］.世界地理研究,16(4):60-69.

图 9-3、图 9-4 源自:柴彦威,等.2014.空间行为与行为空间［M］.南京:东南大学出版社.

图 9-5 源自:毛子丹.2013.单位社区治理模式演变及其对居民日常生活的影响——以北
　　京毛纺南社区为案例［D］.北京:北京大学.

图 10-1 源自:笔者根据百度地图绘制.

图 10-2 源自:笔者根据毛纺南社区 1985 年测绘图绘制.

图 10-3 源自:笔者根据毛纺南社区 1996 年测绘图绘制.

图 10-4 源自:笔者绘制.

图 10-5 源自:笔者根据毛纺南社区 2010 年测绘图及实地调研绘制.

图 10-6 源自:笔者绘制.

图 10-7 源自:笔者拍摄.

图 11-1 源自:http://www.allthingscottage.com.

图 11-2 源自:Carthope P. 1993. The Next American Metropolis: Ecology, Community,
　　and the American Dream［M］. New York: Princeton Architectural Press.

图 11-3 源自: Yaro R, Hiss T. 1996. A Region at Risk: the Third Regional Plan for the
　　New York-New Jersey-Connecticut Metropolitan Area［M］. Washington DC: Island
　　Press.

图 11-4 至图 11-8 源自:笔者绘制.

图 12-1 源自:笔者绘制.

图 12-2 源自:许晓霞,柴彦威,颜亚宁.2010.郊区巨型社区的活动空间:基于北京市的调
　　查［J］.城市发展研究,17(11):41-49.

图 12-3 源自:柴彦威,肖作鹏,张艳.2011.中国城市空间组织与规划转型的单位视角［J］.
　　城市规划学刊,(6):28-35.

图 12-4 源自:笔者绘制.

图 12-5 源自:潘海啸,汤諹,吴锦瑜,等.2008.中国"低碳城市"的空间规划策略［J］.城市规

划学刊,(6):57-64.

图 12-6 至图 12-8 源自:笔者绘制.

图 12-9 源自:Albergotti R. 2013. Facebook's company town — the social network is building a 394-unit housing community near its offices[N]. Wall Street Journal, 2013-10-03.

图 12-10 源自:http://xindanwei.com.

图 12-11 源自:Mehrotra R. 2005. Everyday urbanism:Margaret Crawford vs. Michael Speaks[M]. Ann Arbor:University of Michigan.

图 13-1 至图 13-5 源自:笔者绘制.

图 14-1 源自:笔者根据辛晚教. 1995. 台澎金马文化生活圈及文化展演设施规划[J]. 城市发展研究,(5):56-59 绘制.

图 14-2 源自:杨保军,赵群毅,查克,等. 2011. 海南发展的战略转型与空间应对:写在"国际旅游岛"建设之初[J]. 城市规划学刊,(2):8-15.

图 14-3 源自:孙德芳,沈山,武廷海. 2012. 生活圈理论视角下的县域公共服务设施配置研究——以江苏省邳州市为例[J]. 规划师,28(8):68-72.

图 14-4 源自:小野忠熙. 1969. 周防地方における生活地域構造[J]. 人文地理,3(3):40-49;山下克彦. 1970. 岩手県大船渡、陸前高田市の生活圏[J]. 東北地理,22(1):6-11.

图 14-5 源自:季珏,高晓路. 2012. 基于居民日常出行的生活空间单元的划分[J]. 地理科学进展,31(2):248-254.

图 14-6 至图 14-9 源自:笔者绘制.

图 14-10 源自:Department of Transport. 2008. Making personal travel planning work:practitioners' guide[Z].

图 14-11 源自:笔者绘制.

表 2-1 源自：笔者绘制.

表 3-1、表 3-2 源自：笔者根据维基百科公开资料整理绘制，http://en. wikipedia. org.

表 4-1 源自：李唯一. 1991. 中国工资制度［M］. 北京：中国劳动出版社.

表 4-2 源自：笔者根据《中华造船厂志》中的"职工住宅建造情况表(不包括单人宿舍)"整理.

表 4-3 源自：中华造船厂志编委会. 1996. 中华造船厂志［M］. 上海：三联书店

表 5-1 源自：北京同仁堂史编委会. 1993. 北京同仁堂史［M］. 北京：人民日报出版社.

表 6-1 源自：Wang Y P，Murie A. 1999. Housing Policy and Practice in China［M］. London：Macmillan.

表 7-1 源自：笔者绘制.

表 8-1 源自：社区居委会第六次人口普查数据.

表 8-2、表 8-3 源自：笔者根据实地踏勘数据整理绘制.

表 8-4 源自：菲利普·巴内翰，让·卡斯泰，让-夏尔·德保勒. 2012. 城市街区的解体——从奥斯曼到勒·柯布西耶［M］. 魏羽力，许昊，译. 北京：中国建筑工业出版社.

表 9-1 源自：张纯，柴彦威，陈零极. 2009. 从单位社区到城市社区的演替：北京同仁堂的案例［J］. 国际城市规划，24(5)：33-36.

表 9-2 源自：塔娜，柴彦威，刘志林. 2012. 单位社区杂化过程与城市性的构建［J］. 人文地理，27(3)：39-43.

表 12-1 至表 12-3 源自：笔者绘制.